Ética

SPINOZA

Ética

TRADUÇÃO
Tomaz Tadeu

2ª edição
16ª reimpressão

autêntica

Copyright © 2009 Tomaz Tadeu
Copyright desta edição © 2009 Autêntica Editora

Título original: *Ethica*

Todos os direitos reservados pela Autêntica Editora Ltda. Nenhuma parte desta publicação poderá ser reproduzida, seja por meios mecânicos, eletrônicos, seja via cópia xerográfica sem a autorização prévia da editora.

EDITORAS RESPONSÁVEIS
Rejane Dias
Cecília Martins

REVISÃO
Sandra Mara Corazza

PROJETO GRÁFICO DE CAPA
Teco de Souza

DIAGRAMAÇÃO
Conrado Esteves
Waldênia Alvarenga

Dados Internacionais de Catalogação na Publicação (CIP)
(Câmara Brasileira do Livro, SP, Brasil)

Spinoza, Benedictus de, 1632-1677.
  Ética / Spinoza ; [tradução de Tomaz Tadeu]. – 2. ed., 16. reimp. – Belo Horizonte : Autêntica, 2025.

  Título original: Ethica
  ISBN: 978-85-7526-381-5

  1. Ética. I.Título.

09-01266   CDD-170

Índice para catálogo sistemático:
1. Ética : Filosofia   170

Belo Horizonte
Rua Carlos Turner, 420
Silveira . 31140-520
Belo Horizonte . MG
Tel.: (55 31) 3465 4500

São Paulo
Av. Paulista, 2.073, Conjunto Nacional,
Horsa I. Salas 404-406 . Bela Vista
01311-940 . São Paulo . SP
Tel.: (55 11) 3034 4468

www.grupoautentica.com.br
SAC: atendimentoleitor@grupoautentica.com.br

Esta edição

Em 2007, tivemos a satisfação de publicar uma nova tradução de uma das obras fundamentais da filosofia ocidental, a *Ética* de Spinoza, numa edição bilíngue, encadernada em capa dura.

É com igual satisfação que apresentamos agora a versão monolíngue. Excetuando-se o original em latim e as notas finais que acompanhavam aquela edição bilíngue, trata-se exatamente do mesmo texto.

Como destacamos naquela oportunidade, a tradução orientou-se não apenas pela tentativa de manter a fidelidade ao texto original de Spinoza, mas também pelo esforço de oferecer ao leitor brasileiro um texto que estivesse em consonância com as características do português atualmente utilizado no Brasil. Procurou-se, além disso, no confronto com as traduções para outras línguas, bem como na constante consulta a obras centradas em Spinoza e, mais especificamente, na *Ética*, manter a tradução em sintonia tanto com as pesquisas clássicas sobre este importante livro quanto com as lições mais recentes de renomados especialistas.

Por outro lado, com o objetivo de facilitar a leitura de obra tão complexa, concedeu-se especial atenção, na preparação de ambas as edições, a certos aspectos gráficos. Daremos apenas um exemplo. Como se sabe, a redação da *Ética* estrutura-se em torno das chamadas "proposições" (o equivalente dos teoremas, em matemática). Os outros elementos (demonstração, escólios, corolários) estão referidos às respectivas proposições. Entre as várias alternativas levantadas para ressaltar esse tipo de organização, acabamos por optar pelo uso do negrito na composição das proposições. Globalmente, acreditamos ter chegado a uma solução gráfica que possibilita uma fácil navegação pelo texto de Spinoza.

Ressalte-se, finalmente, que se evitou rechear o texto spinoziano com notas pedagógicas ou eruditas. Na edição bilíngue, há apenas uma nota final do tradutor, explicitando algumas das escolhas adotadas. Remetemos o leitor interessado nesses detalhes à edição bilíngue.

Entregamos, assim, ao leitor brasileiro mais esta edição de qualidade.

Rejane Dias [Editora]
Tomaz Tadeu [Tradutor]

Sumário

11 Primeira Parte – Deus

49 Segunda Parte – A natureza e a origem da mente

95 Terceira Parte – A origem e a natureza dos afetos

153 Quarta Parte – A servidão humana ou a força dos afetos

211 Quinta Parte – A potência do intelecto ou a liberdade humana

Ética

Demonstrada segundo a ordem geométrica, e dividida em cinco partes, nas quais são tratados

I. Deus
II. A natureza e a origem da mente
III. A origem e a natureza dos afetos
IV. A servidão humana ou a força dos afetos
V. A potência do intelecto ou a liberdade humana

PRIMEIRA PARTE

Deus

Definições

1. Por causa de si compreendo aquilo cuja essência envolve a existência, ou seja, aquilo cuja natureza não pode ser concebida senão como existente.

2. Diz-se finita em seu gênero aquela coisa que pode ser limitada por outra da mesma natureza. Por exemplo, diz-se que um corpo é finito porque sempre concebemos um outro maior. Da mesma maneira, um pensamento é limitado por outro pensamento. Mas um corpo não é limitado por um pensamento, nem um pensamento por um corpo.

3. Por substância compreendo aquilo que existe em si mesmo e que por si mesmo é concebido, isto é, aquilo cujo conceito não exige o conceito de outra coisa do qual deva ser formado.

4. Por atributo compreendo aquilo que, de uma substância, o intelecto percebe como constituindo a sua essência.

5. Por modo compreendo as afecções de uma substância, ou seja, aquilo que existe em outra coisa, por meio da qual é também concebido.

6. Por Deus compreendo um ente absolutamente infinito, isto é, uma substância que consiste de infinitos atributos, cada um dos quais exprime uma essência eterna e infinita.

> *Explicação*. Digo *absolutamente infinito* e não *infinito em seu gênero*, pois podemos negar infinitos atributos àquilo que é infinito apenas em seu gênero, mas pertence à essência do que é absolutamente infinito tudo aquilo que exprime uma essência e não envolve qualquer negação.

7. Diz-se livre a coisa que existe exclusivamente pela necessidade de sua natureza e que por si só é determinada a agir. E diz-se necessária, ou melhor, coagida, aquela coisa que é determinada por outra a existir e a operar de maneira definida e determinada.

8. Por eternidade compreendo a própria existência, enquanto concebida como se seguindo, necessariamente, apenas da definição de uma coisa eterna.

Explicação. Com efeito, uma tal existência é, assim como a essência da coisa, concebida como uma verdade eterna e não pode, por isso, ser explicada pela duração ou pelo tempo, mesmo que se conceba uma duração sem princípio nem fim.

Axiomas

1. Tudo o que existe, existe ou em si mesmo ou em outra coisa.

2. Aquilo que não pode ser concebido por meio de outra coisa deve ser concebido por si mesmo.

3. De uma causa dada e determinada segue-se necessariamente um efeito; e, inversamente, se não existe nenhuma causa determinada, é impossível que se siga um efeito.

4. O conhecimento do efeito depende do conhecimento da causa e envolve este último.

5. Não se pode compreender, uma por meio da outra, coisas que nada têm de comum entre si; ou seja, o conceito de uma não envolve o conceito da outra.

6. Uma ideia verdadeira deve concordar com o seu ideado.

7. Se uma coisa pode ser concebida como inexistente, sua essência não envolve a existência.

Proposições

Proposição 1. **Uma substância é, por natureza, primeira, relativamente às suas afecções.**

Demonstração. É evidente, pelas def. 3 e 5.

Proposição 2. **Duas substâncias que têm atributos diferentes nada têm de comum entre si.**

Demonstração. É, pela def. 3, igualmente evidente. Com efeito, cada uma das substâncias deve existir em si mesma e por si mesma deve ser concebida, ou seja, o conceito de uma não envolve o conceito da outra.

Proposição 3. **No caso de coisas que nada têm de comum entre si, uma não pode ser causa de outra.**

Demonstração. Se não têm nada de comum entre si, então (pelo ax. 5), uma não pode ser compreendida por meio de outra e, portanto (pelo ax. 4), uma não pode ser causa de outra. C. Q. D.

Proposição 4. **Duas ou mais coisas distintas distinguem-se entre si ou pela diferença dos atributos das substâncias ou pela diferença das afecções dessas substâncias.**

Demonstração. Tudo o que existe ou existe em si mesmo ou em outra coisa (pelo ax. 1), isto é (pelas def. 3 e 5), não existe nada, fora do intelecto, além das substâncias e suas afecções. Não existe nada, pois, fora do intelecto, pelo qual se possam distinguir várias coisas entre si, a não ser as substâncias ou, o que é o mesmo (pela def. 4), seus atributos e suas afecções. C. Q. D.

Proposição 5. **Não podem existir, na natureza das coisas, duas ou mais substâncias de mesma natureza ou de mesmo atributo.**

Demonstração. Se existissem duas ou mais substâncias distintas, elas deveriam distinguir-se entre si ou pela diferença dos atributos ou pela diferença das afecções (pela prop. prec.). Se elas se distinguissem apenas pela diferença dos atributos, é de se admitir, então, que não existe senão uma única substância de mesmo atributo. Se elas se distinguissem, entretanto, pela diferença das afecções, como uma substância é, por natureza, primeira, relativamente às suas afecções (pela prop. 1), se essas forem deixadas de lado e ela for considerada em si mesma, isto é (pela def. 3 e pelo ax. 6), verdadeiramente, então não se poderá concebê-la como sendo distinta de outra, isto é (pela prop. prec.), não podem existir várias substâncias, mas tão somente uma única substância. C. Q. D.

Proposição 6. **Uma substância não pode ser produzida por outra substância.**

Demonstração. Não podem existir, na natureza das coisas, duas substâncias de mesmo atributo (pela prop. prec.), isto é (pela prop. 2), que tenham algo de comum entre si. Portanto (pela prop. 3), uma não pode ser causa da outra, ou seja, uma substância não pode ser produzida pela outra. C. Q. D.

Corolário. Disso se segue que uma substância não pode ser produzida por outra coisa. Com efeito, nada existe, na natureza das coisas, além das substâncias e suas afecções, como é evidente pelo ax. 1 e pelas def. 3 e 5. Ora, uma substância não pode ser produzida por outra substância (pela prop. prec.). Logo, uma substância não pode, de maneira alguma, ser produzida por outra coisa. C. Q. D.

Demonstração alternativa. Isto pode ser demonstrado ainda mais facilmente pelo absurdo da negativa. Com efeito, se uma substância pudesse ser produzida por outra coisa, o conhecimento dela dependeria do conhecimento de sua própria causa (pelo ax. 4). Não seria, então (pela def. 3), uma substância.

Proposição 7. **À natureza de uma substância pertence o existir.**

Demonstração. Uma substância não pode ser produzida por outra coisa (pelo corol. da prop. prec.). Ela será, portanto, causa de si mesma, isto é (pela def. 1), a sua essência necessariamente envolve a existência, ou seja, à sua natureza pertence o existir. C. Q. D.

Proposição 8. **Toda substância é necessariamente infinita.**

Demonstração. Não existe senão uma única substância de mesmo atributo (pela prop. 5), e à sua natureza pertence o existir (pela prop. 7). À sua natureza, portanto, pertencerá o existir, ou como finita ou como infinita. Ora, não poderá ser como finita, pois (pela def. 2), neste caso, ela deveria ser limitada por outra da mesma natureza, a qual também deveria necessariamente existir (pela prop. 7). Existiriam, então, duas substâncias de mesmo atributo, o que é absurdo (pela prop. 5). Logo, ela existe como infinita. C. Q. D.

Escólio 1. Como, na verdade, ser finito é, parcialmente, uma negação e ser infinito, uma afirmação absoluta da existência de uma natureza, segue-se, portanto, simplesmente pela prop. 7, que toda substância deve ser infinita.

Escólio 2. Não tenho dúvida de que todos os que julgam as coisas confusamente e não se habituaram a conhecê-las por suas causas primeiras terão dificuldade em compreender a demonstração da prop. 7, o que ocorre por não fazerem qualquer distinção entre as modificações das substâncias e as próprias substâncias e por não saberem como as coisas são produzidas. Atribuem, assim, às substâncias a mesma origem que observam nas coisas naturais. Aqueles, pois, que ignoram as verdadeiras causas das coisas, confundem tudo e, sem qualquer escrúpulo, inventam que as árvores, tal como os homens, também falam; que os homens provêm também das pedras e não apenas do sêmen; e que qualquer forma pode se transformar em qualquer outra. Igualmente, aqueles que confundem a natureza divina com a humana, facilmente atribuem a Deus afetos humanos, sobretudo à medida que também ignoram de que maneira os afetos são produzidos na mente. Se, entretanto, prestassem atenção à natureza da substância, não teriam a mínima dúvida sobre a verdade da prop. 7. Pelo contrário, essa proposição seria para todos um axioma e seria enumerada entre as noções comuns. Pois, por substância, compreenderiam aquilo que existe em si mesmo e por si mesmo é concebido, isto é, aquilo cujo conhecimento não tem necessidade do conhecimento de outra coisa. Por modificações, em troca, compreenderiam aquilo que existe em outra coisa e cujo conceito é formado por meio do conceito da coisa na qual existe. É por isso que podemos ter ideias verdadeiras de modificações não existentes, pois, embora não existam em ato, fora do intelecto, sua essência está, entretanto, compreendida em outra coisa, por meio da qual podem ser concebidas, enquanto a verdade das substâncias, fora do intelecto, não está senão nelas próprias, pois elas são concebidas por si mesmas. Se, portanto, alguém dissesse que tem uma ideia clara e distinta, isto é, verdadeira, de uma substância, mas que tem alguma dúvida de que tal substância exista, seria como se dissesse (como é evidente a quem prestar suficiente atenção) que tem uma ideia verdadeira, mas que tem alguma suspeita de que ela possa ser falsa. Ou se alguém afirma que uma substância é criada está afirmando, ao mesmo tempo, que uma ideia falsa se tornou verdadeira, o que, certamente, não pode ser mais absurdo. É necessário, pois, reconhecer que a existência de uma substância, assim como a sua essência, é uma verdade eterna. Disso podemos concluir, dizendo de outra maneira, que não existe senão uma única substância de mesma natureza, afirmação que julguei valer a pena demonstrar aqui. Mas para proceder com ordem, é preciso observar que: 1. A definição verdadeira de uma coisa não envolve nem exprime nada além da natureza da coisa definida. Disso se segue que: 2. Nenhuma definição envolve ou exprime um número preciso de indivíduos, pois ela não exprime nada mais do que a natureza da coisa definida. A definição do triângulo, por exemplo, não exprime nada além da simples natureza do triângulo: ela não exprime um número preciso de triângulos. 3. Deve-se observar que, para cada coisa existente, há necessariamente alguma causa precisa pela qual ela existe. 4. Enfim, deve-se observar que essa causa, pela qual uma coisa existe, ou deve estar contida na própria natureza e definição da coisa existente (pois, como sabemos, à sua natureza pertence o existir) ou deve existir fora dela. Isso posto, segue-se que, se existe, na natureza, um número preciso de indivíduos, deve necessariamente haver uma causa pela qual existe tal número de indivíduos: nem mais nem menos. Se, por exemplo, existem, na natureza das coisas, vinte homens (que, por razões de clareza, suponho existirem simultaneamente, e que não tenham, anteriormente, existido outros), não será suficiente (para dar conta da existência desses vinte homens) mostrar a causa da natureza humana em geral; será necessário, além disso, mostrar a causa pela qual não existem nem mais nem menos do que vinte; pois (pelo item 3) deve necessariamente haver uma causa pela qual cada um deles existe. Mas essa causa (pelos itens 2 e 3) não pode estar contida na própria natureza humana, uma vez que a definição verdadeira de homem não envolve o número vinte. Por isso (pelo item 4), a causa pela qual existem esses vinte homens e, consequentemente, pela qual cada um deles existe, deve necessariamente existir fora de cada um deles. Portanto, deve-se concluir, de maneira geral, que tudo aquilo cuja natureza é tal que possa existir em vários indivíduos deve, necessariamente, para que eles existam, ter uma causa exterior. Mas, como (conforme já se mostrou neste esc.) à natureza de uma substância pertence o existir, sua definição deve envolver sua existência necessária e, como consequência, sua existência deve ser concluída exclusivamente de sua própria definição. Mas, de sua definição (como mostramos nos itens 2 e 3), não pode se seguir a existência de várias substâncias. Dessa definição segue-se necessariamente, portanto, que, tal como queríamos demonstrar, existe apenas uma única substância de mesma natureza.

Proposição 9. **Quanto mais realidade ou ser uma coisa tem, tanto mais atributos lhe competem.**

Demonstração. Isso é evidente pela def. 4.

Proposição 10. **Cada atributo de uma substância deve ser concebido por si mesmo.**

Demonstração. Com efeito, o atributo é aquilo que, da substância, o intelecto percebe como constituindo a sua essência (pela def. 4). Portanto (pela def. 3), o atributo deve ser concebido por si mesmo. C. Q. D.

Escólio. Fica claro, assim, que, ainda que dois atributos sejam concebidos como realmente distintos, isto é, um sem a mediação do outro, disso não podemos, entretanto, concluir que eles constituam dois entes diferentes, ou seja, duas substâncias diferentes. Pois é da natureza da substância que cada um de seus atributos seja concebido por si mesmo, já que todos os atributos que ela tem sempre existiram, simultaneamente, nela, e nenhum pôde ter sido produzido por outro, mas cada um deles exprime a realidade, ou seja, o ser da substância. Está, portanto, longe de ser absurdo atribuir vários atributos a uma substância. Nada, na natureza, pode, na verdade, ser mais claro do que isto: que cada ente deve ser concebido sob algum atributo e que, quanto mais realidade ou ser ele tiver, tanto mais atributos, que exprimem a necessidade, ou seja, a eternidade e a infinitude, ele terá. Como consequência, nada é igualmente mais claro do que o fato de que um ente absolutamente infinito deve necessariamente ser definido (como fizemos na def. 6) como consistindo de infinitos atributos, cada um dos quais exprime uma essência precisa – eterna e infinita. Se agora, entretanto, alguém perguntar por qual indício poderemos distinguir as diferentes substâncias, pede-se que leia as proposições seguintes, que mostram que não existe, na natureza das coisas, senão uma única substância, e que ela é absolutamente infinita, motivo pelo qual será vão buscar tal indício.

Proposição 11. Deus, ou seja, uma substância que consta de infinitos atributos, cada um dos quais exprime uma essência eterna e infinita, existe necessariamente.

Demonstração. Se negas isso, concebe, se for possível, que Deus não existe. Neste caso (pelo ax. 7), a sua essência não envolve a existência. Ora, isso (pela prop. 7) é absurdo. Logo, Deus existe necessariamente. C. Q. D.

Demonstração alternativa. Para cada coisa, deve-se indicar a causa ou a razão pela qual ela existe ou não existe. Por exemplo, se um triângulo existe, deve-se dar a causa ou a razão pela qual ele existe; se, por outro lado, ele não existe, deve-se também dar a razão ou a causa que impede que ele exista, ou seja, que suprima a sua existência. Ora, essa razão ou causa deve estar contida na natureza da coisa ou, então, fora dela. Por exemplo, a própria natureza do círculo indica a razão pela qual não existe um círculo quadrado, pois, evidentemente, admiti-lo envolve uma contradição. Por sua vez, o que faz com que uma substância exista também se segue exclusivamente de sua própria natureza, porque esta última envolve, é óbvio, a existência (veja-se a prop. 7). Mas a razão pela qual um círculo – ou um triângulo – existe ou não existe não se segue de sua própria natureza, mas da ordem da natureza corpórea como um todo. Pois é dessa ordem que deve se seguir que, neste momento, esse triângulo ou exista necessariamente ou seja impossível que ele exista. Tudo isso é evidente por si mesmo. Disso se segue que uma coisa existe necessariamente se não houver nenhuma razão ou causa que a impeça de existir. Se, pois, não pode haver nenhuma razão ou causa que impeça que Deus exista ou que suprima a sua existência, deve-se, sem dúvida, concluir que ele existe necessariamente. Mas se houvesse tal razão ou causa, ela deveria estar ou na própria natureza de Deus ou fora dela, em uma outra substância, de natureza diferente. Pois se fosse da mesma natureza, deveríamos, por isso mesmo, admitir que Deus existe. Mas uma substância que fosse de natureza diferente não teria nada em comum com Deus (pela prop. 2) e não poderia, portanto, pôr a sua existência nem, tampouco, retirá-la. Se, pois, a razão ou a causa que suprime a existência de Deus não pode estar fora da natureza divina, ela deve necessariamente estar, embora supostamente Deus não exista, na própria natureza divina, a qual, por isso, envolveria uma contradição. Mas é absurdo afirmar isso de um ente absolutamente infinito e sumamente perfeito. Logo, não há, nem em Deus, nem fora dele, qualquer causa ou razão que suprima sua existência e, portanto, Deus existe necessariamente. C. Q. D.

Demonstração alternativa. Poder não existir é impotência e, inversamente, poder existir é potência (como é, por si mesmo, sabido). Se, pois, o que agora existe necessariamente não consiste senão de entes finitos, então estes entes são mais potentes do que um ente absolutamente infinito. Mas isso (como é, por si mesmo, sabido) é absurdo. Logo, ou não existe nada ou um ente absolutamente infinito também existe necessariamente. Ora, nós existimos, ou em nós mesmos ou em outra coisa que existe necessariamente (vejam-se o ax. 1 e a prop. 7). Logo, um ente absolutamente infinito, isto é (pela def. 6), Deus, existe necessariamente. C. Q. D.

Escólio. Quis, nessa última demonstração, para que fosse mais facilmente compreendida, provar a existência de Deus *a posteriori*; mas não que sua existência não se siga *a priori* desse mesmo fundamento. Pois, se poder existir é potência, segue-se que, quanto mais realidade a natureza de uma coisa possuir, tanto mais ela terá forças para existir por si mesma. Portanto, um ente absolutamente infinito, ou seja, Deus, tem, por si mesmo, uma potência absolutamente infinita de existir e, por isso, existe de forma absoluta. Muitos, entretanto, poderão talvez não ver facilmente a evidência dessa demonstração, porque estão acostumados a considerar somente aquelas coisas que decorrem de causas exteriores. E, dentre essas coisas, eles veem que aquelas que são rapidamente produzidas, isto é, que facilmente passam a existir, também facilmente perecem e, inversamente, julgam que aquelas coisas que eles concebem como tendo um número maior de propriedades são mais difíceis de serem produzidas, isto é, que não é tão fácil fazer com que passem a existir. Entretanto, para livrá-los desse preconceito, não preciso considerar, aqui, em que sentido é verdadeira a frase *o que é rapidamente produzido, rapidamente perece*, nem, tampouco, se com respeito à totalidade da natureza, todas as coisas são igualmente fáceis ou não. É suficiente apenas observar que não falo aqui das coisas que são produzidas por causas exteriores, mas apenas das substâncias, as quais (pela prop. 6) não podem ser produzidas por nenhuma causa exterior. Com efeito, as coisas que são produzidas por causas exteriores, consistam elas de muitas ou de poucas partes, devem tudo o que têm de perfeição (ou seja, de realidade) à virtude da causa exterior e, assim, sua existência tem origem unicamente na perfeição da causa exterior e não na sua própria causa. Em oposição, nada do que uma substância tem de perfeição é devido a qualquer causa exterior e, assim, também a sua existência deve decorrer unicamente de sua própria natureza, existência que nada mais é, portanto, do que sua própria essência. Logo, a perfeição de uma coisa não retira sua existência, mas, em vez disso, a põe; a imperfeição, ao contrário, a retira e, por isso, não há nenhuma existência sobre a qual possamos estar mais certos do que a do ente absolutamente infinito ou perfeito, isto é, de Deus. Com efeito, uma vez que sua essência exclui qualquer imperfeição e envolve a perfeição absoluta, fica afastada, por isso mesmo, qualquer razão de dúvida sobre a sua existência, podendo-se, ao contrário, ter disso a maior certeza. Creio que isso fica claro para quem preste um mínimo de atenção.

Proposição 12. **Não se pode verdadeiramente conceber nenhum atributo de uma substância do qual se siga que tal substância pode ser dividida.**

Demonstração. Com efeito, as partes nas quais uma substância assim concebida se dividisse ou conservariam a sua natureza ou não a conservariam. Se consideramos a primeira hipótese, então (pela prop. 8), cada uma das partes deveria ser infinita e (pela prop. 6) causa de si, e (pela prop. 5) deveria consistir de um atributo diferente. Portanto, a partir de uma única substância se poderiam constituir várias substâncias, o que (pela prop. 6) é absurdo. Além disso, as partes (pela prop. 2) nada teriam de comum com o respectivo todo, e o todo (pela def. 4 e pela prop. 10) poderia existir e ser concebido sem as respectivas partes, conclusão de cujo absurdo ninguém poderá duvidar. Se consideramos a segunda hipótese, a de que as partes não conservariam a natureza da substância, então, quando a substância inteira fosse dividida em partes iguais, ela perderia a natureza de substância e deixaria de existir, o que (pela prop. 7) é absurdo.

Proposição 13. Uma substância absolutamente infinita é indivisível.

Demonstração. Com efeito, se fosse divisível, as partes nas quais se dividiria ou conservariam a natureza de uma substância absolutamente infinita ou não a conservariam. Se consideramos a primeira hipótese, existiriam, então, várias substâncias de mesma natureza, o que (pela prop. 5) é absurdo. Se consideramos a segunda hipótese, então (tal como acima), uma substância absolutamente infinita poderia deixar de existir, o que (pela prop. 11) também é absurdo.

Corolário. Disso se segue que nenhuma substância e, consequentemente, nenhuma substância corpórea, enquanto substância, é divisível.

Escólio. Compreende-se, de maneira mais simples, que a substância é indivisível apenas pela consideração de que a sua natureza não pode ser concebida a não ser como infinita, e que por parte de uma substância não se pode compreender outra coisa que não substância finita, o que (pela prop. 8) implica evidente contradição.

Proposição 14. **Além de Deus, não pode existir nem ser concebida nenhuma substância.**

Demonstração. Como Deus é um ente absolutamente infinito, do qual nenhum atributo que exprima a essência de uma substância pode ser negado (pela def. 6), e como ele existe necessariamente (pela prop. 11), se existisse alguma substância além de Deus, ela deveria ser explicada por algum atributo de Deus e existiriam, assim, duas substâncias de mesmo atributo, o que (pela prop. 5) é absurdo. Portanto, não pode existir e, consequentemente, tampouco pode ser concebida nenhuma substância além de Deus. Pois, se pudesse ser concebida, ela deveria necessariamente ser concebida como existente. Mas isso (pela primeira parte desta dem.) é absurdo. Logo, além de Deus, não pode existir nem ser concebida nenhuma substância. C. Q. D.

Corolário 1. Disso se segue, muito claramente, em primeiro lugar, que Deus é único, isto é (pela def. 6), que não existe, na natureza das coisas, senão uma única substância, e que ela é absolutamente infinita, como já havíamos sugerido no esc. da prop. 10.

Corolário 2. Segue-se, em segundo lugar, que a coisa extensa e a coisa pensante ou são atributos de Deus ou (pelo ax. 1) são afecções dos atributos de Deus.

Proposição 15. **Tudo o que existe, existe em Deus, e sem Deus, nada pode existir nem ser concebido.**

Demonstração. Além de Deus, não pode existir nem ser concebida nenhuma substância (pela prop. 14), isto é (pela def. 3), uma coisa que existe em si mesma e que por si mesma é concebida. Os modos, entretanto (pela def. 5), não podem existir nem ser concebidos sem uma substância. Portanto, só podem existir na natureza divina e só por meio dela podem ser concebidos. Mas, além das substâncias e dos modos, não existe nada (pelo ax. 1). Logo, sem Deus, nada pode existir nem ser concebido. C. Q. D.

Escólio. Há aqueles que inventam que Deus, à semelhança do homem, é constituído de corpo e mente, e que está sujeito a paixões. Mas fica bastante evidente, pelo que já foi demonstrado, o quanto se desviam do verdadeiro conhecimento de Deus. Desconsidero-os, entretanto. Pois todos os que, de alguma maneira, refletiram sobre a natureza divina negam que Deus seja corpóreo, proposição para a qual, além disso, apresentam excelente prova. Pois, se por corpo compreendemos toda quantidade que tenha comprimento, largura e profundidade, e que seja delimitada por alguma figura definida, nada poderia ser mais absurdo do que dizer isso a respeito de Deus, ou seja, de um ente absolutamente infinito. Entretanto, ao mesmo tempo, no esforço por fazer essa demonstração, aduzem outras razões, as quais revelam claramente que excluem por completo a substância corpórea, isto é, extensa, da natureza divina, afirmando que ela foi criada por Deus. Por qual potência divina ela poderia, entretanto, ter sido criada é coisa que ignoram por completo, o que mostra claramente que não compreendem o que eles mesmos dizem. Pelo menos no que me diz respeito, demonstrei (vejam-se o corol. da prop. 6 e o esc. 2 da prop. 8) bastante claramente, ao que me parece, que nenhuma substância pode ser produzida ou criada por outra coisa. Além disso, demonstramos, na prop. 14, que, além de Deus, não pode existir nem ser concebida nenhuma substância. Disso concluímos que a substância extensa é um dos infinitos atributos de Deus. Mas, para dar uma explicação mais completa, refutarei os argumentos dos adversários, que se reduzem, todos, ao que se segue. Em primeiro lugar, uma vez que a substância corpórea, enquanto substância, é constituída, como julgam, de partes, eles negam que ela possa ser infinita e, consequentemente, que possa pertencer a Deus. Explicam isso por meio de muitos exemplos, dos quais mencionarei apenas um ou dois. Se a substância corpórea, dizem, é infinita, suponha-se que ela seja dividida em duas partes. Cada uma das partes será ou finita ou infinita. Caso se considere a primeira hipótese, um infinito seria composto de duas partes finitas, o que é absurdo. Caso se considere a segunda hipótese, haveria, então, um infinito duas vezes maior que outro infinito, o que é igualmente absurdo. Além disso, se uma quantidade infinita for medida em partes com comprimento de um pé cada uma, ela deverá consistir, então, de infinitas partes de um pé, tal como ocorrerá se for medida em partes de uma polegada cada uma. Mas teríamos, então, [como um pé é igual a doze polegadas,] um número infinito doze vezes maior que outro número infinito. Finalmente, suponha-se que, a partir de um ponto de uma quantidade infinita, duas linhas, *AB* e *AC*, inicialmente separadas por uma distância definida e determinada, prolongam-se até o infinito.

É certo que a distância entre *B* e *C* aumentará continuamente e, de determinada que era, passará a ser, finalmente, indeterminável. Como, na opinião deles, esses absurdos se seguem do pressuposto de uma quantidade

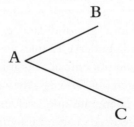

infinita, concluem, por isso, que a substância corpórea deve ser finita e que, consequentemente, não pertence à essência de Deus. Busca-se, ainda, um segundo argumento na suma perfeição de Deus. Deus, com efeito, dizem eles, por ser um ente sumamente perfeito, não pode padecer, enquanto a substância corpórea, por ser divisível, pode. Logo, segue-se que ela não pertence à essência de Deus. Esses são os argumentos que encontro nos autores, que os utilizam para tentar mostrar que a substância corpórea é indigna da natureza divina e não pode pertencer-lhe. Mas, na verdade, quem prestar a devida atenção verá que eu já os refutei, pois esses argumentos se baseiam exclusivamente na suposição de que a substância corpórea é composta de partes, o que já mostrei (prop. 12, juntamente com o corol. da prop. 13) ser absurdo. Além disso, quem estiver disposto a examinar cuidadosamente a questão verá que todos aqueles absurdos (se é que são mesmo absurdos, o que não questionarei agora), em virtude dos quais se quer concluir que a substância extensa é finita, não se seguem, de maneira alguma, da suposição de uma quantidade infinita, mas da suposição de uma quantidade infinita mensurável e composta de partes finitas. Por isso, dos absurdos que daí se seguem, a única coisa que podem concluir é que uma quantidade infinita não é mensurável e não pode ser composta de partes finitas. Mas foi exatamente isso que já havíamos, anteriormente (prop. 12, etc.), demonstrado. Assim, o dardo que nos dirigem acaba, na verdade, voltando-se contra eles próprios. Se, portanto, desejam concluir, por meio desse absurdo, que a substância extensa deve ser finita, eles não agem, em nada, diferentemente de quem, por ter inventado que o círculo tem as propriedades do quadrado, concluísse que o círculo não tem um centro, desde o qual todas as retas traçadas até a circunferência são iguais. Pois, para poderem concluir que a substância corpórea – que só pode ser concebida como infinita, única e indivisível (vejam-se as prop. 8, 5 e 12) – é finita, eles a concebem como composta de partes finitas e como múltipla e divisível. Do mesmo modo, outros autores, ainda, tendo inventado que a linha é composta de pontos, são capazes de encontrar muitos argumentos para mostrar que a linha não pode ser dividida ao infinito. E não é, certamente, menos absurdo afirmar que a substância corpórea é composta de corpos, ou seja, de partes, do que afirmar que o corpo se compõe de superfícies, a superfície, de linhas e a linha, enfim, de pontos. E isso deve ser admitido por todos aqueles que sabem que uma razão clara é infalível, sobretudo os que negam a existência do vácuo. Pois, se a substância corpórea pudesse ser dividida de maneira tal que as suas partes fossem realmente distintas, por que, então, uma dessas partes não poderia ser aniquilada, com as outras permanecendo, como antes, ligadas entre si? E por que devem todas acomodar-se de forma a não haver vácuo? É verdade que, falando-se de coisas que realmente são distintas entre si, uma pode existir sem a outra e manter sua situação. Como, entretanto, na natureza, não há vácuo (questão tratada em outro local), todas as partes devendo juntar-se, ao contrário, para que não haja vácuo, segue-se, igualmente, que essas partes não podem realmente se distinguir, isto é, que a substância corpórea, enquanto substância, não pode ser dividida. Se alguém, entretanto, perguntar, agora, por que estamos assim tão naturalmente inclinados a dividir a quantidade, respondo que ela é por nós concebida de duas maneiras: abstratamente, ou seja, superficialmente, apenas como a imaginamos; ou, então, como substância, o que só se faz pelo intelecto. Assim, se consideramos a quantidade tal como existe na imaginação, o que fazemos com mais facilidade e frequência, ela nos parecerá finita, divisível e composta de partes. Se a consideramos, entretanto, tal como ela existe no intelecto e a concebemos enquanto substância, o que fazemos com mais dificuldade, então, como já demonstramos suficientemente, ela nos parecerá infinita, única e indivisível. Isso será bastante evidente para todos os que souberem distinguir a imaginação do intelecto, sobretudo se considerarem também o fato de que a matéria é, em todo lugar, a mesma, e que nela não se distinguem partes, a não ser enquanto a concebemos como matéria afetada de diferentes maneiras, motivo pelo qual suas partes se distinguem apenas modalmente e não realmente. Por exemplo, concebemos que a água, enquanto água, se divida, e que suas partes se separem umas das outras, mas não enquanto substância corpórea, pois, enquanto tal, ela não se separa nem se divide. Além disso, a água, enquanto água, é gerada e se corrompe, mas enquanto substância não é gerada nem se corrompe. Com isso, creio ter respondido, igualmente, ao segundo argumento, pois também este se baseia no pressuposto de que a matéria, enquanto substância, é divisível e composta de partes. Mesmo que assim não fosse, não vejo por que a matéria seria indigna da natureza divina, pois (pela prop. 14), além de Deus, não pode existir nenhuma substância da qual ela possa padecer. Tudo, afirmo, existe em Deus, e é exclusivamente pelas leis de sua natureza infinita que ocorre tudo o que ocorre, seguindo-se tudo (como logo mostrarei) da necessidade de sua essência. É por isso que não se pode, por razão alguma, dizer que Deus padece de uma outra coisa ou que a substância extensa – mesmo que se a suponha divisível, mas desde que se admita que ela é eterna e infinita – é indigna da natureza divina. Mas isso é, por ora, suficiente.

Proposição 16. **Da necessidade da natureza divina devem se seguir infinitas coisas, de infinitas maneiras (isto é, tudo o que pode ser abrangido sob um intelecto divino).**

Demonstração. Esta proposição deve ser evidente para qualquer um, desde que se considere que, da definição dada de uma coisa qualquer, o intelecto conclui um grande número de propriedades, as quais, efetivamente, se seguem necessariamente dessa definição (isto é, da própria essência da coisa), número que é tanto maior quanto mais realidade a definição da coisa exprime, isto é, quanto mais realidade a essência da coisa definida envolve. Como, entretanto, a natureza divina tem, absolutamente, infinitos atributos (pela def. 6), cada um dos quais também exprime uma essência infinita em seu gênero, de sua necessidade devem se seguir necessariamente, portanto, infinitas coisas, de infinitas maneiras (isto é, tudo o que pode ser abrangido sob um intelecto infinito). C. Q. D.

Corolário 1. Segue-se disso, em primeiro lugar, que Deus é causa eficiente de todas as coisas que podem ser abrangidas sob um intelecto divino.

Corolário 2. Segue-se, em segundo lugar, que Deus é causa por si mesmo e não por acidente.

Corolário 3. Segue-se, em terceiro lugar, que Deus é, absolutamente, causa primeira.

Proposição 17. **Deus age exclusivamente pelas leis de sua natureza e sem ser coagido por ninguém.**

Demonstração. Acabamos de demonstrar, na prop. 16, que infinitas coisas se seguem exclusivamente, de maneira absoluta, da necessidade da natureza divina, ou, o que é o mesmo, exclusivamente das leis de sua natureza. Demonstramos, além disso, na prop. 15, que nada pode existir nem ser concebido sem Deus, mas que tudo existe em Deus. Não pode existir, pois, fora dele, nenhuma coisa pela qual ele seja determinado ou coagido a agir. Logo, Deus age exclusivamente pelas leis de sua natureza e sem ser coagido por ninguém. C. Q. D.

Corolário 1. Segue-se disso, em primeiro lugar, que, além da perfeição de sua própria natureza, não existe nenhuma causa que, extrínseca ou intrinsecamente, leve Deus a agir.

Corolário 2. Segue-se, em segundo lugar, que só Deus é causa livre. Pois só Deus existe exclusivamente pela necessidade de sua natureza (pela prop. 11 e pelo corol. 1 da prop. 14) e age exclusivamente pela necessidade de sua natureza (pela prop. prec.). Logo (pela def. 7), só ele é causa livre.

Escólio. Outros julgam que Deus é causa livre porque pode, conforme pensam, fazer com que as coisas – que, como dissemos, se seguem de sua natureza, isto é, que estão em seu poder – não se realizem, isto é, não sejam produzidas por ele. Mas isso é como se dissessem que Deus pode fazer com que da natureza do triângulo não se siga que a soma de seus três ângulos é igual a dois ângulos retos, ou seja, que de uma dada causa não se siga um efeito, o que é absurdo. Além disso, mostrarei abaixo, sem o auxílio dessa proposição, que à natureza de Deus não pertencem nem o intelecto, nem a vontade. Sei, evidentemente, que há muitos que julgam poder demonstrar que à natureza de Deus pertencem o intelecto supremo e a vontade livre, pois dizem não conhecer nada de mais perfeito que possa ser atribuído a Deus do que aquilo que é, em nós, a suprema perfeição. Além disso, ainda que eles concebam Deus como sendo, em ato, sumamente inteligente, não creem, mesmo assim, que Deus possa fazer com que tudo aquilo que ele compreende em ato se torne existente, pois julgam que assim se destruiria o seu poder. Se, dizem, Deus tivesse criado tudo o que está no seu intelecto, então não poderia criar nada mais, o que, acreditam eles, é incompatível com a sua onipotência. Preferiram, assim, instituir um Deus indiferente a tudo e que só cria aquilo que decidiu, por alguma vontade absoluta, criar. Mas penso ter demonstrado, de forma bastante clara (veja-se a prop. 16), que, da mesma maneira que da natureza do triângulo se segue, desde a eternidade e por toda a eternidade, que a soma de seus três ângulos é igual a dois ângulos retos, da suprema potência de Deus, ou seja, de sua natureza infinita, necessariamente se seguiram – ou melhor, se seguem, sempre com a mesma necessidade – infinitas coisas, de infinitas maneiras, isto é, tudo. Portanto, a onipotência de Deus tem existido em ato, desde a eternidade, e assim permanecerá eternamente. Dessa maneira, estabelece-se muito mais perfeitamente, pelo menos em minha opinião, a onipotência de Deus. Que me seja permitido falar abertamente: são, antes, os adversários que parecem negar a onipotência de Deus. Com efeito, eles se veem obrigados a reconhecer que Deus concebe infinitas coisas que poderiam ser criadas, mas que, ele, contudo, nunca poderá criar. Com efeito, segundo eles, se assim não fosse, quer dizer, se Deus criasse tudo o que concebe, ele esgotaria a sua onipotência e se tornaria imperfeito. Para instituírem, pois, um Deus perfeito, veem-se obrigados, ao mesmo tempo, a sustentar que ele não pode fazer tudo aquilo ao qual se estende sua potência: não vejo como se possa inventar algo mais absurdo ou mais contrário à onipotência de Deus. Além disso, direi aqui também alguma coisa sobre o intelecto e a vontade que comumente atribuímos a Deus. Se o intelecto e a vontade pertencem à essência eterna de Deus, é certamente preciso entender por esses atributos algo diferente daquilo pelo qual costumam ser vulgarmente entendidos. Com efeito, o intelecto e a vontade, que constituiriam a essência de Deus, deveriam diferir, incomensuravelmente, de nosso intelecto e de nossa vontade, e, tal como na relação que há entre o cão, constelação celeste, e o cão, animal que ladra, em nada concordariam além do nome. Demonstrarei isso da maneira que se segue. Se o intelecto pertence à natureza divina, ele não poderá ser, por natureza, tal como o nosso intelecto, posterior (como quer a maioria) às coisas que ele compreende, nem tampouco simultâneo, pois Deus é, em termos de causalidade, anterior a tudo (pelo corol. 1 da prop. 16). Pelo contrário: a verdade e a essência formal das coisas são o que são porque elas assim existem, objetivamente, no intelecto de Deus. E por isso, o intelecto, enquanto concebido como constituindo a essência de Deus, é, realmente, a causa das coisas, tanto de sua essência como de sua existência, o que parece ter sido percebido também por aqueles que afirmaram que o intelecto, a vontade e a potência de Deus são uma única e mesma coisa. Portanto, como o intelecto de Deus é a única causa das coisas, isto é (como mostramos), tanto de sua essência como de sua existência, ele deve necessariamente delas diferir, seja no que toca à essência, seja no que toca à existência. Com efeito, o que é causado difere da respectiva causa precisamente naquilo que ele recebe dela. Por exemplo, um homem é causa da existência de um outro homem, mas não de sua essência, pois esta última é uma verdade eterna. Os dois podem, por isso, concordar inteiramente quanto à essência, mas devem diferir, entretanto, no existir. E, portanto, se a existência de um se extinguir, a do outro não se extinguirá por isso; mas se a essência de um pudesse ser destruída e tornar-se falsa, a essência do outro também seria destruída. Por isso, aquilo que é causa, tanto da essência quanto da existência de algum efeito, deve diferir desse efeito tanto no que toca à essência quanto no que toca à existência. Ora, o intelecto de Deus é causa, tanto da essência, quanto da existência de nosso intelecto. Logo, o intelecto de Deus, enquanto concebido como constituindo a essência divina, difere de nosso intelecto, tanto no que toca à essência quanto no que toca à existência, e não pode em nada concordar com o nosso, a não ser no nome, que é o que queríamos demonstrar. Quanto à vontade, procede-se da mesma maneira, como qualquer um pode facilmente ver.

Proposição 18. **Deus é causa imanente, e não transitiva, de todas as coisas.**

Demonstração. Tudo o que existe, existe em Deus, e por meio de Deus deve ser concebido (pela prop. 15); portanto (pelo corol. 1 da prop. 16), Deus é causa das coisas que nele existem, que era o primeiro ponto. Ademais, além de Deus, não pode existir nenhuma substância (pela prop. 14), isto é (pela def. 3), nenhuma coisa, além de Deus, existe em si mesma, que era o segundo ponto. Logo, Deus é causa imanente, e não transitiva, de todas as coisas. C. Q. D.

Proposição 19. **Deus, ou dito de outra maneira, todos os atributos de Deus são eternos.**

Demonstração. Deus, com efeito (pela def. 6), é uma substância que (pela prop. 11) existe necessariamente, isto é (pela prop. 7), a cuja natureza pertence o existir, ou, o que dá no mesmo, de cuja definição se segue que ele existe e, por isso (pela def. 8), é eterno. Além disso, por atributos de Deus deve-se compreender aquilo que (pela def. 4) exprime a essência da substância divina, isto é, aquilo que pertence à substância, que é precisamente, afirmo, o que esses atributos devem envolver. Ora, à natureza da substância (como já demonstrei na prop. 7) pertence a eternidade. Logo, cada um dos atributos deve envolver a eternidade e, portanto, são, todos, eternos. C. Q. D.

Escólio. Esta prop. é também demonstrável, tão claramente quanto possível, da maneira pela qual demonstrei a existência de Deus (prop. 11). Por essa demonstração, constata-se que a existência de Deus, tal como sua essência, é uma verdade eterna. Além disso, demonstrei, de outra maneira ainda (prop. 19 dos *Princípios de Descartes*), a eternidade de Deus. Não é preciso repeti-la aqui.

Proposição 20. **A existência de Deus e sua essência são uma única e mesma coisa.**

Demonstração. Deus (pela prop. prec.) e todos os seus atributos são eternos, isto é (pela def. 8), cada um de seus atributos exprime a existência. Portanto, os mesmos atributos de Deus que (pela def. 4) explicam a sua essência eterna, explicam, ao mesmo tempo, sua existência eterna, isto é, aquilo que constitui a essência de Deus constitui, ao mesmo tempo, sua existência. Logo, sua existência e sua essência são uma única e mesma coisa. C. Q. D.

Corolário 1. Segue-se disso, em primeiro lugar, que a existência de Deus, tal como sua essência, é uma verdade eterna.

Corolário 2. Segue-se, em segundo lugar, que Deus, ou dito de outra maneira, todos os atributos de Deus são imutáveis. Com efeito, se eles mudassem quanto à existência, deveriam também (pela prop. prec.) mudar quanto à essência, isto é (como é, por si mesmo, sabido), de verdadeiros os atributos de Deus se converteriam em falsos, o que é absurdo.

Proposição 21. **Tudo o que se segue da natureza absoluta de um atributo de Deus deve ter sempre existido e ser infinito, ou seja, é, por via desse atributo, eterno e infinito.**

Demonstração. Se negas isso, concebe, se for possível, em um atributo de Deus, algo que se siga de sua natureza absoluta e que seja finito e tenha existência ou duração determinada como, por exemplo, a ideia de Deus no pensamento. Ora, o pensamento, uma vez que se supõe ser um atributo de Deus, é necessariamente (pela prop. 11) infinito por natureza. Entretanto, enquanto tem a ideia de Deus, supõe-se que ele é finito. Ora (pela def. 2), não se pode concebê-lo como finito, a não ser que seja limitado pelo próprio pensamento. Mas não pode ser limitado pelo próprio pensamento, enquanto este constitui a ideia de Deus, pois, enquanto tal, supõe-se que ele seja finito. Portanto, ele é limitado pelo pensamento, enquanto este não constitui a ideia de Deus; pensamento que, entretanto (pela prop. 11), deve existir necessariamente. Há, assim, um pensamento que não constitui a ideia de Deus e de cuja natureza, como consequência, enquanto pensamento absoluto, não se segue necessariamente a ideia de Deus. (Ele é concebido, pois, como um pensamento que constitui e que não constitui a ideia de Deus). Mas isto é contrário à hipótese. Por isso, se a ideia de Deus, no pensamento, ou alguma outra coisa (não importa o exemplo, pois a demonstração é universal), em algum atributo de Deus, se segue da necessidade da natureza absoluta desse atributo, isso deve ser necessariamente infinito. Este era o primeiro ponto.

Em segundo lugar, aquilo que assim se segue da necessidade da natureza de um atributo não pode ter uma existência ou duração determinada. Se negas isso, supõe, então, que uma coisa que se segue da necessidade da natureza de um atributo exista em algum atributo de Deus, como, por exemplo, a ideia de Deus no pensamento, e supõe que, em um determinado momento, ela não tenha existido ou que venha a não existir. Como, entretanto, supõe-se que o pensamento é um atributo de Deus, ele deve existir necessariamente e ser imutável (pela prop. 11 e pelo corol. 2 da prop. 20). Por isso, para além dos limites da duração da ideia de Deus (pois se pressupõe que, em um determinado momento, ela não tenha existido ou venha a não existir), o pensamento deverá existir sem a ideia de Deus. Mas isso é contrário à hipótese, pois se pressupõe que, dado o pensamento, segue-se necessariamente a ideia de Deus. Portanto, a ideia de Deus, no pensamento, ou qualquer outra coisa que se siga necessariamente da natureza absoluta de um atributo de Deus, não pode ter uma duração determinada: é, em vez disso, por via desse atributo, eterna. Era o segundo ponto. Observe-se que se deve afirmar o mesmo de qualquer coisa que se siga necessariamente, em um atributo de Deus, da natureza absoluta de Deus.

Proposição 22. Tudo o que se segue de algum atributo de Deus, enquanto este atributo é modificado por uma modificação tal que, por meio desse atributo, existe necessariamente e é infinita, deve também existir necessariamente e ser infinito.

Demonstração. A demonstração desta prop. se faz como na precedente.

Proposição 23. Todo modo que existe necessariamente e é infinito deve ter necessariamente se seguido ou da natureza absoluta de um atributo de Deus ou de algum atributo modificado por uma modificação que existe necessariamente e é infinita.

Demonstração. Com efeito, um modo existe em outra coisa, pela qual ele deve ser concebido (pela def. 5), isto é (pela prop. 15), ele só existe em Deus e só por meio de Deus pode ser concebido. Se, portanto, concebe-se que um modo existe necessariamente e é infinito, cada uma dessas duas características deve necessariamente ser deduzida, ou seja, percebida, por meio de algum atributo de Deus, enquanto esse atributo é concebido como exprimindo a infinitude e a necessidade da existência, ou, o que é o mesmo (pela def. 8), a eternidade, isto é (pela def. 6 e pela prop. 19), enquanto esse atributo é considerado absolutamente. Portanto, um modo que existe necessariamente e é infinito deve ter se seguido da natureza absoluta de um atributo de Deus, ou imediatamente (como na prop. 21), ou por meio de uma modificação que se segue da natureza absoluta desse atributo, isto é (pela prop. prec.), que existe necessariamente e é infinita. C. Q. D.

Proposição 24. A essência das coisas produzidas por Deus não envolve a existência.

Demonstração. É evidente pela def. 1. Com efeito, aquilo cuja natureza (considerada em si mesma, obviamente) envolve a existência é causa de si mesmo e existe exclusivamente pela necessidade de sua natureza.

Corolário. Segue-se disso que Deus é não apenas a causa pela qual as coisas começam a existir, mas também pela qual perseveram em seu existir, ou seja (para usar um termo escolástico), Deus é causa de ser das coisas. Pois, quer as coisas existam, quer não, toda vez que consideramos sua essência, descobrimos que ela não envolve nem a existência nem a duração. E por isso, não é sua essência que pode ser a causa de sua existência, nem de sua duração, mas apenas Deus, cuja natureza é a única à qual pertence o existir (pelo corol. 1 da prop. 14).

Proposição 25. **Deus é causa eficiente não apenas da existência das coisas, mas também de sua essência.**

Demonstração. Se negas isso, então Deus não é causa da essência das coisas e, portanto (pelo ax. 4), essa essência pode ser concebida sem Deus. Mas isso (pela prop. 15) é absurdo. Logo, Deus é causa também da essência das coisas. C. Q. D.

Escólio. Esta prop. segue-se mais claramente da prop. 16. Com efeito, segue-se, desta prop., que, dada a natureza divina, dela se deve necessariamente deduzir tanto a essência quanto a existência das coisas. E, para dizê-lo em uma palavra, no mesmo sentido em que se diz que Deus é causa de si mesmo, também se deve dizer que é causa de todas as coisas, o que será formulado ainda mais claramente no corol. que se segue.

Corolário. As coisas particulares nada mais são que afecções dos atributos de Deus, ou seja, modos pelos quais os atributos de Deus exprimem-se de uma maneira definida e determinada. A demonstração disso é evidente pela prop. 15 e pela def. 5.

Proposição 26. **Uma coisa que é determinada a operar de alguma maneira foi necessariamente assim determinada por Deus; e a que não foi determinada por Deus não pode determinar a si própria a operar.**

Demonstração. Aquilo pelo qual se diz que as coisas são determinadas a operar de alguma maneira é necessariamente uma coisa positiva (como é, por si mesmo, sabido). Portanto, Deus, pela necessidade de sua natureza, é causa eficiente, tanto da essência, quanto da existência dessa coisa (pelas prop. 25 e 16). Este era o primeiro ponto. Daí também se segue, muito claramente, a segunda parte. Com efeito, se uma coisa que não é determinada por Deus pudesse determinar-se por si mesma, a primeira parte desta prop. seria falsa, o que, como demonstramos, é absurdo.

Proposição 27. **Uma coisa que é determinada por Deus a operar de alguma maneira não pode converter a si própria em indeterminada.**

Demonstração. Esta prop. é evidente pelo ax. 3.

Proposição 28. **Nenhuma coisa singular, ou seja, nenhuma coisa que é finita e tem uma existência determinada, pode existir nem ser determinada a operar, a não ser que seja determinada a existir e a operar por outra causa que também é finita e tem uma existência determinada; por sua vez, essa última causa tampouco pode existir nem ser**

determinada a operar a não ser por outra, a qual também é finita e tem uma existência determinada, e assim por diante, até o infinito.

Demonstração. Tudo que é determinado a existir e a operar é assim determinado por Deus (pela prop. 26 e pelo corol. da prop. 24). Ora, o que é finito e tem existência determinada não pode ter sido produzido pela natureza absoluta de um atributo de Deus, pois tudo o que se segue da natureza absoluta de um atributo de Deus é infinito e eterno (pela prop. 21); e deve ter se seguido, portanto, de Deus ou de um atributo seu, enquanto considerado como afetado de uma certa maneira. Pois além da substância e dos modos nada existe (pelo ax. 1 e pelas def. 3 e 5), e os modos (pelo corol. da prop. 25) nada mais são do que afecções dos atributos de Deus. Ora, tampouco pode ter se seguido de Deus ou de um atributo seu, enquanto afetado de uma modificação que é eterna e infinita (pela prop. 22). Deve, portanto, ter se seguido ou de Deus ou de um atributo seu, isto é, deve ter sido determinado a existir e a operar ou por Deus ou por um atributo seu, enquanto modificado por uma modificação que é finita e tem uma existência determinada. Este era o primeiro ponto. Em segundo lugar, por sua vez, essa causa — ou seja, este modo (pela mesma razão pela qual acabamos de demonstrar a primeira parte desta prop.) — deve igualmente ter sido determinada por outra, a qual é igualmente finita e tem uma existência determinada, e essa última (pela mesma razão), por sua vez, por outra, e assim por diante (pela mesma razão) até o infinito. C. Q. D.

Escólio. Como certas coisas devem ter sido produzidas por Deus imediatamente, a saber, aquelas que se seguem necessariamente de sua natureza absoluta e, pela mediação dessas primeiras, outras que, entretanto, não podem existir nem ser concebidas sem Deus, segue-se que: 1. Das coisas produzidas imediatamente por ele, Deus é, absolutamente, causa próxima, e não apenas em seu gênero, como dizem. Pois os efeitos de Deus não podem existir nem ser concebidos sem sua causa (pela prop. 15 e pelo corol. da prop. 24). 2. Não se pode propriamente dizer que Deus é causa remota das coisas singulares, a não ser, talvez, para as distinguir daquelas coisas que ele produziu imediatamente, ou melhor, das que se seguem de sua natureza absoluta. Pois por causa remota compreendemos aquela causa que não está, de nenhuma maneira, coligada a seu efeito. Mas tudo o que existe, existe em Deus e dele depende, de maneira tal que sem ele não pode existir nem ser concebido.

Proposição 29. Nada existe, na natureza das coisas, que seja contingente; em vez disso, tudo é determinado, pela necessidade da natureza divina, a existir e a operar de uma maneira definida.

Demonstração. Tudo que existe, existe em Deus (pela prop. 15). Não se pode, por outro lado, dizer que Deus é uma coisa contingente. Pois (pela prop. 11), ele existe necessariamente e não contingentemente. Além disso, é também necessariamente, e não contingentemente, que os modos da natureza divina dela se seguem (pela prop. 16), quer se considere a natureza divina absolutamente (pela prop. 21), quer se a considere como determinada a operar de uma maneira definida (pela prop. 27). Ademais, Deus é causa desses modos não apenas enquanto eles simplesmente existem (pelo corol. da prop. 24), mas também (pela prop. 26) enquanto se os considera como determinados a operar de alguma maneira. Pois, se não são determinados por Deus (pela mesma prop.), é por impossibilidade, e não por contingência, que não determinam a si próprios; se, contrariamente (pela prop. 27), são determinados por Deus, é por impossibilidade, e não por contingência, que não convertem a si próprios em indeterminados. Portanto, tudo é determinado, pela necessidade da natureza divina, não apenas a existir, mas também a existir e a operar de uma maneira definida, nada existindo que seja contingente. C. Q. D.

Escólio. Antes de prosseguir, quero aqui explicar, ou melhor, lembrar, o que se deve compreender por natureza naturante e por natureza naturada. Pois penso ter ficado evidente, pelo anteriormente exposto, que por natureza naturante devemos compreender o que existe em si mesmo e por si mesmo é concebido, ou seja, aqueles atributos da substância que exprimem uma essência eterna e infinita, isto é (pelo corol. 1 da prop. 14 e pelo corol. 2 da prop. 17), Deus, enquanto é considerado como causa livre. Por natureza naturada, por sua vez, compreendo tudo o que se segue da necessidade da natureza de Deus, ou seja, de cada um dos atributos de Deus, isto é, todos os modos dos atributos de Deus, enquanto considerados como coisas que existem em Deus, e que, sem Deus, não podem existir nem ser concebidas.

Proposição 30. Um intelecto, seja ele finito ou infinito em ato, deve abranger os atributos de Deus e as afecções de Deus, e nada mais.

Demonstração. Uma ideia verdadeira deve concordar com o seu ideado (pelo ax. 6), isto é (como é, por si mesmo, sabido), aquilo que está contido objetivamente no intelecto deve existir necessariamente na natureza. Ora, na natureza (pelo corol. 1 da prop. 14), não há senão uma única substância, a saber, Deus, e não há outras afecções (pela prop. 15) senão aquelas que existem em Deus e que (pela mesma prop.) não podem existir nem ser concebidas sem Deus. Logo, um intelecto, seja ele finito ou infinito em ato, deve abranger os atributos de Deus e as afecções de Deus, e nada mais. C. Q. D.

Proposição 31. **Um intelecto em ato, quer seja finito, quer seja infinito, tal como a vontade, o desejo, o amor, etc., deve estar referido à natureza naturada e não à natureza naturante.**

Demonstração. Por intelecto, com efeito (como é, por si mesmo, sabido), não compreendemos o pensamento absoluto, mas apenas um modo definido do pensar, o qual difere de outros, tal como o desejo, o amor, etc. Portanto (pela def. 5), ele deve ser concebido por meio do pensamento absoluto, isto é (pela prop. 15 e pela def. 6), por um atributo de Deus que exprima a essência eterna e infinita do pensamento, de maneira tal que sem esse último ele não pode existir nem ser concebido. Por isso (pelo esc. da prop. 29), ele deve estar referido à natureza naturada e não à natureza naturante, o mesmo ocorrendo com os demais modos do pensar. C. Q. D.

Escólio. A razão pela qual falo aqui de intelecto em ato não é porque eu admita que um intelecto exista em potência, mas porque, desejando evitar qualquer confusão, não quis falar senão daquilo que percebemos tão claramente quanto possível, isto é, da própria intelecção, uma vez que não há nada que percebamos mais claramente que isso. Não há nada, com efeito, que possamos compreender que não leve a um conhecimento mais perfeito da intelecção.

Proposição 32. **A vontade não pode ser chamada causa livre, mas unicamente necessária.**

Demonstração. A vontade, tal como o intelecto, é apenas um modo definido do pensar. Por isso (pela prop. 28), nenhuma volição pode existir nem ser determinada a operar a não ser por outra causa e, essa, por sua vez, por outra, e assim por diante, até o infinito. Caso se suponha que a vontade é infinita, ela também deve ser determinada a existir e a operar por Deus, não enquanto substância absolutamente infinita, mas enquanto possui um atributo que exprime (pela prop. 23) a essência infinita e eterna do pensamento. Assim, seja qual for a maneira pela qual a vontade é concebida, seja como finita, seja como infinita, ela requer uma causa pela qual seja determinada a existir e a operar. Portanto (pela def. 7), ela não pode ser chamada causa livre, mas unicamente necessária ou coagida. C. Q. D.

Corolário 1. Segue-se disso, em primeiro lugar, que Deus não opera pela liberdade da vontade.

Corolário 2. Segue-se, em segundo lugar, que a vontade e o intelecto têm, com a natureza de Deus, a mesma relação que o movimento e o repouso e, mais geralmente, que todas as coisas naturais, as quais (pela prop. 29) devem ser determinadas por Deus a existir e a operar de uma maneira definida. Pois a vontade, como tudo o mais, precisa de uma causa pela qual seja determinada a existir e a operar de uma maneira definida. E embora de uma vontade dada ou de um intelecto dado se sigam infinitas coisas, nem por isso se pode dizer que Deus age pela liberdade da vontade, da mesma maneira que não se pode dizer, em virtude do que se segue do movimento e do repouso (com efeito, deles também se seguem infinitas coisas), que Deus age pela liberdade do movimento e do repouso. É por isso que a vontade, assim como as outras coisas naturais, não pertence à natureza de Deus, mas tem, com esta natureza, a mesma relação que têm o movimento e o repouso e todas as outras coisas que se seguem, como mostramos, da necessidade da natureza divina, e que são por ela determinadas a existir e a operar de uma maneira definida.

Proposição 33. **As coisas não poderiam ter sido produzidas por Deus de nenhuma outra maneira nem em qualquer outra ordem que não naquelas em que foram produzidas.**

Demonstração. Com efeito, todas as coisas se seguiram, necessariamente (pela prop. 16), da natureza existente de Deus e pela necessidade desta natureza estão determinadas a existir e a operar de uma maneira definida (pela prop. 29). Se, portanto, as coisas tivessem podido ser de uma outra natureza, ou se tivessem podido ser determinadas a operar de uma outra maneira, de tal sorte que a ordem da natureza fosse outra, então a natureza de Deus também teria podido ser diferente da que é agora e, por isso (pela prop. 11), essa outra natureza também deveria existir e, consequentemente, poderiam existir dois ou mais deuses, o que é absurdo (pelo corol. 1 da prop. 14). Por isso, as coisas não poderiam ter sido produzidas por Deus de nenhuma outra maneira nem em qualquer outra ordem, etc. C. Q. D.

Escólio 1. Tendo demonstrado, com uma clareza mais do que meridiana, que não há absolutamente nada nas coisas que faça com que possam ser ditas contingentes, quero agora explicar brevemente o que se deverá compreender por contingente. Antes, explicarei, entretanto, o que se deverá compreender por necessário e por impossível. Uma coisa é dita necessária em razão de sua essência ou em razão de sua causa. Com efeito, a existência de uma coisa segue-se necessariamente de sua própria essência e definição ou da existência de uma causa eficiente. Além disso, é por uma dessas razões que se diz que uma coisa é impossível: ou porque sua essência ou definição envolve contradição ou porque não existe qualquer causa exterior que seja determinada a produzir tal coisa. Não há, porém, nenhuma outra razão para se dizer que uma coisa é contingente, a não ser a deficiência de nosso conhecimento. Com efeito, uma coisa sobre a qual não sabemos que a sua essência envolve contradição ou, então, sobre a qual sabemos muito bem que a sua essência não envolve nenhuma contradição, mas sobre cuja existência, entretanto, por nos escapar a ordem das causas, nada de certo podemos afirmar, essa coisa, repito, não pode nos parecer nem necessária nem impossível, e por isso dizemos que é ou contingente ou possível.

Escólio 2. Segue-se claramente do que precede que as coisas foram produzidas por Deus com suma perfeição, pois se seguiram necessariamente da natureza mais perfeita que existe. E isso não confere a Deus qualquer imperfeição, pois é precisamente a sua perfeição que nos leva a fazer tal afirmação. Na verdade, é da afirmação contrária (como acabo de mostrar) que claramente se seguiria que Deus não é sumamente perfeito, pois, sem nenhuma dúvida, se as coisas tivessem sido produzidas de outra maneira, seria preciso atribuir a Deus uma outra natureza, diferente daquela que somos levados a atribuir-lhe pela consideração de que ele é o ente mais perfeito que existe. Não tenho dúvidas, entretanto, de que muitos condenam essa posição, por considerá-la absurda, e não querem nem mesmo se deter a ponderá-la, pela única razão de que estão habituados a atribuir a Deus uma liberdade muito diferente daquela que propomos (def. 7), ou seja, uma vontade absoluta. Mas tampouco duvido de que se quisessem refletir sobre a questão e ponderar devidamente a série de nossas demonstrações, acabariam por rejeitar inteiramente a liberdade que agora atribuem a Deus, não apenas por ser frívola, mas também por ser um grande obstáculo à ciência. Não é necessário repetir aqui o que foi dito no escólio da prop. 17. Entretanto, para proveito deles, vou mostrar que, mesmo que se admita que a vontade pertence à essência de Deus, nem por isso se segue de sua perfeição que as coisas pudessem ter sido criadas por Deus de outra maneira e em outra ordem, o que será fácil de demonstrar se, primeiramente, considerarmos o que eles mesmos admitem, a saber, que depende exclusivamente do decreto e da vontade de Deus que cada coisa seja o que é, pois, do contrário, Deus não seria causa de todas as coisas. Consideremos, além disso, que todos os decretos de Deus foram instaurados desde toda a eternidade pelo próprio Deus, pois do contrário estaríamos conferindo-lhe imperfeição e inconstância. Mas, como na eternidade não há quando, nem antes, nem depois, segue-se exclusivamente da perfeição de Deus que ele nunca pode, nem alguma vez pôde, decidir diferentemente, ou seja, que Deus não existiu anteriormente aos seus decretos nem pode existir sem eles. Dirão, porém, que mesmo supondo que Deus tivesse feito a natureza das coisas diferentemente, ou que tivesse, desde toda a eternidade, decretado diferentemente quanto à natureza e à sua ordem, nem por isso se seguiria que houvesse qualquer imperfeição em Deus. Ao dizer isso, entretanto, admitem, ao mesmo tempo, que Deus pode mudar seus decretos. Pois, se Deus tivesse decretado, quanto à natureza e à sua ordem, diferentemente do que decretou, isto é, se tivesse, sobre a natureza, querido e concebido diferentemente, ele teria tido necessariamente um intelecto e uma vontade diferentes dos que agora tem. E se é lícito atribuir a Deus outro intelecto e outra vontade, sem nenhuma modificação de sua essência e de sua perfeição, por qual razão não poderia ele agora mudar seus decretos sobre as coisas criadas, mantendo-se, entretanto, igualmente perfeito? Com efeito, no que respeita à sua essência e à sua perfeição, de qualquer maneira que elas sejam concebidas, o intelecto e a vontade de Deus, relativamente às coisas criadas e à sua ordem, continuam iguais. Além disso, todos os filósofos que conheço admitem que não há em Deus nenhum intelecto em potência, mas apenas em ato. Como, entretanto, o seu intelecto e a sua vontade não se distinguem de sua essência, o que também é por todos admitido, disso também se segue, portanto, que se Deus tivesse tido outro intelecto em ato e outra vontade, sua essência também seria necessariamente outra. Portanto (como concluí desde o início), se as coisas tivessem sido produzidas por Deus diferentemente do que elas agora são, o intelecto e a vontade de Deus, isto é (como se admite), sua essência, deveriam ser outros, o que é absurdo.

Como, pois, as coisas não poderiam ter sido produzidas por Deus, de nenhuma outra maneira, nem em qualquer outra ordem, e como a verdade disso se segue da sua suprema perfeição, não há certamente qualquer razão sólida que possa nos persuadir a crer que Deus não tenha querido criar todas as coisas que existem em seu intelecto e com a mesma perfeição com que as compreende. Dirão, entretanto, que não há, nas coisas, qualquer perfeição ou imperfeição, mas que aquilo que há, nelas, que as torna perfeitas ou imperfeitas, levando a que se diga que são boas ou más, depende apenas da vontade de Deus. E, portanto, se Deus tivesse querido, poderia ter feito com que aquilo que agora é perfeição se tornasse a suprema imperfeição e vice-versa. Mas o que significa isso senão afirmar abertamente que Deus, que compreende necessariamente o que quer, poderia fazer, por sua própria vontade, com que compreendesse as coisas de uma maneira diferente daquela pela qual ele agora as compreende? Fazer esta afirmação é, como acabo de mostrar, um grande absurdo. É por isso que posso fazer o argumento voltar-se contra eles da maneira que se segue. Tudo depende do poder de Deus. Assim, para que as coisas pudessem ser diferentes do que são, a vontade de Deus necessariamente também deveria ser diferente. Mas a vontade de Deus não pode ser diferente (como acabamos de mostrar, da forma mais evidente, em virtude da sua perfeição). Logo, as coisas também não podem ser diferentes. Reconheço que a opinião que submete tudo a uma certa vontade indiferente de Deus e sustenta que tudo depende de seu beneplácito desvia-se menos da verdade do que a opinião daqueles que sustentam que Deus em tudo age tendo em vista o bem. Pois esses últimos parecem supor a existência, fora de Deus, de alguma coisa que não depende dele, uma coisa que, ao operar, ele toma como modelo, ou uma coisa a que ele visa como se fosse um alvo preciso. Mas isso não significa senão submeter Deus ao destino: não se poderia sustentar nada de mais absurdo a respeito de Deus, que é, como mostramos, a causa primeira e única causa livre, tanto da essência quanto da existência de todas as coisas. Por isso não perderei tempo refutando tal absurdo.

Proposição 34. **A potência de Deus é a sua própria essência.**

Demonstração. Segue-se, com efeito, exclusivamente da necessidade da essência de Deus que Deus é causa de si mesmo (pela prop. 11) e (pela prop. 16 e seu corol. 1) causa de todas as coisas. Logo, a potência de Deus, pela qual ele próprio e todas as coisas existem e agem, é a sua própria essência. C. Q. D.

Proposição 35. Tudo aquilo que concebemos como estando no poder de Deus existe necessariamente.

Demonstração. Com efeito, tudo aquilo que está no poder de Deus (pela prop. prec.) deve estar compreendido em sua essência de tal maneira que dela se siga necessariamente e, portanto, existe necessariamente. C. Q. D.

Proposição 36. Não existe nada de cuja natureza não se siga algum efeito.

Demonstração. Tudo o que existe exprime a natureza de Deus, ou seja, exprime a sua essência de uma maneira definida e determinada (pelo corol. da prop. 25), isto é (pela prop. 34), tudo o que existe exprime, de maneira definida e determinada, a potência de Deus, a qual é causa de todas as coisas e, portanto (pela prop. 16), de tudo o que existe deve seguir-se algum efeito. C. Q. D.

Apêndice

Com isso, expliquei a natureza de Deus e suas propriedades: que existe necessariamente; que é único; que existe e age exclusivamente pela necessidade de sua natureza; que (e de que modo) é causa livre de todas as coisas; que todas as coisas existem em Deus e dele dependem de tal maneira que não podem existir nem ser concebidas sem ele; que, enfim, todas as coisas foram predeterminadas por Deus, não certamente pela liberdade de sua vontade, ou seja, por seu absoluto beneplácito, mas por sua natureza absoluta, ou seja, por sua infinita potência. Além disso, sempre que tive oportunidade, preocupei-me em afastar os preconceitos que poderiam impedir que minhas demonstrações fossem compreendidas. Mas como restam ainda não poucos preconceitos que também poderiam, e podem, impedir, e muito, que se compreenda a concatenação das coisas tal como expliquei, pensei que valeria a pena submetê-los aqui ao escrutínio da razão. Ora, todos os preconceitos que aqui me proponho a expor dependem de um único, a saber, que os homens pressupõem, em geral, que todas as coisas naturais agem, tal como eles próprios, em função de um fim, chegando até mesmo a dar como assentado que o próprio Deus dirige todas as coisas tendo em vista algum fim preciso, pois dizem que Deus fez todas as coisas em função do homem, e fez o homem, por sua vez, para que este lhe prestasse culto. É esse preconceito, portanto, que, antes de mais nada, considerarei, procurando saber, em primeiro lugar, por que a maioria dos homens se conforma a esse preconceito e por que estão todos assim tão naturalmente propensos a abraçá-lo. Mostrarei, depois, sua falsidade e, finalmente, como dele se originaram os preconceitos sobre o bem e o mal, o mérito e o pecado, o louvor e a desaprovação, a ordenação e a confusão, a beleza e a feiura, e outros do mesmo gênero. Não é este, entretanto, o lugar para deduzi-los da natureza da mente humana. Será suficiente aqui que eu tome como fundamento aquilo que deve ser reconhecido por todos, a saber, que todos os homens nascem ignorantes das causas das coisas e que todos tendem a buscar o que lhes é útil, estando conscientes disso. Com efeito, disso se segue, em primeiro lugar, que, por estarem conscientes de suas volições e de seus apetites, os homens se creem livres, mas nem em sonho pensam nas causas que os dispõem a ter essas vontades e esses apetites, porque as ignoram. Segue-se, em segundo lugar, que os homens agem, em tudo, em função de um fim, quer dizer, em função da coisa útil que apetecem. É por isso que, quanto às coisas acabadas, eles buscam, sempre, saber apenas as causas finais, satisfazendo-se, por não terem qualquer outro motivo para duvidar, em saber delas por ouvir dizer. Se, entretanto, não puderem saber dessas causas por ouvirem de outrem, só lhes resta o recurso de se voltarem para si mesmos e refletirem sobre os fins que habitualmente os determinam a fazer coisas similares e, assim, necessariamente, acabam por julgar a inclinação alheia pela sua própria. Como, além disso, encontram, tanto em si mesmos, quanto fora de si, não poucos meios que muito contribuem para a consecução do que lhes é útil, como, por exemplo, os olhos para ver, os dentes para mastigar, os vegetais e os animais para alimentar-se, o sol para iluminar, o mar para fornecer-lhes peixes, etc., eles são, assim, levados a considerar todas as coisas naturais como se fossem meios para sua própria utilidade. E por saberem que simplesmente encontraram esses meios e que não foram eles que assim os dispuseram, encontraram razão para crer que deve existir alguém que dispôs esses meios para que eles os utilizassem. Tendo, pois, passado a considerar as coisas como meios, não podiam mais acreditar que elas tivessem sido feitas por seu próprio valor. Em vez disso, com base nos meios de que costumam dispor para seu próprio uso, foram levados a concluir que havia um ou mais governantes da natureza, dotados de uma liberdade humana, que tudo haviam providenciado para eles e para seu uso tinham feito todas as coisas. E, por nunca terem ouvido falar nada sobre a inclinação desses governantes, eles igualmente tiveram que julgá-la com base na sua, sustentando, como consequência, que os deuses governam todas as coisas em função do uso humano, para que os homens lhes fiquem subjugados e lhes prestem a máxima reverência. Como consequência, cada homem engendrou, com base em sua própria inclinação, diferentes maneiras de prestar culto a Deus, para que Deus o considere mais que aos outros e governe toda a natureza em proveito de seu cego desejo e de sua insaciável cobiça. Esse preconceito transformou-se, assim, em superstição e criou profundas raízes em suas mentes, fazendo com que cada um dedicasse o máximo de esforço para compreender e explicar as causas finais de todas as coisas. Mas, ao tentar demonstrar que a natureza nada faz em vão (isto é, não faz nada que não seja para o proveito humano), eles parecem ter demonstrado apenas que, tal como os homens, a natureza e os deuses também deliram. Peço-lhes que observem a que ponto se chegou! Ao lado de tantas coisas agradáveis da natureza, devem ter encontrado não poucas que são desagradáveis, como as tempestades, os terremotos, as doenças, etc.. Argumentaram, por isso, que essas coisas ocorriam por causa da cólera dos deuses diante das ofensas que lhes tinham sido feitas pelos homens, ou diante das faltas cometidas nos cultos divinos. E embora, cotidianamente, a experiência contrariasse isso e mostrasse com infinitos exemplos que as coisas cômodas e as incômodas ocorrem igualmente, sem nenhuma distinção, aos piedosos e aos ímpios, nem por isso abandonaram o inveterado preconceito. Foi-lhes mais fácil, com efeito, colocar essas ocorrências na conta das coisas que desconheciam e cuja utilidade ignoravam, continuando, assim, em seu estado presente e inato de ignorância, do que destruir toda essa sua fabricação e pensar em algo novo. Deram, por isso, como certo que os juízos dos deuses superavam em muito a compreensão humana. Essa razão teria sido, sozinha, realmente suficiente para que a verdade ficasse para sempre oculta ao gênero humano, se a matemática, que se ocupa não de fins, mas apenas das essências das figuras e de suas propriedades, não tivesse mostrado aos homens outra norma de verdade. Seria possível assinalar, além da matemática, ainda outras razões (seria supérfluo enumerá-las aqui) que podem ter levado os homens a tomarem consciência desses preconceitos comuns, conduzindo-os ao verdadeiro conhecimento das coisas.

Creio, com isso, ter explicado suficientemente o primeiro ponto que anunciei. Mas para demonstrar, agora, que a natureza não tem nenhum fim que lhe tenha sido prefixado e que todas as causas finais não passam de ficções humanas, não será necessário argumentar muito. Creio, com efeito, que isso já foi suficientemente estabelecido, tanto pela exposição das causas e dos fundamentos, nos quais, como mostrei, esse preconceito tem sua origem, quanto pela prop. 16 e pelos corol. 1 e 2 da prop. 32, bem como, ainda, por todas as demonstrações em que provei que tudo, na natureza, procede de uma certa necessidade eterna e de uma perfeição suprema. Mas afirmo, ainda, que essa doutrina finalista inverte totalmente a natureza, pois considera como efeito aquilo que é realmente causa e vice-versa. Além disso, converte em posterior o que é, por natureza, anterior. Enfim, transforma em imperfeito o que é supremo e perfeitíssimo. Com efeito (deixemos de lado os dois primeiros pontos, por serem evidentes por si mesmos), como se deduz das prop. 21, 22 e 23, o efeito mais perfeito é o que é produzido por Deus imediatamente, e uma coisa é tanto mais imperfeita quanto mais requer causas intermediárias para ser produzida. Mas se as coisas que são produzidas por Deus imediatamente tivessem sido feitas para que Deus cumprisse um fim seu, então essas coisas feitas por último e em função das quais as primeiras teriam sido feitas, seriam necessariamente as melhores de todas. Além disso, essa doutrina suprime a perfeição de Deus, pois se ele age em função de um fim, é porque necessariamente apetece algo que lhe falta. E embora os teólogos e os metafísicos distingam entre o fim de falta [para preencher uma falta própria] e o fim de assimilação [para satisfazer uma necessidade alheia], eles reconhecidamente afirmam, entretanto, que Deus fez todas as coisas em função de si mesmo e não em função das coisas a serem criadas, pois, além de Deus, não podem assinalar nenhuma outra coisa em função da qual, antes do ato de criação, ele tivesse agido. São, assim, necessariamente forçados a admitir que Deus não dispunha daqueles seres em proveito dos quais ele supostamente poderia ter querido e desejado providenciar os referidos meios, conclusão que é evidente por si mesma. É preciso não deixar de mencionar que os partidários dessa doutrina, os quais, ao atribuir um fim às coisas, quiseram dar mostras de sua inteligência, introduziram um novo modo de argumentação para prová-la, a saber, a redução não ao impossível, mas à ignorância, o que mostra que essa doutrina não tinha nenhum outro meio de argumentar. Com efeito, se, por exemplo, uma pedra cair de um telhado sobre a cabeça de alguém, matando-o, é da maneira seguinte que demonstrarão que a pedra caiu a fim de matar esse homem: se a pedra não caiu, por vontade de Deus, com esse fim, como se explica que tantas circunstâncias (pois, realmente, é com frequência que se juntam, simultaneamente, muitas circunstâncias) possam ter se juntado por acaso? Responderás, talvez, que isso ocorreu porque ventava e o homem passava por lá. Mas eles insistirão: por que ventava naquele momento? E por que o homem passava por lá naquele exato momento? Se respondes, agora, que se levantou um vento naquele momento porque, no dia anterior, enquanto o tempo ainda estava calmo, o mar começou a se agitar, e que o homem tinha sido convidado por um amigo, eles insistirão ainda (pois as perguntas não terão fim): por que, então, o mar estava agitado? E por que o homem tinha sido convidado justamente para aquele momento? E assim por diante, não parando de perguntar pelas causas das causas até que, finalmente, recorras ao argumento da vontade de Deus, esse refúgio da ignorância. Assim, igualmente, quando observam a construção do corpo humano, ficam estupefatos e, por ignorarem as causas de tamanha arte, concluem que foi construído não por arte mecânica, mas por arte divina ou sobrenatural e igualmente por esta arte foi constituído, de tal forma que uma parte não prejudique a outra. E é por isso que quem quer que busque as verdadeiras causas dos milagres e se esforce por compreender as coisas naturais como um sábio, em vez de se deslumbrar como um tolo, é tido, aqui e ali, por herege e ímpio, sendo como tal proclamado por aqueles que o vulgo adora como intérpretes da natureza e dos deuses. Pois eles sabem que, uma vez suprimida a ignorância, desaparece também essa estupefação, ou seja, o único meio que eles têm para argumentar e para manter sua autoridade. Deixo, entretanto, isso de lado e passo ao ponto que me dispus a tratar em terceiro lugar.

Depois de terem se persuadido de que tudo o que ocorre é em função deles, os homens foram levados a julgar que o aspecto mais importante, em qualquer coisa, é aquele que lhes é mais útil, assim como foram levados a ter como superiores aquelas coisas que lhes afetavam mais favoravelmente. Como consequência, tiveram que formar certas noções para explicar a natureza das coisas, tais como as de bem, mal, ordenação, confusão, calor, frio, beleza, feiura, etc., e, por se julgarem livres, foi que nasceram noções tais como louvor e desaprovação, pecado e mérito. Examinarei essas últimas mais adiante, depois que tiver me ocupado da natureza humana, limitando-me aqui a examinar brevemente as primeiras. Tudo aquilo, pois, que beneficia a saúde e favorece o culto de Deus eles chamaram de bem; o que é contrário a isso chamaram de mal. E como aqueles que não compreendem a natureza das coisas nada afirmam sobre elas, mas apenas as imaginam, confundindo a imaginação com o intelecto, eles creem firmemente que existe uma ordenação nas coisas, ignorando tanto a natureza das coisas quanto a sua própria. Com efeito, quando as coisas estão dispostas de maneira tal que, quando nos são representadas pelos sentidos, podemos facilmente imaginá-las e, consequentemente, facilmente recordá-las, dizemos que estão bem ordenadas; se ocorrer o contrário, dizemos que estão mal ordenadas ou que são confusas. E como as coisas que podem ser imaginadas facilmente são mais agradáveis do que as outras, os homens preferem a ordenação à confusão, como se a ordenação fosse algo que, independentemente de nossa imaginação, existisse na natureza. Dizem ainda que Deus criou todas as coisas ordenadamente, atribuindo, assim, sem se darem conta, a imaginação a Deus, o que só faria sentido se eles quisessem dizer, talvez, que, em função da imaginação humana, Deus dispôs todas as coisas de maneira que elas pudessem ser mais facilmente imaginadas. Provavelmente não é, para eles, nenhum problema a verificação de infinitas coisas que superam de longe a nossa imaginação e um grande número de outras que, por sua debilidade, deixam a nossa imaginação confusa. Mas sobre tal ponto isso é suficiente. Quanto às outras noções, também não passam de modos do imaginar, pelos quais a imaginação é diferentemente afetada, e que, no entanto, são considerados pelos ignorantes como atributos principais das coisas, porque acreditam, como já dissemos, que todas as coisas foram feitas em função deles, e é com base na maneira como foram afetados por uma coisa que dizem que a sua natureza é boa ou má, sã ou podre e corrompida. Se, por exemplo, o movimento que os nervos recebem dos objetos representados pelos olhos contribui para uma boa disposição do corpo, os objetos que causaram tal movimento são chamados de belos, sendo chamados de feios aqueles que provocam o movimento contrário. Aqueles que provocam o sentido por meio do nariz são chamados de perfumados ou, então, de malcheirosos; por meio da língua, de doces e saborosos ou, então, de amargos e insípidos; por meio do tato, de duros e ásperos ou, então, de moles e macios. E, finalmente, daqueles que provocam os ouvidos diz-se que eles produzem barulho ou, então, som ou harmonia, a qual fascinou tanto os homens que eles acabaram por acreditar que Deus também se deleitava com ela, não tendo faltado filósofos que estavam convencidos de que os movimentos celestes compunham uma harmonia. Tudo isso mostra suficientemente que cada um julga as coisas de acordo com a disposição de seu cérebro, ou melhor, toma as afecções de sua imaginação pelas próprias coisas. Por isso, não é de admirar (assinalemos, de passagem também isso) que tenham surgido entre os homens tantas controvérsias quanto as que experimentamos, delas surgindo, finalmente, o ceticismo. Com efeito, embora os corpos humanos estejam em concordância sob muitos aspectos, diferem, entretanto, sob muitos mais. Por isso, o que a um parece bom, a outro parece mau; o que a um parece ordenado, a outro parece confuso; o que a um é agradável, a outro é desagradável, e assim quanto às outras noções, sobre as quais, entretanto, não insisto aqui, tanto por não ser este o local para discuti-las de forma explícita, quanto porque todos têm delas suficiente experiência. Pois, ditados como os seguintes estão na boca de todo mundo. *Cada cabeça, uma sentença. A cada qual seu parecer lhe basta. Há tantos juízos, quantos são os gostos.* Esses ditados mostram suficientemente que os homens julgam as coisas de acordo com o estado de seu cérebro e que, mais do que as compreender, eles as imaginam. Pois se as compreendessem, então, mesmo que não as achassem atraentes, ao menos se convenceriam delas todas, como mostra o exemplo da matemática.

Vemos, pois, que todas as noções que o vulgo costuma utilizar para explicar a natureza não passam de modos do imaginar e não indicam a natureza das coisas, mas apenas a constituição de sua própria imaginação. E como elas têm nomes, como se fossem entes que existissem fora da imaginação, chamo-as não entes de razão, mas entes de imaginação. E, assim, pode-se facilmente refutar todos os argumentos que poderiam ser dirigidos contra nós, com base em noções como essas. Costuma-se, com efeito, argumentar da maneira que se segue. Se todas as coisas se seguiram da perfeitíssima natureza de Deus, de onde provêm, então, tantas imperfeições na natureza, tais como a deterioração das coisas, ao ponto de se tornarem malcheirosas, a feiura que causa repugnância, a confusão, o mal, o pecado, etc.? Mas isso é fácil, como acabei de dizer, de ser refutado. Pois a perfeição das coisas deve ser avaliada exclusivamente por sua própria natureza e potência: elas não são mais ou menos perfeitas porque agradem ou desagradem os sentidos dos homens, ou porque convenham à natureza humana ou a contrariem. Àqueles que, entretanto, perguntarem por que Deus não criou os homens de maneira que eles se conduzissem exclusivamente pela via da razão, respondo simplesmente: não foi por ter faltado a Deus matéria para criar todos os tipos de coisas, desde aquelas com o mais alto grau até àquelas com o mais baixo grau de perfeição.

Ou, para falar mais apropriadamente: foi porque as leis da natureza, sendo tão amplas, bastaram para produzir todas as coisas que possam ser concebidas por um intelecto infinito, como demonstrei na prop. 16.

Esses são os preconceitos que me propus assinalar. Se restarem ainda outros do mesmo gênero, cada um poderá, com um pouco de reflexão, corrigi-los.

SEGUNDA PARTE

A natureza e a origem da mente

Prefácio

Passo agora a explicar aquelas coisas que deveram seguir-se necessariamente da essência de Deus, ou seja, da essência do ente eterno e infinito. Embora tenhamos demonstrado, na prop. 16 da P. 1, que dela devem se seguir infinitas coisas, de infinitas maneiras, não explicarei, na verdade, todas, mas apenas aquelas que possam nos conduzir, como que pela mão, ao conhecimento da mente humana e de sua beatitude suprema.

Definições

1. Por corpo compreendo um modo que exprime, de uma maneira definida e determinada, a essência de Deus, enquanto considerada como coisa extensa. Veja-se o corol. da prop. 25 da P. 1.

2. Digo pertencer à essência de uma certa coisa aquilo que, se dado, a coisa é necessariamente posta e que, se retirado, a coisa é necessariamente retirada; em outras palavras, aquilo sem o qual a coisa não pode existir nem ser concebida e vice-versa, isto é, aquilo que sem a coisa não pode existir nem ser concebido.

3. Por ideia compreendo um conceito da mente, que a mente forma porque é uma coisa pensante.

> *Explicação*. Digo *conceito* e não *percepção*, porque a palavra *percepção* parece indicar que a mente é passiva relativamente ao objeto, enquanto *conceito* parece exprimir uma ação da mente.

4. Por ideia adequada compreendo uma ideia que, enquanto considerada em si mesma, sem relação com o objeto, tem todas as propriedades ou denominações intrínsecas de uma ideia verdadeira.

> *Explicação*. Digo *intrínsecas* para excluir a propriedade extrínseca, a saber, a que se refere à concordância da ideia com o seu ideado.

5. A duração é a continuação indefinida do existir.

Explicação. Digo *indefinida* porque a duração não pode ser, de maneira alguma, determinada pela própria natureza da coisa existente, nem tampouco pela causa eficiente, a qual, com efeito, necessariamente põe a existência da coisa, mas não a retira.

6. Por realidade e por perfeição compreendo a mesma coisa.

7. Por coisas singulares compreendo aquelas coisas que são finitas e que têm uma existência determinada. E se vários indivíduos contribuem para uma única ação, de maneira tal que sejam todos, em conjunto, a causa de um único efeito, considero-os todos, sob este aspecto, como uma única coisa singular.

Axiomas

1. A essência do homem não envolve a existência necessária, isto é, segundo a ordem da natureza tanto pode ocorrer que este ou aquele homem exista quanto que não exista.

2. O homem pensa.

3. Os modos do pensar tais como o amor, o desejo, ou qualquer outro que se designa pelo nome de afeto do ânimo, não podem existir se não existir, no mesmo indivíduo, a ideia da coisa amada, desejada, etc. Uma ideia, em troca, pode existir ainda que não exista qualquer outro modo do pensar.

4. Sentimos que um certo corpo é afetado de muitas maneiras.

5. Não sentimos nem percebemos nenhuma outra coisa singular além dos corpos e dos modos do pensar. Vejam-se os postulados que se seguem à prop. 13.

Proposições

Proposição 1. **O pensamento é um atributo de Deus, ou seja, Deus é uma coisa pensante.**

Demonstração. Os pensamentos singulares, ou seja, este ou aquele pensamento, são modos que exprimem a natureza de Deus de uma maneira definida e determinada (pelo corol. da prop. 25 da P. 1). Pertence, portanto, a Deus (pela def. 5 da P. 1) um atributo, a respeito do qual se pode dizer que todos os pensamentos singulares envolvem o seu conceito, e pelo qual eles também são concebidos. O pensamento é, pois, um dos infinitos atributos de Deus, o qual exprime a essência eterna e infinita de Deus (veja-se a def. 6 da P. 1), ou seja, Deus é uma coisa pensante. C. Q. D.

Escólio. Esta prop. torna-se igualmente evidente por podermos conceber um ente pensante infinito. Com efeito, quanto mais coisas um ente pensante pode pensar, mais realidade ou perfeição concebemos que ele contém. Portanto, um ente que pode pensar infinitas coisas, de infinitas maneiras, é, em sua capacidade de pensar, necessariamente infinito. Como, pois, considerando apenas o pensamento, concebemos um ente infinito, então o pensamento é, necessariamente (pelas def. 4 e 6 da P. 1), um dos infinitos atributos de Deus, tal como queríamos demonstrar.

Proposição 2. **A extensão é um atributo de Deus, ou seja, Deus é uma coisa extensa.**

Demonstração. Procede-se como na demonstração da prop. precedente.

Proposição 3. **Existe necessariamente, em Deus, uma ideia tanto de sua essência quanto de tudo o que necessariamente se segue dessa essência.**

Demonstração. Deus, com efeito (pela prop. 1), pode pensar infinitas coisas, de infinitas maneiras, ou, o que é o mesmo (pela prop. 16 da P.), ele pode formar uma ideia de sua essência e de tudo o que necessariamente dela se segue. Ora, tudo o que está no poder de Deus existe necessariamente (pela prop. 35 da P. 1). Logo, essa ideia existe necessariamente e (pela prop. 15 da P. 1) não existe senão em Deus. C. Q. D.

Escólio. O vulgo compreende por potência de Deus a livre vontade de Deus e sua jurisdição sobre todas as coisas que existem, as quais são, por essa razão, comumente consideradas como contingentes. Diz-se, pois, que Deus tem o poder de tudo destruir e de tudo reduzir a nada. Além disso, frequentemente compara-se o poder de Deus ao dos reis, o que, entretanto, refutamos nos corol. 1 e 2 da prop. 32 da P. 1. Mostramos, ainda, na prop. 16 da P. 1, que Deus age pela mesma necessidade pela qual compreende a si próprio, isto é, que assim como se segue da necessidade da natureza divina que Deus compreende a si próprio (como, unanimemente, afirmam todos), também se segue da mesma necessidade que Deus faça infinitas coisas, de infinitas maneiras. Demonstramos, além disso, na prop. 34 da P. 1, que a potência de Deus não é senão sua essência atuante. Portanto, é tão impossível conceber que Deus não age quanto que ele não existe. Além disso, caso se quisesse levar isso adiante, se poderia igualmente demonstrar não apenas que essa potência, que o vulgo impinge a Deus, é humana (o que revela que o vulgo concebe Deus como um homem ou à semelhança de um homem), mas também que ela envolve impotência. Não quero, entretanto, tratar tantas vezes da mesma coisa. Só peço ao leitor, insistentemente, que reflita e volte a refletir sobre o que foi dito a esse respeito, na P. 1, desde a prop. 16 até o final. Pois ninguém poderá compreender corretamente o que quero dizer se não tiver o maior cuidado em não confundir a potência de Deus com a potência ou a jurisdição humana dos reis.

Proposição 4. **A ideia de Deus, da qual se seguem infinitas coisas, de infinitas maneiras, só pode ser única.**

Demonstração. O intelecto infinito nada mais abrange, além dos atributos de Deus e suas afecções (pela prop. 30 da P. 1). Ora, Deus é único (pelo corol. 1 da prop. 14 da P. 1). Logo, a ideia de Deus, da qual se seguem infinitas coisas, de infinitas maneiras, só pode ser única. C. Q. D.

Proposição 5. **O ser formal das ideias reconhece Deus como sua causa, enquanto Deus é considerado apenas como coisa pensante, e não enquanto é explicado por outro atributo. Isto é, as ideias, tanto dos atributos de Deus quanto das coisas singulares, reconhecem como sua causa eficiente não os seus ideados, ou seja, as coisas percebidas, mas o próprio Deus, enquanto coisa pensante.**

Demonstração. É evidente, pela prop. 3. Com efeito, ali concluímos, que apenas porque é uma coisa pensante, e não porque ele seria o objeto de sua própria ideia, é que Deus pode formar uma ideia de sua essência e de tudo o que dela necessariamente se segue. É por isso que o ser formal das ideias reconhece Deus como a sua causa enquanto ele é coisa pensante. Mas isso pode ser demonstrado de uma outra maneira. O ser formal das ideias é um modo do pensar (como é evidente por si mesmo), isto é (pelo corol. da prop. 25 da P. 1), um modo que exprime de uma maneira definida a natureza de Deus enquanto coisa pensante. Não envolve, portanto (pela prop. 10 da P. 1), o conceito de nenhum outro atributo de Deus e, consequentemente (pelo ax. 4 da P. 1), não é efeito de nenhum outro atributo que não o do pensamento. Portanto, o ser formal das ideias reconhece Deus como a sua causa, enquanto considerado exclusivamente como coisa pensante, etc. C. Q. D.

Proposição 6. Os modos de qualquer atributo têm Deus por causa, enquanto ele é considerado exclusivamente sob o atributo do qual eles são modos e não enquanto é considerado sob algum outro atributo.

Demonstração. Cada atributo, com efeito, é concebido por si mesmo, independentemente de qualquer outro (pela prop. 10 da P. 1). É por isso que os modos de cada atributo envolvem o conceito de seu próprio atributo e não o de um outro. Assim (pelo ax. 4 da P. 1), esses modos têm Deus por causa, enquanto ele é considerado exclusivamente sob o atributo do qual eles são modos, e não enquanto considerado sob algum outro atributo. C. Q. D.

Corolário. Segue-se disso que o ser formal daquelas coisas que não são modos do pensar não se segue da natureza divina por ela ter previamente conhecido essas coisas. Em vez disso, as coisas ideadas se seguem e se deduzem de seus respectivos atributos, da mesma maneira, conforme mostramos, que as ideias se seguem do atributo do pensamento, e com a mesma necessidade.

Proposição 7. A ordem e a conexão das ideias é o mesmo que a ordem e a conexão das coisas.

Demonstração. É evidente pelo ax. 4 da P. 1. Com efeito, a ideia de qualquer coisa causada depende do conhecimento da causa da qual ela é o efeito.

Corolário. Segue-se disso que a potência de pensar de Deus é igual à sua potência atual de agir. Isto é, tudo o que se segue, formalmente, da natureza infinita de Deus segue-se, objetivamente, em Deus, na mesma ordem e segundo a mesma conexão, da ideia de Deus.

Escólio. Antes de prosseguir, convém relembrar aqui o que demonstramos antes: que tudo o que pode ser percebido por um intelecto infinito como constituindo a essência de uma substância pertence a uma única substância apenas e, consequentemente, a substância pensante e a substância extensa são uma só e a mesma substância, compreendida ora sob um atributo, ora sob o outro. Assim, também um modo da extensão e a ideia desse modo são uma só e mesma coisa, que se exprime, entretanto, de duas maneiras. É o que alguns hebreus parecem ter visto como que através de uma neblina, ao afirmar que Deus, o intelecto de Deus e as coisas por ele compreendidas são uma única e mesma coisa. Por exemplo, um círculo existente na natureza e a ideia desse círculo existente, a qual existe também em Deus, são uma só e mesma coisa, explicada por atributos diferentes. Assim, quer concebamos a natureza sob o atributo da extensão, quer sob o atributo do pensamento, quer sob qualquer outro atributo, encontraremos uma só e mesma ordem, ou seja, uma só e mesma conexão de causas, isto é, as mesmas coisas seguindo-se umas das outras. E se eu disse que Deus é causa de uma ideia – da ideia de círculo, por exemplo –, enquanto é apenas coisa pensante, e do próprio círculo enquanto é apenas coisa extensa, foi só porque o ser formal da ideia de círculo não pode ser percebido senão por meio de outro modo do pensar, que é como que a sua causa próxima, e esse último modo, por sua vez, por meio de um outro, e assim até o infinito, de maneira tal que sempre que considerarmos as coisas como modos do pensar, deveremos explicar a ordem de toda a natureza, ou seja, a conexão das causas, exclusivamente pelo atributo do pensamento. E, da mesma maneira, enquanto essas coisas são consideradas como modos da extensão, a ordem de toda a natureza deve ser explicada exclusivamente pelo atributo da extensão. O mesmo vale para os outros atributos. É por isso que Deus, enquanto consiste de infinitos atributos, é realmente causa das coisas tais como elas são em si mesmas. Não posso, por enquanto, explicar isso mais claramente.

Proposição 8. **As ideias das coisas singulares não existentes, ou seja, dos modos não existentes, devem estar compreendidas na ideia infinita de Deus, da mesma maneira que as essências formais das coisas singulares, ou seja, dos modos, estão contidas nos atributos de Deus.**

Demonstração. É evidente pela prop. prec., mas é mais claramente compreendida pelo esc. precedente.

Corolário. Segue-se disso que, à medida que as coisas singulares não existem a não ser enquanto estão compreendidas nos atributos de Deus, o seu ser objetivo – ou seja, as suas ideias – não existe a não ser enquanto existe a ideia infinita de Deus; e, quando que se diz que as coisas singulares existem, não apenas enquanto estão compreendidas nos atributos de Deus, mas também enquanto se diz que duram, as suas ideias envolverão também a existência, razão pela qual se diz que elas duram.

Escólio. Se alguém, desejando uma explicação mais completa desse ponto, me pedisse um exemplo, eu não poderia realmente dar nenhum que explicasse adequadamente aquilo de que falo, pois se trata de algo singular. Farei um esforço, entretanto, para, tanto quanto possível, fornecer uma ilustração.

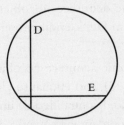

O círculo, como se sabe, é de tal natureza que os retângulos compreendidos pelos segmentos de duas retas que se cortam no seu interior são iguais entre si. No círculo está contida, portanto, uma infinidade de [pares de] retângulos iguais entre si. Não se pode, entretanto, dizer que qualquer deles exista a não ser à medida que o círculo existe, como tampouco se pode dizer que a ideia de qualquer desses [pares de] retângulos exista a não ser à medida que está compreendida na ideia de círculo. Suponha-se agora que, dessa infinidade [de pares] de retângulos, só dois existam, a saber, *E* e *D*. Nesse caso, é certo dizer que as suas ideias existem, não apenas à medida que estão compreendidas na ideia de círculo, mas também à medida que envolvem a existência desses [dois pares de] retângulos, o que faz com que elas se distingam das outras ideias dos outros [pares de] retângulos.

Proposição 9. **A ideia de uma coisa singular existente em ato tem Deus como causa, não enquanto ele é infinito, mas enquanto é considerado como afetado de outra ideia de uma coisa singular existente em ato, ideia da qual Deus é também a causa, enquanto é afetado de uma terceira ideia, e assim até o infinito.**

Demonstração. A ideia de uma coisa singular, existente em ato, é um modo singular do pensar, e um modo distinto dos demais (pelo corol. e pelo esc. da prop. 8). Portanto (pela prop. 6), tem Deus por causa, apenas enquanto ele é uma coisa pensante. Mas não (pela prop. 28 da P. 1) enquanto Deus é, absolutamente, coisa pensante, e sim enquanto é considerado como afetado de outro modo do pensar, do qual Deus é igualmente causa enquanto afetado de outro modo do pensar, e assim até o infinito. Ora, a ordem e a conexão das ideias (pela prop. 7) é o mesmo que a ordem e a conexão das causas. Logo, a causa de uma ideia singular é outra ideia, ou seja, Deus, enquanto é considerado afetado de outra ideia, da qual ele é igualmente a causa, enquanto afetado de outra ideia ainda, e assim até o infinito. C. Q. D.

Corolário. De tudo o que acontece no objeto singular de uma ideia existe o conhecimento em Deus, enquanto ele tem unicamente a ideia desse objeto.

Demonstração. De tudo o que acontece no objeto de uma ideia, existe a ideia em Deus (pela prop. 3), não enquanto ele é infinito, mas enquanto é considerado como afetado de outra ideia de uma coisa singular (pela prop. prec.). Mas (pela prop. 7), a ordem e a conexão das ideias é o mesmo que a ordem e a conexão das coisas. Portanto, o conhecimento do que acontece num objeto singular existirá em Deus, enquanto ele tem unicamente a ideia desse objeto. C. Q. D.

Proposição 10. À essência do homem não pertence o ser da substância, ou seja, a substância não constitui a forma do homem.

Demonstração. Com efeito, o ser da substância envolve a existência necessária (pela prop. 7 da P. 1). Se, pois, à essência do homem pertencesse o ser da substância, então, da existência da substância se seguiria necessariamente a existência do homem (pela def. 2) e, como consequência, o homem existiria necessariamente, o que (pelo ax. 1) é absurdo. Logo, etc. C. Q. D.

Escólio. Pode-se também demonstrar esta prop. pela prop. 5 da P. 1, que afirma que não existem duas substâncias de mesma natureza. Como, por outro lado, podem existir vários homens, o que constitui a forma do homem não é, portanto, o ser da substância. Esta prop. é evidente, além disso, em razão das outras propriedades da substância, a saber, que a substância é, por sua natureza, infinita, imutável, indivisível, etc., como qualquer um pode facilmente ver.

Corolário. Disso se segue que a essência do homem é constituída por modificações definidas dos atributos de Deus.

Demonstração. Com efeito, o ser da substância (pela prop. prec.) não pertence à essência do homem. Ela é, portanto (pela prop. 15 da P. 1), algo que existe em Deus e que, sem Deus, não pode existir nem ser concebida, ou seja (pelo corol. da prop. 25 da P. 1), é uma afecção ou um modo que exprime a natureza de Deus de uma maneira definida e determinada.

Escólio. Todos devem, certamente, admitir que sem Deus nada pode existir nem ser concebido. Com efeito, todos reconhecem que Deus é a única causa de todas as coisas, tanto da sua existência quanto da sua essência; isto é, Deus é causa das coisas não apenas sob o aspecto, como se costuma dizer, de seu vir a existir, mas também sob o aspecto de seu ser. Há muitos que afirmam também que à essência de uma coisa pertence aquilo sem o qual a coisa não pode existir nem ser concebida. E acreditam, assim, ou que a natureza de Deus pertence à essência das coisas criadas ou que as coisas criadas podem existir ou ser concebidas sem Deus ou, ainda, o que é mais provável, não conseguem se decidir. Isso ocorre, creio, por não terem observado a ordem exigida do filosofar. Pois em vez de considerarem, antes de tudo, como deveriam, a natureza divina, já que ela é primeira, tanto na ordem do conhecimento quanto na da natureza, eles julgaram que ela é a última na ordem do conhecimento e que as coisas chamadas de objetos do sentido são primeiras relativamente a todas as outras. Como consequência, ao considerarem as coisas naturais, o que eles menos pensavam era na natureza divina e, quando, depois, voltaram a sua mente para a consideração da natureza divina, o que menos puderam pensar foi naquelas primeiras ficções sobre as quais haviam baseado seu conhecimento das coisas naturais, pois essas ficções em nada podiam contribuir para o seu conhecimento da natureza divina. Não é nada surpreendente, assim, que eles se contradigam a cada passo. Deixo, entretanto, isso de lado, pois meu único objetivo aqui era o de fornecer a razão pela qual não disse que à essência de uma coisa pertence aquilo sem o qual a coisa não pode existir nem ser concebida. É que, certamente, sem Deus, as coisas singulares não podem existir nem ser concebidas e, no entanto, Deus não pertence à sua essência. Afirmei, em vez disso, que o que constitui necessariamente a essência de uma coisa é aquilo que, se dado, a coisa é posta e que, se retirado, a coisa é retirada, ou aquilo sem o qual a coisa não pode existir nem ser concebida, e inversamente, aquilo que sem a coisa não pode nem existir nem ser concebido.

Proposição 11. **O que, primeiramente, constitui o ser atual da mente humana não é senão a ideia de uma coisa singular existente em ato.**

Demonstração. A essência do homem (pelo corol. da prop. prec.) é constituída por modos definidos dos atributos de Deus, e certamente (pelo ax. 2), por modos do pensar, dentre todos os quais (pelo ax. 3), a ideia é, por natureza, o primeiro. E existindo a ideia, os outros modos (aqueles, obviamente, em relação aos quais a ideia é, por natureza, o primeiro) devem existir no mesmo indivíduo (pelo ax. 3). É, assim, uma ideia que, primeiramente, constitui o ser da mente humana. Mas não a ideia de uma coisa inexistente, pois, então (pelo corol. da prop. 8), não se poderia dizer que a própria ideia existe. Trata-se, portanto, da ideia de uma coisa existente em ato. Mas não de uma coisa infinita. Pois, uma coisa infinita (pelas prop. 21 e 22 da P. 1) deve, sempre, necessariamente, existir. Ora (pelo ax. 1), isso é absurdo. Logo, o que, primeiramente, constitui o ser atual da mente humana é a ideia de uma coisa singular existente em ato. C. Q. D.

Corolário. Disso se segue que a mente humana é uma parte do intelecto infinito de Deus. E, assim, quando dizemos que a mente humana percebe isto ou aquilo não dizemos senão que Deus, não enquanto é infinito, mas enquanto é explicado por meio da natureza da mente humana, ou seja, enquanto constitui a essência da mente humana, tem esta ou aquela ideia. E quando dizemos que Deus tem esta ou aquela ideia, não enquanto ele constitui a natureza da mente humana apenas, mas enquanto tem, ao mesmo tempo que [a ideia que é] a mente humana, também a ideia de outra coisa, dizemos, então, que a mente humana percebe essa coisa parcialmente, ou seja, inadequadamente.

Escólio. Aqui, os leitores, sem dúvida, se deterão, pensando em muitas objeções. Peço-lhes, por isso, que me acompanhem, lenta e gradualmente, sem fazer qualquer julgamento antes de terem lido tudo até o fim.

Proposição 12. **Tudo aquilo que acontece no objeto da ideia que constitui a mente humana deve ser percebido pela mente humana, ou seja, a ideia daquilo que acontece nesse objeto existirá necessariamente na mente; isto é, se o objeto da ideia que constitui a mente humana é um corpo, nada poderá acontecer nesse corpo que não seja percebido pela mente.**

Demonstração. Com efeito, de tudo o que acontece no objeto de uma ideia qualquer existe necessariamente o conhecimento em Deus (pelo corol. da prop. 9), enquanto ele é considerado como afetado da ideia desse objeto, isto é (pela prop. 11), enquanto ele constitui a mente de alguma coisa. Portanto, de tudo o que acontece no objeto da ideia que constitui a mente humana existe necessariamente o conhecimento em Deus, enquanto ele constitui a natureza da mente humana, isto é (pelo corol. da prop. 11), o conhecimento dessa coisa existirá necessariamente na mente, ou seja, a mente percebe-a. C. Q. D.

Escólio. Esta prop. é igualmente evidente, e mais claramente compreendida, pelo esc. da prop. 7, o qual deve ser conferido.

Proposição 13. O objeto da ideia que constitui a mente humana é o corpo, ou seja, um modo definido da extensão, existente em ato, e nenhuma outra coisa.

Demonstração. Se, com efeito, o corpo não fosse o objeto da mente humana, as ideias das afecções do corpo não existiriam em Deus (pelo corol. da prop. 9), enquanto ele constitui nossa mente, mas enquanto constitui a mente de outra coisa, isto é (pelo corol. da prop. 11), as ideias das afecções do corpo não existiriam em nossa mente. Entretanto (pelo ax. 4), temos as ideias das afecções do corpo. Logo, o objeto da ideia que constitui a mente humana é o corpo, e o corpo (pela prop. 11) existente em ato. Ademais, como não existe nada (pela prop. 36 da P. 1) de que não se siga algum efeito, se, além do corpo, existisse ainda outro objeto da mente, deveria (pela prop. 12) necessariamente existir em nossa mente a ideia desse efeito. Ora (pelo ax. 5), não existe nenhuma ideia desse efeito. Logo, o objeto de nossa mente é o corpo existente, e nenhuma outra coisa. C. Q. D.

Corolário. Segue-se disso que o homem consiste de uma mente e de um corpo, e que o corpo humano existe tal como o sentimos.

Escólio. Do que precede, compreendemos não apenas que a mente humana está unida ao corpo, mas também o que se deve compreender por união de mente e corpo. Ninguém, entretanto, poderá compreender essa união adequadamente, ou seja, distintamente, se não conhecer, antes, adequadamente, a natureza de nosso corpo. Com efeito, tudo o que mostramos até agora é absolutamente geral e se aplica tanto aos homens quanto aos outros indivíduos, os quais, ainda que em graus variados, são, entretanto, todos, animados. Pois, de qualquer coisa existe necessariamente a ideia em Deus, ideia da qual Deus é a causa, da mesma maneira que é causa da ideia do corpo humano. Portanto, tudo quanto dissemos da ideia do corpo humano deve necessariamente dizer-se da ideia de qualquer coisa. Entretanto, tampouco podemos negar que as ideias, tais como os próprios objetos, diferem entre si, e que uma ideia é superior a outra e contém mais realidade do que outra, à medida que o objeto de uma é superior ao objeto da outra e contém mais realidade do que o objeto da outra. E, por isso, para determinar em quê a mente humana difere das outras e em quê lhes é superior, é necessário que conheçamos, como dissemos, a natureza de seu objeto, isto é, a natureza do corpo humano. Não posso, entretanto, explicar isso aqui, nem tal explicação é necessária para o que quero demonstrar. Digo, porém, que, em geral, quanto mais um corpo é capaz, em comparação com outros, de agir simultaneamente sobre um número maior de coisas, ou de padecer simultaneamente de um número maior de coisas, tanto mais sua mente é capaz, em comparação com outras, de perceber, simultaneamente, um número maior de coisas. E quanto mais as ações de um corpo dependem apenas dele próprio, e quanto menos outros corpos cooperam com ele no agir, tanto mais sua mente é capaz de compreender distintamente. É por esses critérios que podemos reconhecer a superioridade de uma mente sobre as outras, bem como compreender por que não temos de nosso corpo senão um conhecimento muito confuso, além de muitas outras coisas, as quais deduzirei, a seguir, do que acabo de expor. Pensei, por isso, que valeria a pena explicar e demonstrar cuidadosamente essas coisas e, para isso, é necessário estabelecer algumas premissas sobre a natureza dos corpos.

Axioma 1. Todos os corpos estão ou em movimento ou em repouso.

Axioma 2. Todo corpo se move ora mais lentamente, ora mais velozmente.

Lema 1. Os corpos se distinguem entre si pelo movimento e pelo repouso, pela velocidade e pela lentidão, e não pela substância.

Demonstração. Suponho que a primeira parte deste lema é sabida por si mesma. Quanto aos corpos não se distinguirem pela substância é também evidente, tanto pela prop. 5 quanto pela prop. 8 da P. 1. Mas isso fica ainda mais claro pelo que foi dito no esc. da prop. 15 da P. 1.

Lema 2. Todos os corpos estão em concordância quanto a certos elementos.

Demonstração. Com efeito, todos os corpos estão em concordância por envolverem (pela def. 1) o conceito de um só e mesmo atributo e, além disso, por poderem mover-se ora lentamente, ora rapidamente e, de maneira mais geral, por poderem ora se mover, ora estar em repouso.

Lema 3. Um corpo, em movimento ou em repouso, deve ter sido determinado ao movimento ou ao repouso por um outro, o qual, por sua vez, foi também determinado ao movimento ou ao repouso por um outro, e este último, novamente, por um outro e, assim, sucessivamente, até o infinito.

Demonstração. Os corpos (pela def. 1) são coisas singulares, que (pelo lema 1) se distinguem entre si pelo movimento e pelo repouso. Assim (pela prop. 28 da P. 1), cada corpo deve ter sido necessariamente determinado ao movimento ou ao repouso por uma outra coisa singular, isto é (pela prop. 6), por um outro corpo, o qual (pelo ax. 1) também está ou em movimento ou em repouso. Ora, este último, igualmente (pela mesma razão), não pode ter se movido nem permanecido em repouso a não ser que tenha sido determinado ao movimento ou ao repouso por um outro, e este último (pela mesma razão), por sua vez, por um outro e, assim, sucessivamente, até o infinito. C. Q. D.

Corolário. Disso se segue que um corpo em movimento continuará a se mover até que seja determinado ao repouso por um outro corpo; e que, igualmente, um corpo em repouso continuará em repouso até que seja determinado ao movimento por um outro. Isso também é sabido por si mesmo. Se suponho, com efeito, que um corpo, por exemplo, A, está em repouso, e não levo em conta outros corpos que estejam em movimento, nada posso dizer do corpo A, a não ser que está em repouso. Se ocorrer, posteriormente, que o corpo A se ponha em movimento, isso certamente não pôde ter se dado porque ele estava em repouso; dessa última situação, com efeito, nada poderia se seguir senão a permanência em repouso do corpo A. Se, ao contrário, supõe-se que o corpo A se move, sempre que levo em conta apenas A, nada poderemos afirmar sobre ele, a não ser que se move. Se ocorrer, posteriormente, que A esteja em repouso, isso, certamente, também não pôde tampouco ter se dado por causa do movimento que ele tinha, pois nada poderia se seguir do movimento senão a permanência em movimento de A. O repouso ocorre, pois, por algo que não estava em A, a saber, por uma causa exterior, pela qual ele foi determinado ao repouso.

Axioma 1. Todas as maneiras pelas quais um corpo qualquer é afetado por outro seguem-se da natureza do corpo afetado e, ao mesmo tempo, da natureza do corpo que o afeta. Assim, um só e mesmo corpo, em razão da diferença de natureza dos corpos que o movem, é movido de diferentes maneiras, e, inversamente, corpos diferentes são movidos de diferentes maneiras por um só e mesmo corpo.

Axioma 2. Quando um corpo em movimento se choca com outro que está em repouso e que ele não pode deslocar, ele é rebatido, de maneira tal que continua se movendo, e o ângulo formado pela linha do movimento de seu rebatimento com a superfície do corpo em repouso, com o qual se chocou, será igual ao ângulo formado pela linha do movimento de incidência com esse mesmo plano.

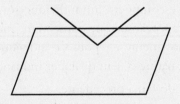

Isso quanto aos corpos mais simples, aqueles que se distinguem entre si apenas pelo movimento e pelo repouso, pela velocidade e pela lentidão. Passemos, agora, aos corpos compostos.

Definição. Quando corpos quaisquer, de grandeza igual ou diferente, são forçados, por outros corpos, a se justaporem, ou se, numa outra hipótese, eles se movem, seja com o mesmo grau, seja com graus diferentes de velocidade, de maneira a transmitirem seu movimento uns aos outros segundo uma proporção definida, diremos que esses corpos estão unidos entre si, e que, juntos, compõem um só corpo ou indivíduo, que se distingue dos outros por essa união de corpos.

Axioma 3. Quanto maiores ou menores são as superfícies mediante as quais as partes de um indivíduo, ou seja, de um corpo composto, se justapõem, tanto mais ou menos dificilmente, de maneira respectiva, elas podem ser forçadas a mudarem de posição e, como consequência, tanto mais ou menos dificilmente pode-se fazer com que esse indivíduo adquira outra figura. De acordo com isso, direi que são duros os corpos cujas partes se justapõem mediante grandes superfícies; que são moles, por sua vez, os que se justapõem mediantes pequenas superfícies; e que são fluidos, enfim, aqueles corpos cujas partes se movem umas por entre as outras.

Lema 4. Se alguns dos corpos que compõem um corpo – ou seja, um indivíduo composto de vários corpos – dele se separam e, ao mesmo tempo, outros tantos, da mesma natureza, tomam o lugar dos primeiros, o indivíduo conservará sua natureza, tal como era antes, sem qualquer mudança de forma.

Demonstração. Os corpos, com efeito (pelo lema 1), não se distinguem entre si pela substância; por outro lado, o que constitui a forma de um indivíduo consiste em uma união de corpos (pela def. prec.). Ora, esta união (por hipótese), ainda que haja uma mudança contínua de corpos, é conservada. O indivíduo conservará, portanto, sua natureza tal como era antes, quer quanto à substância, quer quanto ao modo. C. Q. D.

Lema 5. Se as partes que compõem um indivíduo tornam-se maiores ou menores, mas numa proporção tal que conservam, entre si, como antes, a mesma relação entre movimento e repouso, o indivíduo conservará, igualmente, como antes, sua natureza, sem qualquer mudança de forma.

Demonstração. É igual à do lema precedente.

Lema 6. Se alguns dos corpos que compõem um indivíduo forem forçados a desviar seu movimento de uma direção para outra, mas de tal maneira que possam continuar seus movimentos e transmiti-los entre si, na mesma proporção de antes, o indivíduo conservará, igualmente, sua natureza, sem qualquer mudança de forma.

Demonstração. É evidente por si mesmo. Com efeito, supõe-se que o indivíduo conserva tudo aquilo que, de acordo com a definição que lhe demos, dissemos constituir sua forma.

Lema 7. Um indivíduo assim composto conserva, além disso, sua natureza, quer se mova em sua totalidade ou esteja em repouso, quer se mova nesta ou naquela direção, desde que cada parte conserve seu movimento e o transmita às demais, tal como antes.

Demonstração. É evidente, pela definição de indivíduo, que precede o lema 4.

Escólio. Vemos, assim, em que proporção um indivíduo composto pode ser afetado de muitas maneiras, conservando, apesar disso, sua natureza. Até agora, entretanto, concebemos um indivíduo que se compõe tão somente de corpos que se distinguem entre si apenas pelo movimento e pelo repouso, pela velocidade e pela lentidão, isto é, que se compõe de corpos mais simples. Se, agora, concebemos um outro indivíduo, composto de vários indivíduos de natureza diferente, veremos que também ele pode ser afetado de muitas outras maneiras, conservando, apesar disso, sua natureza. Pois, como cada uma de suas partes compõe-se de vários corpos, cada uma delas poderá, portanto (pelo lema prec.), sem qualquer mudança de sua natureza, mover-se ora mais lentamente, ora mais velozmente e, como consequência, transmitir seus movimentos às outras partes, ora mais lentamente, ora mais velozmente. Se concebemos, além disso, um terceiro gênero de indivíduos, compostos de indivíduos do segundo gênero, veremos que também ele pode ser afetado de muitas outras maneiras, sem qualquer mudança de forma. E se continuamos assim, até o infinito, conceberemos facilmente que a natureza inteira é um só indivíduo, cujas partes, isto é, todos os corpos, variam de infinitas maneiras, sem qualquer mudança do indivíduo inteiro. Se minha intenção fosse a de tratar expressamente do corpo, eu deveria ter explicado e demonstrado isso mais longamente. Mas já disse que é outra a minha intenção, e só me detive nessas questões porque delas posso deduzir facilmente o que decidi demonstrar.

Postulados

1. O corpo humano compõe-se de muitos indivíduos (de natureza diferente), cada um dos quais é também altamente composto.

2. Dos indivíduos de que se compõe o corpo humano, alguns são fluidos, outros, moles, e outros, enfim, duros.

3. Os indivíduos que compõem o corpo humano e, consequentemente, o próprio corpo humano, são afetados pelos corpos exteriores de muitas maneiras.

4. O corpo humano tem necessidade, para conservar-se, de muitos outros corpos, pelos quais ele é como que continuamente regenerado.

5. Quando uma parte fluida do corpo humano é determinada, por um corpo exterior, a se chocar, um grande número de vezes, com uma parte mole, a parte fluida modifica a superfície da parte mole e nela imprime como que traços do corpo exterior que a impele.

6. O corpo humano pode mover e arranjar os corpos exteriores de muitas maneiras.

Proposição 14. A mente humana é capaz de perceber muitas coisas, e é tanto mais capaz quanto maior for o número de maneiras pelas quais seu corpo pode ser arranjado.

Demonstração. O corpo humano, com efeito (pelos post. 3 e 6), é afetado, de muitas maneiras, pelos corpos exteriores, e está arranjado de modo tal que afeta os corpos exteriores de muitas maneiras. Ora, tudo o que acontece no corpo humano (pela prop. 12) deve ser percebido pela mente. Portanto, a mente humana é capaz de perceber muitas coisas e é tanto mais capaz quanto, etc. C. Q. D.

Proposição 15. A ideia que constitui o ser formal da mente humana não é simples, mas composta de muitas ideias.

Demonstração. A ideia que constitui o ser formal da mente humana é a ideia do corpo (pela prop. 13), o qual (pelo post. 1) compõe-se de muitos indivíduos altamente compostos. Ora, existe, necessariamente (pelo corol. da prop. 8), em Deus, uma ideia de cada indivíduo que compõe o corpo. Logo (pela prop. 7), a ideia do corpo humano é composta dessas muitas ideias das partes de que é composto. C. Q. D.

Proposição 16. A ideia de cada uma das maneiras pelas quais o corpo humano é afetado pelos corpos exteriores deve envolver a natureza do corpo humano e, ao mesmo tempo, a natureza do corpo exterior.

Demonstração. Com efeito, todas as maneiras pelas quais um corpo é afetado seguem-se (pelo ax. 1, que segue o corol. do lema 3) da natureza do corpo afetado e, ao mesmo tempo, da natureza do corpo que o afeta. Portanto, a ideia de cada uma dessas maneiras (pelo ax. 4 da P. 1) envolverá necessariamente a natureza de ambos os corpos. Assim, a ideia de cada uma das maneiras pelas quais o corpo humano é afetado por um corpo exterior envolve a natureza do corpo humano e a do corpo exterior. C. Q. D.

Corolário 1. Disso se segue, em primeiro lugar, que a mente humana percebe, juntamente com a natureza de seu corpo, a natureza de muitos outros corpos.

Corolário 2. Segue-se, em segundo lugar, que as ideias que temos dos corpos exteriores indicam mais o estado de nosso corpo do que a natureza dos corpos exteriores, o que expliquei, com muitos exemplos, no apêndice da primeira parte.

Proposição 17. Se o corpo humano é afetado de uma maneira que envolve a natureza de algum corpo exterior, a mente humana considerará esse corpo exterior como existente em ato ou como algo que lhe está presente, até que o corpo seja afetado de um afeto que exclua a existência ou a presença desse corpo.

Demonstração. Isso é evidente. Pois, durante o tempo em o corpo humano é assim afetado, a mente humana (pela prop. 12) considerará essa afecção do corpo, ou seja (pela prop. prec.), ela terá a ideia de um modo existente em ato, ideia que envolve a natureza do corpo exterior, isto é, uma ideia que não exclui, mas que, ao contrário, põe a existência ou a presença da natureza do corpo exterior. Assim, a mente (pelo corol. 1 da prop. prec.) considerará esse corpo exterior como existente em ato ou como algo que lhe está presente, até que o corpo seja afetado, etc. C. Q. D.

Corolário. A mente poderá considerar como presentes, ainda que não existam nem estejam presentes, aqueles corpos exteriores pelos quais o corpo humano foi uma vez afetado.

Demonstração. Quando corpos exteriores determinam as partes fluidas do corpo humano a se chocarem, um grande número de vezes, com as partes mais moles, as partes fluidas modificam as superfícies das partes moles (pelo post. 5). Como resultado (veja-se o ax. 2, que se segue ao corol. do lema 3), as partes fluidas são rebatidas diferentemente de antes e, além disso, ao encontrarem, depois, em seu movimento espontâneo, as novas superfícies, elas são rebatidas da mesma maneira com que foram, inicialmente, impelidas em direção a essas superfícies pelos corpos exteriores e, consequentemente, uma vez que, enquanto assim rebatidas, elas continuam a se mover, afetando o corpo humano da mesma maneira que antes, a mente (pela prop. 12), por causa dessa afecção, pensará a mesma coisa, isto é (pela prop. 17), considerará novamente o corpo exterior como estando presente. E isso tantas vezes quantas forem as vezes que as partes fluidas do corpo humano vierem a encontrar, em seu movimento espontâneo, essas mesmas superfícies. Portanto, ainda que os corpos exteriores pelos quais o corpo humano foi uma vez afetado não existam, a mente os considerará, entretanto, tantas vezes presentes quantas forem as vezes que se repetir essa ação do corpo. C. Q. D.

Escólio. Vemos, assim, que pode ocorrer que, muitas vezes, consideremos como presentes coisas que não existem. É possível que isso se deva a outras causas. Entretanto, para mim, é suficiente ter mostrado uma única causa, que me permita explicar por que isso ocorre, e é como se eu tivesse indicado sua verdadeira causa. Não creio, entretanto, ter me afastado muito da verdade, pois todos os postulados que adotei não contêm praticamente nada que não seja estabelecido pela experiência, da qual não nos é lícito duvidar, após termos demonstrado que o corpo humano existe tal como o sentimos (veja-se o corol. que se segue à prop. 13). Além disso (pelo corol. prec. e pelo corol. 2 da prop. 16), compreendemos claramente qual é a diferença entre, por exemplo, a ideia de Pedro, que constitui a essência da mente do próprio Pedro, e a ideia desse mesmo Pedro que existe em outro homem, digamos, Paulo. A primeira, com efeito, explica diretamente a essência do corpo de Pedro, e não envolve a existência senão enquanto Pedro existe; a segunda, entretanto, indica mais o estado do corpo de Paulo do que a natureza de Pedro e, assim, enquanto durar o estado do corpo de Paulo, sua mente considerará Pedro como lhe estando presente, mesmo que Pedro já não exista. Daqui em diante, e para manter os termos habituais, chamaremos de imagens das coisas as afecções do corpo humano, cujas ideias nos representam os corpos exteriores como estando presentes, embora elas não restituam as figuras das coisas. E quando a mente considera os corpos dessa maneira, diremos que ela os imagina. Aqui, para começar a indicar o que é o erro, gostaria que observassem que as imaginações da mente, consideradas em si mesmas, não contêm nenhum erro; ou seja, a mente não erra por imaginar, mas apenas enquanto é considerada como privada da ideia que exclui a existência das coisas que ela imagina como lhe estando presentes. Pois, se a mente, quando imagina coisas inexistentes como se lhe estivessem presentes, soubesse, ao mesmo tempo, que essas coisas realmente não existem, ela certamente atribuiria essa potência de imaginar não a um defeito de sua natureza, mas a uma virtude, sobretudo se essa faculdade de imaginar dependesse exclusivamente de sua natureza, isto é (pela def. 7 da P. 1), se ela fosse livre.

Proposição 18. Se o corpo humano foi, uma vez, afetado, simultaneamente, por dois ou mais corpos, sempre que, mais tarde, a mente imaginar um desses corpos, imediatamente se recordará também dos outros.

Demonstração. A mente (pelo corol. prec.) imagina um corpo qualquer porque o corpo humano é afetado e arranjado pelos traços de um corpo exterior da mesma maneira pela qual ele foi afetado quando algumas de suas partes foram impelidas por esse mesmo corpo exterior. Mas (por hipótese), o corpo foi, naquela primeira vez, arranjado de tal maneira que a mente imaginou dois corpos ao mesmo tempo. Portanto, agora, ela imaginará, igualmente, dois ao mesmo tempo, e sempre que imaginar um deles, imediatamente se recordará também do outro. C. Q. D.

Escólio. Compreendemos, assim, claramente, o que é a memória. Não é, com efeito, senão uma certa concatenação de ideias, as quais envolvem a natureza das coisas exteriores ao corpo humano, e que se faz, na mente, segundo a ordem e a concatenação das afecções do corpo humano. Em primeiro lugar, digo apenas que é *uma concatenação de ideias, as quais envolvem a natureza das coisas exteriores ao corpo humano,* e não que é *uma concatenação de ideias, as quais explicam a natureza dessas coisas.* Pois, trata-se, na realidade (pela prop. 16), das ideias das afecções do corpo humano, as quais envolvem tanto a natureza do corpo humano quanto a natureza dos corpos exteriores. Em segundo lugar, digo que essa concatenação se faz segundo a ordem e a concatenação das afecções do corpo humano, para distingui-la da concatenação das ideias que se faz segundo a ordem do intelecto, ordem pela qual a mente percebe as coisas por suas causas primeiras, e que é a mesma em todos os homens. Compreendemos, assim, claramente, por que a mente passa imediatamente do pensamento de uma coisa para o pensamento de uma outra que não tem com a primeira qualquer semelhança. Por exemplo, um romano passará imediatamente do pensamento da palavra *pomum* [maçã] para o pensamento de uma fruta, a qual não tem qualquer semelhança com o som assim articulado, nem qualquer coisa de comum com ele a não ser que o corpo desse homem foi, muitas vezes, afetado por essas duas coisas, isto é, esse homem ouviu, muitas vezes, a palavra *pomum*, ao mesmo tempo que via essa fruta. E, assim, cada um passará de um pensamento a outro, dependendo de como o hábito tiver ordenado, em seu corpo, as imagens das coisas. Com efeito, um soldado, por exemplo, ao ver os rastros de um cavalo sobre a areia, passará imediatamente do pensamento do cavalo para o pensamento do cavaleiro e, depois, para o pensamento da guerra, etc. Já um agricultor passará do pensamento do cavalo para o pensamento do arado, do campo, etc. E, assim, cada um, dependendo de como se habituou a unir e a concatenar as imagens das coisas, passará de um certo pensamento a este ou àquele outro.

Proposição 19. **A mente humana não conhece o próprio corpo humano e não sabe que ele existe senão por meio das ideias das afecções pelas quais o corpo é afetado.**

Demonstração. A mente humana, com efeito, é a própria ideia, ou o conhecimento do corpo humano (pela prop. 13), ideia que (pela prop. 9) existe em Deus, enquanto ele é considerado como afetado de outra ideia de uma coisa singular. Ou ainda, como (pelo post. 4) o corpo humano depende de muitos outros corpos, pelos quais ele é como que continuamente regenerado, e como a ordem e a conexão das ideias é o mesmo (pela prop. 7) que a ordem e a conexão das causas, essa ideia existirá em Deus, enquanto ele é considerado como afetado das ideias de muitas coisas singulares. Deus tem, assim, a ideia do corpo humano, ou seja, conhece o corpo humano, enquanto é afetado de muitas outras ideias e não enquanto constitui a natureza da mente humana, isto é (pelo corol. da prop. 11), a mente humana não conhece o corpo humano. Entretanto, as ideias das afecções do corpo existem em Deus, enquanto este constitui a natureza da mente humana, ou seja, a mente humana percebe essas afecções (pela prop. 12) e, consequentemente (pela prop. 16), percebe o próprio corpo humano, e percebe-o (pela prop. 17) como existente em ato. É, portanto, apenas enquanto tal que a mente humana percebe o próprio corpo humano. C. Q. D.

Proposição 20. Também da mente humana existe, em Deus, uma ideia ou um conhecimento, ideia que se segue em Deus, e a ele está referida, da mesma maneira que a ideia ou o conhecimento do corpo humano.

Demonstração. O pensamento é um atributo de Deus (pela prop. 1); logo (pela prop. 3), deve, necessariamente, existir em Deus uma ideia tanto dele próprio quanto de todas as suas afecções e, como consequência (pela prop. 11), igualmente, a ideia da mente humana. Em segundo lugar, não se segue que esta ideia ou este conhecimento da mente existe em Deus enquanto ele é infinito, mas enquanto é afetado de outra ideia de uma coisa singular (pela prop. 9). Ora, a ordem e a conexão das ideias é o mesmo que a ordem e a conexão das causas (pela prop. 7). Portanto, essa ideia ou esse conhecimento da mente segue-se em Deus, e a ele está referido, da mesma maneira que a ideia ou o conhecimento do corpo. C. Q. D.

Proposição 21. Essa ideia da mente está unida à mente da mesma maneira que a própria mente está unida ao corpo.

Demonstração. Demonstramos que a mente está unida ao corpo porque este é objeto daquela (vejam-se as prop. 12 e 13). A ideia da mente, deve, portanto, pela mesma razão, estar unida ao seu objeto, isto é, à própria mente, da mesma maneira que a mente está unida ao corpo. C. Q. D.

Escólio. Compreende-se muito mais claramente esta prop. pelo que foi dito no esc. da prop. 7. Mostramos ali, com efeito, que a ideia do corpo e o corpo, isto é (pela prop. 13), a mente e o corpo, são um único e mesmo indivíduo, concebido ora sob o atributo do pensamento, ora sob o da extensão. É por isso que a ideia da mente e a própria mente são uma só e mesma coisa, concebida, neste caso, sob um só e mesmo atributo, a saber, o do pensamento. Afirmo que o existir da ideia da mente e o existir da própria mente seguem-se, ambos, em Deus, da mesma potência do pensar, e com a mesma necessidade. Pois, na realidade, a ideia da mente, isto é, a ideia da ideia, não é senão a forma da ideia, enquanto esta última é considerada como um modo do pensar, sem relação com o objeto. Com efeito, quando alguém sabe algo, sabe, por isso mesmo, que o sabe, e sabe, ao mesmo tempo, que sabe o que sabe, e assim até o infinito. Mas trataremos disso mais adiante.

Proposição 22. A mente humana percebe não apenas as afecções do corpo, mas também as ideias dessas afecções.

Demonstração. As ideias das ideias das afecções seguem-se em Deus e a Deus estão referidas, da mesma maneira que se seguem em Deus e a Deus estão referidas as próprias ideias das afecções, o que se demonstra tal como na prop. 20. Ora, as ideias das afecções dos corpos existem na mente humana (pela prop. 12), isto é (pelo corol. da prop. 11), existem em Deus, enquanto ele constitui a essência da mente humana. Logo, as ideias dessas ideias existem em Deus, enquanto ele tem o conhecimento ou a ideia da mente humana, isto é (pela prop. 21), existem na própria mente humana, a qual, portanto, percebe não apenas as afecções do corpo, mas também as ideias dessas afecções. C. Q. D.

Proposição 23. **A mente não conhece a si mesma senão enquanto percebe as ideias das afecções do corpo.**

Demonstração. A ideia ou o conhecimento da mente (pela prop. 20) segue-se em Deus e a Deus está referida da mesma maneira que a ideia ou o conhecimento do corpo. Ora, como (pela prop. 19) a mente humana não conhece o próprio corpo humano, isto é (pelo corol. da prop. 11), como o conhecimento do corpo humano não está referido a Deus enquanto este constitui a natureza da mente humana, tampouco o conhecimento da mente humana está referido a Deus enquanto este constitui a essência da mente humana. E, portanto (pelo mesmo corol. da prop. 11), enquanto tal, a mente humana não conhece a si mesma. Em segundo lugar, as ideias das afecções pelas quais o corpo é afetado envolvem a natureza do próprio corpo humano (pela prop. 16), isto é (pela prop. 13), estão em concordância com a natureza da mente. Por isso, o conhecimento dessas ideias envolverá necessariamente o conhecimento da mente. Ora (pela prop. prec.), o conhecimento dessas ideias existe na própria mente humana. Logo, é apenas enquanto tal que a mente humana conhece a si mesma.

Proposição 24. **A mente humana não envolve o conhecimento adequado das partes que compõem o corpo humano.**

Demonstração. As partes que compõem o corpo humano não pertencem à essência do próprio corpo senão enquanto transmitem entre si os seus movimentos segundo uma proporção definida (veja-se a def. que se segue ao corol. do lema 3), e não enquanto possam ser consideradas como indivíduos, sem qualquer relação com o corpo humano. Com efeito, as partes do corpo humano (pelo post. 1) são indivíduos altamente compostos, cujas partes (pelo lema 4) podem separar-se do corpo humano e transmitir seus movimentos (veja-se o ax. 1, que se segue ao lema 3) a outros corpos, segundo outras proporções, conservando o corpo humano, inteiramente, sua natureza e forma. Portanto (pela prop. 3), a ideia ou o conhecimento de cada uma das partes existirá em Deus, e isso (pela prop. 9) enquanto ele é considerado como afetado de outra ideia de uma coisa singular, a qual, na ordem da natureza, é anterior à própria parte (pela prop. 7). O que, aliás, deve ser igualmente dito a respeito de qualquer uma das partes do próprio indivíduo que é o corpo humano. Assim, o conhecimento de cada uma das partes que compõe o corpo humano existe em Deus, enquanto ele é afetado de muitas ideias de coisas, e não enquanto tem exclusivamente a ideia do corpo humano, isto é (pela prop. 13), a ideia que constitui a natureza da mente humana. Portanto (pelo corol. da prop. 11), a mente humana não envolve o conhecimento adequado das partes que compõem o corpo humano. C. Q. D.

Proposição 25. **A ideia de uma afecção qualquer do corpo humano não envolve o conhecimento adequado do corpo exterior.**

Demonstração. Demonstramos (veja-se prop. 16) que a ideia de uma afecção do corpo humano envolve a natureza do corpo exterior, à medida que um corpo exterior determina o corpo humano de uma maneira definida. Ora, à medida que o corpo exterior é um indivíduo que não está referido ao corpo humano, a ideia ou o conhecimento daquele corpo existe em Deus (pela prop. 9), enquanto Deus é considerado como afetado da ideia de outra coisa, ideia esta que (pela prop. 7) é anterior, por natureza, àquele corpo exterior. O conhecimento adequado do corpo exterior não existe, portanto, em Deus, enquanto ele tem a ideia de uma afecção do corpo humano, ou seja, a ideia de uma afecção do corpo humano não envolve o conhecimento adequado de um corpo exterior. C. Q. D.

Proposição 26. **A mente humana não percebe nenhum corpo exterior como existente em ato senão por meio das ideias das afecções de seu próprio corpo.**

Demonstração. Se o corpo humano não foi afetado, de nenhuma maneira, por algum corpo exterior, então (pela prop. 7), a ideia do corpo humano tampouco o foi, isto é (pela prop. 13), a mente humana tampouco foi afetada, de qualquer maneira, pela ideia da existência desse corpo; ou seja, a mente não percebe, de nenhuma maneira, a existência desse corpo exterior. Em troca, à medida que o corpo humano é afetado, de alguma maneira, por algum corpo exterior (pela prop. 16 e seu corol.), a mente percebe o corpo exterior.

Corolário. À medida que imagina um corpo exterior, a mente humana não tem dele um conhecimento adequado.

Demonstração. Quando a mente humana considera os corpos exteriores por meio das ideias das afecções de seu próprio corpo, dizemos que ela imagina (veja-se o esc. da prop. 17). E a mente não pode imaginar os corpos exteriores como existentes em ato de nenhuma outra maneira (pela prop. prec.). Portanto (pela prop. 25), à medida que imagina os corpos exteriores, a mente não tem deles um conhecimento adequado. C. Q. D.

Proposição 27. **A ideia de uma afecção qualquer do corpo humano não envolve o conhecimento adequado do próprio corpo humano.**

Demonstração. Toda ideia de uma afecção qualquer do corpo humano envolve a natureza do corpo humano, à medida que ele é considerado como afetado de uma maneira definida (veja-se a prop. 16). Ora, à medida que o corpo humano é um indivíduo que pode ser afetado de muitas outras maneiras, a ideia de uma afecção qualquer, etc. Veja-se a dem. da prop. 25.

Proposição 28. **As ideias das afecções do corpo humano, à medida que estão referidas apenas à mente humana, não são claras e distintas, mas confusas.**

Demonstração. Com efeito, as ideias das afecções do corpo humano envolvem tanto a natureza dos corpos exteriores quanto a do próprio corpo humano (pela prop. 16); e devem envolver não apenas a natureza do corpo humano, mas também a de suas partes, pois as afecções são modos (pelo post. 3) pelos quais são afetadas as partes do corpo humano e, como consequência, o corpo inteiro. Ora (pelas prop. 24 e 25), o conhecimento adequado dos corpos exteriores, tal como o das partes que compõem o corpo humano, existe em Deus, enquanto este é considerado não como afetado da mente humana, mas enquanto é considerado como afetado de outras ideias. Logo, essas ideias das afecções, à medida que estão referidas exclusivamente à mente humana, são como consequências sem premissas, isto é (o que é, por si mesmo, sabido), ideias confusas. C. Q. D.

Escólio. Demonstra-se, da mesma maneira, que a ideia que constitui a natureza da mente humana, considerada em si só, não é clara e distinta; assim como tampouco são claras e distintas a ideia da mente humana e as ideias das ideias das afecções do corpo humano, à medida que estão referidas apenas à mente, o que qualquer um pode facilmente perceber.

Proposição 29. **A ideia da ideia de uma afecção qualquer do corpo humano não envolve o conhecimento adequado da mente humana.**

Demonstração. Com efeito, a ideia de uma afecção do corpo humano (pela prop. 27) não envolve o conhecimento adequado do próprio corpo humano, ou seja, não exprime adequadamente sua natureza, isto é (pela prop. 13), não está, adequadamente, em concordância com a natureza da mente. Portanto (pelo ax. 6 da P. 1), a ideia dessa ideia não exprime adequadamente a natureza da mente humana, ou seja, não envolve o seu conhecimento adequado. C. Q. D.

Corolário. Segue-se disso que, sempre que a mente humana percebe as coisas segundo a ordem comum da natureza, ela não tem, de si própria, nem de seu corpo, nem dos corpos exteriores, um conhecimento adequado, mas apenas um conhecimento confuso e mutilado. Com efeito, a mente não conhece a si própria senão enquanto percebe as ideias das afecções do corpo (pela prop. 23). Mas não percebe o seu corpo (pela prop. 19) senão por meio dessas ideias das afecções, e é igualmente apenas por meio dessas afecções (pela prop. 26) que percebe os corpos exteriores. Portanto, enquanto tem essas ideias, a mente não tem, de si própria (pela prop. 29), nem de seu corpo (pela prop. 27), nem dos corpos exteriores (pela prop. 25), um conhecimento adequado, mas apenas (pela prop. 28 e seu esc.) um conhecimento mutilado e confuso. C. Q. D.

Escólio. Afirmo expressamente que a mente não tem, de si própria, nem de seu corpo, nem dos corpos exteriores, um conhecimento adequado, mas apenas um conhecimento confuso, sempre que percebe as coisas segundo a ordem comum da natureza, isto é, sempre que está exteriormente determinada, pelo encontro fortuito com as coisas, a considerar isto ou aquilo. E não quando está interiormente determinada, por considerar muitas coisas ao mesmo tempo, a compreender suas concordâncias, diferenças e oposições. Sempre, com efeito, que está, de uma maneira ou outra, interiormente arranjada, a mente considera as coisas clara e distintamente, como demonstrarei mais adiante.

Proposição 30. **Da duração de nosso corpo não podemos ter senão um conhecimento extremamente inadequado.**

Demonstração. A duração de nosso corpo não depende de sua essência (pelo ax. 1), nem tampouco da natureza absoluta de Deus (pela prop. 21 da P. 1). Em vez disso (pela prop. 28 da P. 1), nosso corpo é determinado a existir e a operar por causas tais que, também elas, foram determinadas por outras a existir e a operar segundo uma razão definida e determinada; e essas, por sua vez, por outras, e assim até o infinito. A duração de nosso corpo depende, portanto, da ordem comum da natureza e do estado das coisas. Entretanto, quanto à razão pela qual as coisas são constituídas, existe um conhecimento adequado em Deus, enquanto ele tem as ideias de todas as coisas e não enquanto tem a ideia apenas do corpo humano (pelo corol. da prop. 9). Portanto, o conhecimento da duração de nosso corpo é, em Deus, extremamente inadequado, enquanto ele é considerado como constituindo apenas a natureza da mente humana, isto é (pelo corol. da prop. 11), esse conhecimento é, em nossa mente, extremamente inadequado. C. Q. D.

Proposição 31. **Da duração das coisas singulares que nos são exteriores não podemos ter senão um conhecimento extremamente inadequado.**

Demonstração. Com efeito, cada coisa singular, tal como o corpo humano, deve ser determinada a existir e a operar de uma maneira definida e determinada, por outra coisa singular, e esta, por sua vez, por outra, e assim até o infinito (pela prop. 28 da P. 1). Mas, como demonstramos, na prop. prec., por essa propriedade comum das coisas singulares, que não temos da duração de nosso corpo senão um conhecimento extremamente inadequado, devemos, então, extrair a mesma conclusão a respeito da duração das coisas singulares, a saber, que não podemos ter delas senão um conhecimento extremamente inadequado. C. Q. D.

Corolário. Segue-se disso que todas as coisas particulares são contingentes e corruptíveis. Com efeito, não podemos ter, de sua duração, nenhum conhecimento adequado (pela prop. prec.), e é isso que devemos compreender por contingência e corruptibilidade das coisas (veja-se, a respeito, o esc. 1 da prop. 33 da P. 1). Com efeito (pela prop. 29 da P. 1), além disso, nada existe de contingente.

Proposição 32. **Todas as ideias, enquanto estão referidas a Deus, são verdadeiras.**

Demonstração. Com efeito, todas as ideias, as quais existem em Deus, estão em perfeita concordância com os seus ideados (pelo corol. da prop. 7) e, portanto (pelo ax. 6 da P. 1), são todas verdadeiras. C. Q. D.

Proposição 33. **Não há, nas ideias, nada de positivo pelo qual se digam falsas.**

Demonstração. Se negas isso, concebe, se puderes, um modo positivo do pensar que constitua a forma do erro, ou seja, da falsidade. Esse modo do pensar não pode existir em Deus (pela prop. prec.); mas tampouco pode existir nem ser concebido fora de Deus (pela prop. 15 da P. 1). Portanto, não pode haver, nas ideias, nada de positivo pelo qual se digam falsas. C. Q. D.

Proposição 34. **Toda ideia que é, em nós, absoluta, ou seja, adequada e perfeita, é verdadeira.**

Demonstração. Quando dizemos que existe, em nós, uma ideia adequada e perfeita, não dizemos senão que (pelo corol. da prop. 11), em Deus, enquanto ele constitui a essência de nossa mente, existe uma ideia adequada e perfeita e, consequentemente (pela prop. 32), não dizemos senão que esta ideia é verdadeira. C. Q. D.

Proposição 35. **A falsidade consiste na privação de conhecimento que as ideias inadequadas, ou seja, mutiladas e confusas, envolvem.**

Demonstração. Não há, nas ideias, nada de positivo que constitua a forma da falsidade (pela prop. 33). Ora, a falsidade não pode consistir na privação absoluta (pois se diz que erram ou se enganam as mentes, mas não se diz o mesmo a respeito dos corpos), nem tampouco na ignorância absoluta, pois ignorar e errar são coisas diferentes. A falsidade consiste, portanto, na privação de conhecimento que o conhecimento inadequado das coisas – ou seja, as ideias inadequadas e confusas – envolve.

Escólio. Expliquei, no esc. da prop. 17, por qual razão o erro consiste na privação de conhecimento. Mas para explicar melhor essa questão, darei um exemplo. Os homens enganam-se ao se julgarem livres, julgamento a que chegam apenas porque estão conscientes de suas ações, mas ignoram as causas pelas quais são determinados. É, pois, por ignorarem a causa de suas ações que os homens têm essa ideia de liberdade. Com efeito, ao dizerem que as ações humanas dependem da vontade estão apenas pronunciando palavras sobre as quais não têm a mínima ideia. Pois, ignoram, todos, o que seja a vontade e como ela move o corpo. Os que se vangloriam do contrário, e forjam sedes e moradas para a alma, costumam provocar o riso ou a náusea. Assim, quando olhamos o sol, imaginamos que ele está a uma distância aproximada de duzentos pés, erro que não consiste nessa imaginação enquanto tal, mas em que, ao imaginá-lo, ignoramos a verdadeira distância e a causa dessa imaginação. Com efeito, ainda que, posteriormente, cheguemos ao conhecimento de que ele está a uma distância de mais de seiscentas vezes o diâmetro da Terra, continuaremos, entretanto, a imaginá-lo próximo de nós. Imaginamos o sol tão próximo não por ignorarmos a verdadeira distância, mas porque a afecção de nosso corpo envolve a essência do sol, enquanto o próprio corpo é por ele afetado.

Proposição 36. **As ideias inadequadas e confusas seguem-se umas das outras com a mesma necessidade que as ideias adequadas, ou seja, claras e distintas.**

Demonstração. Todas as ideias existem em Deus (pela prop. 15 da P. 1) e, enquanto estão referidas a Deus, são verdadeiras (pela prop. 32) e (pelo corol. da prop. 7) adequadas. Portanto, nenhuma ideia é inadequada e confusa senão enquanto está referida à mente singular de alguém (vejam-se as prop. 24 e 28). Logo, todas as ideias, tanto as adequadas, quanto as inadequadas, seguem-se umas das outras com a mesma necessidade (pelo corol. da prop. 6). C. Q. D.

Proposição 37. **O que é comum a todas as coisas (veja-se, sobre isso, o lema 2), e que existe igualmente na parte e no todo, não constitui a essência de nenhuma coisa singular.**

Demonstração. Se negas esta proposição, concebe, se puderes, que isso [que é comum a todas as coisas] constitui a essência de alguma coisa singular, por exemplo, a essência de *B*. Logo (pela def. 2), isso não poderá existir nem ser concebido sem *B*. Esta conclusão é, entretanto, contrária à hipótese. Logo, isso não pertence à essência de *B* e tampouco constitui a essência de uma outra coisa singular. C. Q. D.

Proposição 38. **Aqueles elementos que são comuns a todas as coisas, e que existem igualmente na parte e no todo, não podem ser concebidos senão adequadamente.**

Demonstração. Seja A algo que é comum a todos os corpos e que existe igualmente na parte e no todo de cada corpo. Afirmo que *A* não pode ser concebido senão adequadamente. A ideia de *A*, com efeito (pelo corol. da prop. 7), será, em Deus, necessariamente adequada, quer enquanto ele tem a ideia do corpo humano, quer enquanto tem as ideias das afecções do corpo humano, as quais (pelas prop. 16, 25 e 27) envolvem, parcialmente, a natureza tanto do corpo humano quanto dos corpos exteriores;

isto é (pelas prop. 12 e 13), essa ideia será, em Deus, necessariamente adequada, enquanto ele constitui a mente humana, ou seja, enquanto tem as ideias que existem na mente humana. A mente, portanto (pelo corol. da prop. 11), necessariamente percebe A de maneira adequada, quer enquanto percebe a si própria, quer enquanto percebe seu próprio corpo ou qualquer corpo exterior; e A não pode ser concebido de outra maneira. C. Q. D.

Corolário. Segue-se disso que existem certas ideias ou noções comuns a todos os homens. Com efeito (pelo lema 2), todos os corpos estão em concordância quanto a certos elementos, os quais (pela prop. prec.) devem ser percebidos por todos adequadamente, ou seja, clara e distintamente.

Proposição 39. **Será adequada na mente, além disso, a ideia daquilo que o corpo humano e certos corpos exteriores pelos quais o corpo humano costuma ser afetado têm de comum e próprio, e que existe em cada parte assim como no todo de cada um desses corpos exteriores.**

Demonstração. Seja A aquilo que o corpo humano e certos corpos exteriores têm de comum e próprio, e que existe igualmente no corpo humano e nesses corpos exteriores, e que existe, enfim, em cada parte, assim como no todo de cada um desses corpos exteriores. Existirá, em Deus (pelo corol. da prop. 7), uma ideia adequada de A, quer enquanto Deus tem a ideia do corpo humano, quer enquanto ele tem as ideias desses corpos exteriores. Suponhamos agora que o corpo humano seja afetado por aquilo que um corpo exterior tem de comum com ele, isto é, por A. A ideia dessa afecção envolverá a propriedade A (pela prop. 16) e, portanto (pelo mesmo corol. da prop. 7), a ideia dessa afecção, enquanto envolve a propriedade A, será adequada em Deus, enquanto ele é afetado da ideia do corpo humano, isto é (pela prop. 13), enquanto Deus constitui a natureza da mente humana. Logo (pelo corol. da prop. 11), essa ideia é também adequada na mente humana. C. Q. D.

Corolário. Segue-se disso que a mente é tanto mais capaz de perceber mais coisas adequadamente quanto mais propriedades em comum com outros corpos tem o seu corpo.

Proposição 40. **Todas as ideias que, na mente, se seguem de ideias que nela são adequadas, são igualmente adequadas.**

Demonstração. Isto é evidente. Pois quando dizemos que uma ideia se segue, na mente humana, de ideias que nela são adequadas não dizemos senão que (pelo corol. da prop. 11) existe, no próprio intelecto divino, uma ideia da qual Deus é a causa, não enquanto é infinito, nem enquanto é afetado das ideias de muitas coisas singulares, mas enquanto constitui unicamente a essência da mente humana.

Escólio 1. Expliquei, assim, a causa das noções ditas comuns e que constituem os fundamentos de nossa capacidade de raciocínio. Mas certos axiomas ou noções têm outras causas que deveriam, segundo as circunstâncias, ser explicadas por este nosso método. Seria possível, assim, estabelecer quais noções são mais úteis que as outras, e quais não têm quase nenhuma utilidade, e também quais são as noções comuns, e quais são claras e distintas apenas para os que não sofrem de preconceitos, e quais, enfim, estão mal fundadas. Seria possível também estabelecer de onde surgem as noções chamadas segundas e, consequentemente, os axiomas que nelas se fundam, assim como outras coisas que, sobre essas questões, tenho, às vezes, submetido à reflexão. Mas como a elas dediquei um tratado, e também para não ser cansativo e demasiadamente meticuloso, decidi, aqui, deixá-las de lado. Entretanto, para nada omitir daquilo que é necessário saber, falarei brevemente sobre as causas que estão na origem dos termos ditos transcendentais, tais como ente, coisa, algo. Esses termos surgem porque o corpo humano, por ser limitado, é capaz de formar, em si próprio, distinta e simultaneamente, apenas um número preciso de imagens (expliquei o que é imagem no esc. da prop. 17). Se esse número é ultrapassado, tais imagens começam a se confundir. E se é largamente ultrapassado, todas as imagens se confundirão inteiramente entre si. Sendo assim, é evidente (pelo corol. da prop. 17 e pela prop. 18) que a mente humana poderá imaginar, distinta e simultaneamente, tantos corpos quantas são as imagens que podem ser simultaneamente formadas no seu próprio corpo. Ora, no momento em que as imagens se confundem inteiramente no corpo, a mente imaginará todos os corpos também confusamente e sem qualquer distinção, agrupando-os, como se de um único atributo se tratasse, a saber, o atributo de ente, coisa, etc. Pode-se chegar à mesma conclusão por sabermos que as imagens nem sempre são igualmente vívidas, assim como por causas análogas, que não é preciso explicar aqui, pois, para o nosso propósito, basta considerar apenas uma delas. Com efeito, todas as causas vêm a dar no mesmo: que esses termos designam ideias extremamente confusas. Foi, enfim, de causas semelhantes que se originaram as noções ditas universais, tais como homem, cavalo, cão, etc. Ou seja, por se formarem, simultaneamente, no corpo humano, ao mesmo tempo, tantas imagens, por exemplo, de homens, que elas superam a capacidade de imaginar, não inteiramente, é verdade, mas o suficiente, entretanto, para que a mente não possa imaginar as pequenas diferenças entre coisas singulares (como, por exemplo, a cor, o tamanho, etc., de cada um), nem o seu número exato, mas apenas aquele algo em que todos, enquanto o corpo é por eles afetado, estão em concordância, pois foi por esse algo que o corpo, por intermédio de cada indivíduo, foi mais vezes afetado. E é este algo, ou seja, aquilo em que todos estão em concordância, que a mente exprime pelo nome de homem, e pelo qual ela designa uma infinidade de coisas singulares. Pois a mente não pode, como dissemos, imaginar o número exato de coisas singulares. Deve-se, entretanto, observar que essas noções não são formadas por todos da mesma maneira. Elas variam, em cada um, em razão da coisa pela qual o corpo foi mais vezes afetado, e a qual a mente imagina ou lembra mais facilmente. Por exemplo, os que frequentemente consideram com admiração a estatura dos homens compreenderão, pelo nome de homem, um animal de estatura ereta; os que estão acostumados a considerar um outro aspecto formarão dos homens outra imagem comum, por exemplo, que é um animal que ri, que é bípede e sem penas, que é um animal racional. E, assim, cada um, de acordo com a disposição de seu corpo, formará imagens universais das outras coisas. Não é, pois, surpreendente que, dentre os filósofos que pretenderam explicar as coisas naturais exclusivamente pelas imagens dessas coisas, tenham surgido tantas controvérsias.

Escólio 2. De tudo o que foi anteriormente dito conclui-se claramente que percebemos muitas coisas e formamos noções universais: 1. A partir de coisas singulares, que os sentidos representam mutilada, confusamente, e sem a ordem própria do intelecto (veja-se corol. da prop. 29). Por isso, passei a chamar essas percepções de conhecimento originado da experiência errática. 2. A partir de signos; por exemplo, por ter ouvido ou lido certas palavras, nós nos recordamos das coisas e delas formamos ideias semelhantes àquelas por meio das quais imaginamos as coisas (veja--se o esc. da prop. 18). Vou me referir, posteriormente, a esses dois modos de considerar as coisas, como conhecimento de primeiro gênero, opinião ou imaginação. 3. Por termos, finalmente, noções comuns e ideias adequadas das propriedades das coisas (vejam-se o corol. da prop. 38, a prop. 39 e seu corol., bem como a prop. 40). A este modo me referirei como razão e conhecimento de segundo gênero. Além desses dois gêneros de conhecimento, existe ainda um terceiro, como mostrarei a seguir, que chamaremos de ciência intuitiva. Este gênero de conhecimento parte da ideia adequada da essência formal de certos atributos de Deus para chegar ao conhecimento adequado da essência das coisas. Explicarei tudo isso com o exemplo de uma única coisa. Sejam dados três números, com base nos quais quer se obter um quarto que esteja para o terceiro como o segundo está para o primeiro. Os comerciantes não hesitam, para isso, em multiplicar o segundo pelo terceiro e dividir o produto pelo primeiro; ou porque não esqueceram ainda o que ouviram seu professor afirmá-lo, sem qualquer demonstração, ou porque experimentaram-no, frequentemente, com números mais simples, ou, ainda, por causa da demonstração da prop. 19 do Livro 7 dos *Elementos de Euclides*, isto é, por causa da propriedade comum dos números proporcionais. Ora, no caso dos números mais simples, nada disso é necessário. Por exemplo, dados os números 1, 2 e 3, não há quem não veja que o quarto número da proporção é 6, e muito mais claramente do que pelas razões anteriores, porque ao perceber, de um só golpe de vista, a proporção evidente que existe entre o primeiro e o segundo, concluímos imediatamente qual será o quarto.

Proposição 41. **O conhecimento de primeiro gênero é a única causa de falsidade, enquanto o conhecimento de segundo gênero e o de terceiro é necessariamente verdadeiro.**

Demonstração. Dissemos, no esc. prec., que pertencem ao conhecimento de primeiro gênero todas aquelas ideias que são inadequadas e confusas; e, como consequência (pela prop. 35), esse conhecimento é a única causa de falsidade. Dissemos, além disso, que pertencem ao conhecimento de segundo e de terceiro gênero aquelas ideias que são adequadas, e portanto (pela prop. 34), este conhecimento é necessariamente verdadeiro. C. Q. D.

Proposição 42. **O conhecimento de segundo e de terceiro gênero, e não o de primeiro, nos ensina a distinguir o verdadeiro do falso.**

Demonstração. Esta prop. é evidente por si mesma. Quem, com efeito, sabe distinguir entre o verdadeiro e o falso é porque deve ter uma ideia adequada do verdadeiro e do falso, isto é (pelo esc. 2 da prop. 40), é porque deve conhecer o verdadeiro e o falso por meio do segundo ou do terceiro gênero de conhecimento.

Proposição 43. Quem tem uma ideia verdadeira sabe, ao mesmo tempo, que tem uma ideia verdadeira, e não pode duvidar da verdade da coisa.

Demonstração. Em nós, uma ideia verdadeira é aquela que é adequada em Deus, enquanto Deus é explicado pela natureza da mente humana (pelo corol. da prop. 11). Suponhamos, assim, que exista, em Deus, enquanto ele é explicado pela natureza da mente humana, a ideia adequada A. Também dessa ideia deve, necessariamente, existir em Deus uma ideia, que a ele está referida da mesma maneira que a ideia A (pela prop. 20, cuja demonstração é universal). Ora, pela nossa hipótese, a ideia A está referida a Deus, enquanto ele se exprime pela natureza da mente humana; logo, a ideia da ideia A também deve estar referida a Deus da mesma maneira, isto é (pelo mesmo corol. da prop. 11), essa ideia adequada da ideia A existirá na mesma mente que já tem a ideia adequada A. Portanto, quem tem uma ideia adequada, ou seja (pela prop. 34), quem conhece verdadeiramente uma coisa deve, ao mesmo tempo, ter uma ideia adequada – ou um conhecimento verdadeiro – do seu conhecimento. Em outras palavras (como é, por si mesmo, evidente), quem conhece verdadeiramente uma coisa deve, ao mesmo tempo, estar certo disso. C. Q. D.

Escólio. Expliquei, no esc. da prop. 21, o que é a ideia da ideia. Deve-se observar, entretanto, que a prop. prec. é mais do que evidente por si mesma. Com efeito, ninguém que tenha uma ideia verdadeira ignora que ela envolve certeza absoluta. Pois ter uma ideia verdadeira não significa senão conhecer uma coisa perfeitamente, ou seja, muitíssimo bem; e, certamente, ninguém pode duvidar disso, a menos que julgue que uma ideia seja algo mudo, como uma pintura numa tela, e não um modo do pensar, ou seja, o próprio ato de compreender. E quem, pergunto, pode saber se compreende uma coisa qualquer sem, primeiramente, compreendê-la? Isto é, quem pode saber se está certo dessa coisa sem, primeiramente, estar certo dela? Além disso, o que pode existir de mais claro e certo do que uma ideia verdadeira e que possa servir como norma de verdade? Exatamente da mesma maneira que a luz revela a si própria e as trevas, assim também a verdade é norma de si própria e do falso. Julgo ter respondido, assim, às questões que se seguem. Se uma ideia verdadeira se distingue de uma ideia falsa apenas à medida que se diz que ela concorda com o seu ideado, uma ideia verdadeira não tem, portanto, mais realidade ou perfeição do que uma ideia falsa (uma vez que elas se distinguem apenas por uma denominação extrínseca)? E, como consequência, igualmente, um homem que tem ideias verdadeiras não é superior a um homem que tem apenas ideias falsas? Além disso, como é que os homens chegam a ter ideias falsas? E, enfim, como se pode saber com certeza que se têm ideias que concordam com os seus ideados? Creio já ter respondido essas questões. Com efeito, quanto à diferença entre uma ideia verdadeira e uma ideia falsa, fica evidente, pela prop. 35, que a primeira está para a segunda tal como o ente está para o não ente. Demonstrei muito claramente, por outro lado, da prop. 19 à 35, incluindo o esc. desta última, quais são as causas da falsidade. Fica igualmente evidente, pelas mesmas prop., qual a diferença existente entre um homem que tem ideias verdadeiras e um homem que não tem senão ideias falsas. Quanto à última questão, enfim, ou seja, como pode um homem saber se tem uma ideia que concorda com o seu ideado, mostrei à saciedade que ele o sabe apenas porque tem uma ideia que concorda com o seu ideado, ou seja, porque a verdade é norma de si própria. É preciso acrescentar que nossa mente, enquanto percebe as coisas verdadeiramente, é uma parte do intelecto infinito de Deus (pelo corol. da prop. 11). Portanto, é tão necessário que as ideias claras e distintas da mente sejam verdadeiras, quanto é necessário que o sejam as ideias de Deus.

Proposição 44. **É da natureza da razão considerar as coisas não como contingentes, mas como necessárias.**

Demonstração. É da natureza da razão perceber as coisas verdadeiramente (pela prop. 41), ou seja (pelo ax. 6 da P. 1), como elas são em si mesmas, isto é (pela prop. 29 da P. 1), não como contingentes, mas como necessárias. C. Q. D.

Corolário 1. Disso se segue que se deve exclusivamente à imaginação que consideremos as coisas, quer com respeito ao passado, quer com respeito ao futuro, como contingentes.

Escólio. Explicarei brevemente como isso se dá. Mostramos, anteriormente (prop. 17 e seu corol.), que a mente, ainda que certas coisas não existam, imagina-as, sempre, como lhe estando presentes, a não ser que haja causas que excluam sua existência presente. Mostramos (prop. 18), além disso, que, se o corpo humano foi, uma vez, afetado, simultaneamente, por dois corpos exteriores, sempre que, mais tarde, a mente imaginar um deles, imediatamente se recordará também do outro corpo, isto é, considerará a ambos como lhe estando presentes, a não ser que haja causas que excluam sua existência presente. Ninguém tem dúvida, por outro lado, de que também o tempo nós o imaginamos, e isso porque imaginamos os corpos em movimento, uns mais lentamente que outros, ou mais velozmente, ou, ainda, com a mesma velocidade. Suponhamos, assim, uma criança que avistou, ontem, uma primeira vez, Pedro, de manhã, Paulo, ao meio-dia, e Simão, à tarde, e que avistou, hoje, outra vez, Pedro, de manhã. É evidente, pela prop. 18, que, assim que avistar a luz da manhã, a criança, imediatamente, imaginará o sol percorrendo a mesma parte do céu que viu no dia anterior, quer dizer, ela imaginará o dia inteiro e, juntamente com a manhã, imaginará Pedro; juntamente com o meio-dia, Paulo; e juntamente com a tarde, Simão; isto é, ela imaginará a existência de Paulo e de Simão em relação com um tempo futuro. Em contraposição, se avistar Simão à tarde, a criança relacionará Paulo e Pedro com um tempo passado, ao imaginá-los juntamente com este tempo; e essa sua imaginação será tanto mais constante quanto maior tiver sido a frequência com que os tiver avistado nessa ordem. Mas se, por acaso, algum dia, ela avistar, numa outra tarde, Jacó em vez de Simão, então, na manhã seguinte, imaginará, juntamente com a tarde, ora Simão, ora Jacó, mas não ambos ao mesmo tempo. Pois nossa suposição era que ela tinha visto, à tarde, apenas um deles e não ambos ao mesmo tempo. Assim, sua imaginação flutuará, e a criança imaginará, juntamente com a tarde futura, ora um, ora outro, isto é, ela não considerará nenhum dos dois como certo, mas ambos como futuros contingentes. E haverá, igualmente, uma flutuação da imaginação, no caso da imaginação de coisas que, agora em relação com um tempo passado ou com um tempo presente, consideramos dessa mesma maneira. Como consequência, imaginaremos as coisas, tanto as relacionadas ao tempo presente, quanto as relacionadas ao tempo passado ou ao futuro, como contingentes.

Corolário 2. É da natureza da razão perceber as coisas sob uma certa perspectiva de eternidade.

Demonstração. É da natureza da razão, com efeito, considerar as coisas como necessárias e não como contingentes (pela prop. prec.). E a razão percebe essa necessidade das coisas verdadeiramente (pela prop. 41), isto é (pelo ax. 6 da P. 1), tal como ela é em si mesma. Ora (pela prop. 16 da P. 1), essa necessidade das coisas é a própria necessidade da natureza eterna de Deus. Logo, é da natureza da razão considerar as coisas sob essa perspectiva de eternidade. É preciso acrescentar que os fundamentos da razão são noções (pela prop. 38) que explicam o que é comum a todas as coisas e que (pela prop. 37) não explicam a essência de nenhuma coisa singular;

e, portanto, essas noções devem ser concebidas sem qualquer relação com o tempo, mas sob uma certa perspectiva de eternidade. C. Q. D.

Proposição 45. **Cada ideia de cada corpo ou coisa singular existente em ato envolve necessariamente a essência eterna e infinita de Deus.**

Demonstração. A ideia de uma coisa singular existente em ato envolve necessariamente tanto a essência quanto a existência dessa coisa (pelo corol. da prop. 8). Ora, as coisas singulares (pela prop. 15 da P. 1) não podem ser concebidas sem Deus; mas, por terem Deus como causa (pela prop. 6), enquanto ele é considerado segundo o atributo do qual essas coisas são modos, suas ideias devem envolver necessariamente (pelo ax. 4 da P. 1) o conceito desse atributo, isto é (pela def. 6 da P. 1), a essência eterna e infinita de Deus. C. Q. D.

Escólio. Por existência compreendo, aqui, não a duração, isto é, não a existência enquanto concebida abstratamente e como uma certa espécie de quantidade. Falo, na verdade, dessa natureza da existência que é conferida às coisas singulares porque da necessidade eterna da natureza de Deus seguem-se infinitas coisas, de infinitas maneiras (veja-se a prop. 16 da P. 1). Falo, repito, dessa existência das coisas singulares, enquanto elas existem em Deus. Pois, embora cada uma seja determinada, por outra coisa singular, a existir de uma maneira definida, a força pela qual cada uma persevera no existir segue-se da necessidade eterna da natureza de Deus. Veja-se, a esse respeito, o corol. da prop. 24 da P. 1.

Proposição 46. **O conhecimento da essência eterna e infinita de Deus, que cada ideia envolve, é adequado e perfeito.**

Demonstração. A demonstração da prop. prec. é universal, e quer se considere uma coisa como uma parte, quer como um todo, a sua ideia, seja ela da parte ou do todo (pela prop. prec.), envolverá a essência eterna e infinita de Deus. Portanto (pela prop. 38), aquilo que propicia o conhecimento da essência eterna e infinita de Deus é comum a todas as coisas e existe, igualmente, na parte e no todo. Logo, esse conhecimento será adequado. C. Q. D.

Proposição 47. **A mente humana tem um conhecimento adequado da essência eterna e infinita de Deus.**

Demonstração. A mente humana tem ideias (pela prop. 22) por meio das quais (pela prop. 23) percebe a si própria, o seu corpo (pela prop. 19) e os corpos exteriores (pelo corol. 1 da prop. 16 e pela prop. 17), como existentes em ato. Portanto (pelas prop. 45 e 46), ela tem um conhecimento adequado da essência eterna e infinita de Deus. C. Q. D.

Escólio. Vemos, assim, que a essência infinita de Deus e sua eternidade são conhecidas de todos. Ora, como todas as coisas existem em Deus e são por meio dele concebidas, segue-se que desse conhecimento podemos deduzir muitas coisas que conheceremos adequadamente, e formar, assim, aquele terceiro gênero de conhecimento sobre o qual falamos no esc. 2 da prop. 40, e sobre cuja excelência e utilidade teremos oportunidade de falar na P. 5. Se os homens, entretanto, não têm, de Deus, um conhecimento tão claro quanto o que têm das noções comuns, é porque eles não podem imaginar Deus da mesma maneira que imaginam os corpos, e porque ligam o nome de Deus às imagens das coisas que eles estão acostumados a ver, o que dificilmente podem evitar, por serem continuamente afetados pelos corpos exteriores. E, efetivamente, sem dúvida, a maior parte dos erros consiste apenas em não aplicarmos corretamente os nomes às coisas. Pois quando se diz que as retas que vão do centro do círculo à sua circunferência não são iguais é, certamente, porque se está compreendendo por círculo, ao menos nesse momento, algo diferente daquilo que é compreendido pelos matemáticos. Igualmente, quando os homens erram, ao fazer um cálculo, é porque têm na mente números que não são os que estão no papel. Por isso, se considerarmos apenas a mente dos homens, pode-se dizer que, sem dúvida, eles não erram; se parecem, entretanto, errar, é porque julgamos que eles têm na mente exatamente os mesmos números que estão no papel. Se não fosse essa última circunstância, não acharíamos que eles erram, exatamente como não julguei que estivesse errado alguém que ouvi, recentemente, gritar que o seu pátio tinha levantado voo em direção à galinha do vizinho, pois sua mente me parecia suficientemente clara. E é daí que nasce a maioria das controvérsias, mais especificamente, ou porque os homens não explicam corretamente sua mente ou porque interpretam mal a mente alheia. Com efeito, quando mais se contradizem, eles estão, na verdade, pensando na mesma coisa ou em coisas diversas e, assim, o que julgam ser, no outro, erros e absurdos, realmente não o são.

Proposição 48. **Não há, na mente, nenhuma vontade absoluta ou livre: a mente é determinada a querer isto ou aquilo por uma causa que é, também ela, determinada por outra, e esta última, por sua vez, por outra, e assim até o infinito.**

Demonstração. A mente é um modo definido e determinado do pensar (pela prop. 11). Portanto (pelo corol. 2 da prop. 17 da P. 1), ela não pode ser causa livre de suas ações, ou seja, não pode ter a faculdade absoluta de querer e de não querer; ela deve ser determinada a querer isto ou aquilo (pela prop. 28 da P. 1) por uma causa que é, também ela, determinada por outra, e esta última, por sua vez, por outra, etc. C. Q. D.

Escólio. Demonstra-se, da mesma maneira, que não existe, na mente, nenhuma faculdade absoluta de compreender, de desejar, de amar, etc. Segue-se disso que essas faculdades e outras similares ou são absolutamente fictícias ou não passam de entes metafísicos ou universais, os quais costumamos formar a partir das coisas particulares. Assim, o intelecto e a vontade estão, com esta e aquela ideia, ou com esta e aquela volição, na mesma relação que a pedridade com esta e aquela pedra, ou o homem com Pedro e com Paulo. Quanto à causa pela qual os homens se julgam livres, isso foi explicado no apêndice da P. 1. Mas, antes de prosseguir, convém observar que, por vontade, compreendo a faculdade de afirmar e de negar, e não o desejo. Compreendo, repito, aquela faculdade pela qual a mente afirma ou nega o que é verdadeiro ou o que é falso, e não o desejo pelo qual a mente apetece ou rejeita as coisas. Ora, após termos demonstrado que essas faculdades são noções universais, que não se distinguem das coisas singulares por meio das quais as formamos, é preciso investigar agora se também as volições são algo mais do que as próprias ideias das coisas. É preciso investigar, repito, se há, na mente, outra afirmação ou outra negação além daquela que a ideia, enquanto ideia, envolve. A esse respeito, vejam-se a prop. seguinte, assim como a def. 3, para que não se venha a confundir o pensamento com uma pintura. Pois, por ideias, compreendo não as imagens, como as que se formam no fundo do olho ou, se preferirem, no cérebro, mas os conceitos do pensamento.

Proposição 49. **Não há, na mente, nenhuma volição, ou seja, nenhuma afirmação ou negação, além daquela que a ideia, enquanto ideia, envolve.**

Demonstração. Não há, na mente (pela prop. prec.), nenhuma faculdade absoluta ou livre de querer e de não querer, mas apenas volições singulares, ou seja, esta e aquela afirmação, esta e aquela negação. Concebamos, assim, uma volição singular qualquer, tal como o modo do pensar pelo qual a mente afirma que a soma dos três ângulos de um triângulo é igual a dois ângulos retos. Essa afirmação envolve o conceito, ou seja, a ideia de triângulo, isto é, ela não pode ser concebida sem a ideia de triângulo. Pois dizer que *A* deve envolver o conceito de *B* é o mesmo que dizer que *A* não pode ser concebido sem *B*. Além disso, essa afirmação (pelo ax. 3) tampouco pode existir sem a ideia de triângulo. Logo, tal afirmação não pode existir, nem ser concebida, sem a ideia de triângulo. Ademais, a ideia de triângulo deve envolver essa mesma afirmação, ou seja, a afirmação de que a soma dos seus três ângulos é igual a dois ângulos retos. E inversamente, portanto, a ideia de triângulo não pode existir nem ser concebida sem essa afirmação. Como consequência (pela def. 2), essa afirmação pertence à essência da ideia de triângulo, e nada mais é do que essa própria ideia. E o que dissemos dessa volição deve ser igualmente dito (por termos escolhido um exemplo ao acaso) de qualquer volição, ou seja, que ela nada mais é do que a própria ideia. C. Q. D.

Corolário. A vontade e o intelecto são uma só e mesma coisa.

Demonstração. A vontade e o intelecto nada mais são do que as próprias volições e ideias singulares (pela prop. 48 e seu esc.). Ora, uma volição singular e uma ideia singular (pela prop. prec.) são uma só e mesma coisa. Logo, a vontade e o intelecto são uma só e mesma coisa. C. Q. D.

Escólio. Suprimimos, assim, a causa à qual, comumente, se atribui o erro. Já havíamos mostrado que a falsidade consiste apenas numa privação que as ideias mutiladas e confusas envolvem. É por isso que a ideia falsa, enquanto é falsa, não envolve a certeza. Assim, quando dizemos que um homem se satisfaz com ideias falsas e não duvida delas, não dizemos com isso que ele está certo, mas apenas que não duvida, ou seja, que se satisfaz com ideias falsas porque não existem quaisquer causas que façam com que a sua imaginação flutue. Veja-se, a esse respeito, o esc. da prop. 44. Qualquer que seja o grau com que um homem, supostamente, adere a ideias falsas, jamais diremos, entretanto, que ele está certo. Pois, por certeza compreendemos algo de positivo (vejam-se a prop. 43 e seu esc.), e não a privação de dúvida. De outro lado, por privação de certeza, compreendemos a falsidade. Mas, para uma explicação mais completa da proposição precedente, resta-me fazer algumas advertências, bem como responder às objeções que podem ser feitas à nossa doutrina. E, enfim, para não deixar qualquer sombra de dúvida, pensei que valeria a pena indicar algumas vantagens de tal doutrina. Digo *algumas*, pois as principais vantagens serão mais bem compreendidas pelo que diremos na P. 5.

Começo, assim, pelo primeiro ponto, advertindo os leitores para que distingam cuidadosamente entre, por um lado, a ideia ou o conceito da mente e, por outro, as imagens das coisas que imaginamos. É preciso também fazer uma cuidadosa distinção entre as ideias e as palavras pelas quais significamos as coisas. Pois muitos — seja por confundirem inteiramente essas três coisas, quer dizer, as imagens, as palavras e as ideias, seja por não as distinguirem com o devido cuidado, nem, enfim, com a devida prudência — ignoraram inteiramente essa doutrina sobre a vontade, cujo conhecimento, entretanto, é absolutamente indispensável para conduzir sabiamente tanto a indagação quanto a vida. Com efeito, aqueles que julgam que as ideias consistem nas imagens que em nós se formam pelo encontro dos corpos estão convencidos de que essas ideias das coisas das quais não podemos formar nenhuma imagem que se lhes assemelhe não são ideias, mas apenas ficções que fabricamos pelo livre arbítrio da vontade. Veem as ideias, pois, como pinturas mudas em uma tela e, imbuídos por esse preconceito, não veem que a ideia, enquanto é ideia, envolve uma afirmação ou uma negação. Por outro lado, aqueles que confundem as palavras com a ideia, ou com a própria afirmação que a ideia envolve, julgam que podem querer o contrário do que sentem quando, apenas por meio de palavras, afirmam ou negam alguma coisa contrariamente ao que sentem. Poderá, entretanto, facilmente livrar-se desses preconceitos quem estiver atento à natureza do pensamento, o qual não envolve, de nenhuma maneira, o conceito de extensão e, portanto, compreenderá claramente que a ideia (por ser um modo do pensar) não consiste nem na imagem de alguma coisa, nem em palavras. Pois a essência das palavras e das imagens é constituída exclusivamente de movimentos corporais, os quais não envolvem, de nenhuma maneira, o conceito do pensamento. Sobre tal tema são suficientes essas breves advertências. Passo, pois, às objeções anteriormente mencionadas.

A primeira delas é que se dá como estabelecido que a vontade tem uma extensão maior que a do intelecto e é, portanto, diferente dele. E a razão pela qual julgam que a vontade tem uma extensão maior que a do intelecto é que dizem saber, por experiência, que para dar nosso assentimento a uma infinidade de diferentes coisas que não percebemos não nos falta uma faculdade de assentir — ou seja, de afirmar — e de negar maior do que a que já temos, mas uma maior faculdade de compreender. A vontade distingue-se, pois, do intelecto, por este ser finito e aquela, infinita.

Em segundo lugar, é possível que objetem que a experiência parece ensinar, mais claramente do que tudo, que podemos suspender nosso juízo para não dar nosso assentimento a coisas que não percebemos, o que seria confirmado por não se dizer que alguém se engana enquanto percebe algo, mas apenas enquanto assente ou dissente. Quem, por exemplo, inventa um cavalo alado, não admite, com isso, que exista um cavalo alado, isto é, não se engana por isso, a não ser que, ao mesmo tempo, admita que existe um cavalo alado. O que a experiência pareceria, pois, nos ensinar, mais claramente do que tudo, é que a vontade, ou seja, a faculdade de assentir, é livre e diferente da faculdade de compreender.

Em terceiro lugar, pode-se objetar que uma afirmação não parece conter mais realidade do que outra, isto é, não parecemos precisar de uma potência maior para afirmar que o verdadeiro é verdadeiro do que para afirmar que o falso é verdadeiro. Percebemos, entretanto, que uma ideia tem mais realidade ou perfeição do que outra, pois é à medida que certos objetos são melhores que outros que as respectivas ideias de uns são melhores que as de outros, o que, igualmente, parece permitir que se estabeleça uma diferença entre a vontade e o intelecto.

Em quarto lugar, pode-se objetar: se o homem não age de acordo com a liberdade de sua vontade, o que acontecerá, então, quando, tal como o asno de Buridan, ele estiver indeciso entre uma opção e outra? Morrerá de fome e de sede? Se respondo sim, vai parecer que estou pensando em um asno ou em uma estátua de homem e não em um homem. Se, ao contrário, respondo não, a conclusão será, então, que ele se determinaria por si mesmo e teria, consequentemente, a faculdade de se mover e de fazer qualquer coisa que quisesse. É possível que haja outras objeções além dessas. Como, entretanto, não sou obrigado a catalogar todas as objeções que possam ser inventadas, terei a preocupação de responder apenas àquelas que acabo de expor e tão brevemente quanto puder.

Quanto, pois, à primeira objeção, se por intelecto se compreendem apenas as ideias claras e distintas, admito que a vontade tem uma extensão maior que a do intelecto. Nego, entretanto, que a vontade tenha uma extensão maior que a das percepções, ou seja, da faculdade de conceber. E não vejo, realmente, por que se pode dizer que a faculdade de querer seria infinita e não a de sentir. Pois, assim como, por essa faculdade de querer, podemos afirmar infinitas coisas (uma por vez, entretanto, pois não podemos afirmar infinitas coisas ao mesmo tempo), da mesma maneira, por essa faculdade de sentir, podemos, igualmente, sentir ou perceber infinitos corpos (um por vez, evidentemente). E se dizem que existem infinitas coisas que não podemos perceber? Replico que não podemos apreendê-las por nenhum pensamento e, consequentemente, por nenhuma faculdade de querer. Mas, insistem, se Deus tivesse querido fazer com que percebêssemos também essas coisas, ele deveria nos ter dado, na verdade, uma maior faculdade de perceber do que aquela que nos deu e não uma maior faculdade de querer. O que é a mesma coisa que dizer que se Deus tivesse querido fazer com que compreendêssemos uma infinidade de outros entes, teria sido necessário, na verdade, que nos tivesse dado, para abarcar essa infinidade de entes, um intelecto maior do que o que nos deu e não uma ideia mais universal do ente. Mostramos, com efeito, que a vontade é um ente universal, quer dizer, uma ideia pela qual explicamos todas as volições singulares, isto é, aquilo que é comum a todas elas. E, portanto, como acreditam que essa ideia comum ou universal de todas as volições é uma faculdade, não é nada surpreendente que digam que essa faculdade tem uma extensão infinita, para além dos limites do intelecto. Pois o universal se diz igualmente de um e de muitos, assim como de uma infinidade de indivíduos.

Quanto à segunda objeção, minha resposta é negar que tenhamos o livre poder de suspender nosso juízo. Com efeito, quando dizemos que alguém suspende o seu juízo, não dizemos senão que ele vê que não percebe adequadamente a coisa. A suspensão do juízo é, portanto, na realidade, uma percepção e não uma vontade livre. Para compreender isso mais claramente, suponhamos uma criança que inventa um cavalo alado e não perceba nada mais além disso. Como esse forjar envolve a existência do cavalo (pelo corol. da prop. 17), e como a criança não percebe nada que exclua sua existência, ela necessariamente considerará o cavalo como presente e não poderá duvidar de sua existência, embora não esteja certa disso. É o que experimentamos cotidianamente nos sonhos. Não creio que haja alguém que acredite que tenha, enquanto sonha, o livre poder de suspender o juízo sobre aquilo que sonha e de fazer com que não sonhe o que sonha ver. E, entretanto, acontece que, mesmo nos sonhos, suspendemos o nosso juízo, o que se dá quando sonhamos que sonhamos. Além disso, embora admita que, à medida que percebe, ninguém se engana, isto é, que as imaginações da mente, consideradas em si mesmas, não envolvem nenhum erro (veja-se o esc. da prop. 17), nego que um homem, à medida que percebe, nada afirme. Pois que outra coisa é perceber um cavalo alado senão afirmar, ao falar de um cavalo, que ele tem asas? Pois se a mente não percebesse nenhuma outra coisa além de um cavalo alado, ela o consideraria como algo que lhe está presente, e não teria qualquer motivo para duvidar de sua existência, nem qualquer faculdade que lhe permitisse opinar contrariamente, a menos que a imaginação do cavalo alado se associasse a uma ideia que excluísse a existência de tal cavalo, ou que a mente percebesse que a ideia de cavalo alado que ela tem é inadequada e, então, ou ela negaria necessariamente a existência de tal cavalo, ou dela necessariamente duvidaria.

Penso ter respondido, assim, também à terceira objeção, ao mostrar que a vontade é algo de universal, que se diz de todas as ideias, e que significa apenas aquilo que é comum a todas elas, isto é, a afirmação, cuja essência adequada, enquanto é assim abstratamente concebida, deve, por isso, existir em cada uma das ideias, e apenas segundo essa relação é a mesma em todas elas, o que não ocorre enquanto a afirmação é considerada como constituindo a essência da ideia, pois, segundo essa última relação, as afirmações singulares diferem entre si, tanto quanto as próprias ideias. Por exemplo, a afirmação que a ideia de círculo envolve difere daquela que a ideia de triângulo envolve, tanto quanto a ideia de círculo difere da ideia de triângulo. Além disso, nego peremptoriamente que precisamos, para afirmar que o verdadeiro é verdadeiro, de uma potência de pensar igual àquela que precisamos para afirmar que o falso é verdadeiro. Com efeito, essas duas afirmações, quando se observa a mente, estão uma para a outra, assim como o ente está para o não ente. Pois não existe, nas ideias, nada de positivo que constitua a forma da falsidade (vejam-se a prop. 35 e seu esc., assim como o esc. da prop. 47). Por isso, é conveniente observar, sobretudo, o quão facilmente nos enganamos quando confundimos os universais com os singulares e os entes de razão e abstratos com os reais.

Finalmente, quanto à quarta objeção, admito, sem nenhuma dúvida, que um homem assim indeciso (ou seja, nada mais percebendo senão a sede e a fome, ao ver alimento e bebida colocados a igual distância dele) morrerá de fome e de sede. Se me perguntam se um tal homem não pode ser considerado mais um asno do que um homem, respondo que não sei, assim como também não sei de que maneira julgar aquele que se enforca, ou as crianças, os idiotas, os loucos, etc.

Resta, enfim, indicar quanto o conhecimento desta doutrina é útil para a vida, questão para a qual nos voltaremos nas observações que se seguem.

1. Ela é útil à medida que nos ensina que agimos exclusivamente pelo comando de Deus. E que tanto mais participamos da natureza divina quanto mais perfeitas forem as ações que realizamos e quanto mais compreendemos Deus. Assim, essa doutrina, além de tornar nosso espírito inteiramente tranquilo, também nos ensina em que consiste nossa suprema felicidade, ou seja, nossa beatitude: unicamente no conhecimento de Deus, pelo qual somos induzidos a realizar apenas aquelas ações que o amor e a generosidade nos aconselham. Compreendemos, assim, claramente, quanto se desviam da verdadeira apreciação da virtude aqueles que, por sua virtude e por suas extraordinárias ações, bem como por seu elevado serviço, esperam ser honrados com as mais altas recompensas, como se a virtude em si e o serviço a Deus não fossem a própria felicidade e a suprema liberdade.

2. Ela é útil à medida que ensina como devemos nos conduzir frente às coisas da fortuna, quer dizer, frente àquelas coisas que não estão sob nosso poder, isto é, que não se seguem de nossa natureza. Ou seja, esperar e suportar com igual ânimo uma e outra face da fortuna, pois certamente todas as coisas se seguem do decreto eterno de Deus, com a mesma necessidade com que da essência do triângulo se segue a conclusão de que a soma de seus três ângulos é igual a dois ângulos retos.

3. Essa doutrina é útil para a vida social, à medida que ensina a ninguém odiar, desprezar, ridicularizar, invejar, nem com ninguém irritar-se. É útil, ainda, à medida que ensina cada um a se contentar com o que tem e a auxiliar o próximo, não por uma misericórdia feminil, nem por favor, ou por superstição, mas exclusivamente pelo governo da razão, ou seja, em acordo com aquilo que a ocasião e as circunstâncias exigirem, como demonstrarei na quarta parte.

4. Essa doutrina, enfim, não é menos útil à sociedade comum, à medida que ensina como os cidadãos devem ser governados e dirigidos, não, evidentemente, para que se tornem escravos, mas para que, livremente, façam o que é melhor. Cumpro, assim, o que tinha me proposto fazer neste esc., e concluo aqui esta nossa segunda parte, na qual penso ter explicado, com bastante amplitude e tão claramente quanto o permite a dificuldade do tema, a natureza da mente humana e suas propriedades. Penso também ter fornecido elementos dos quais se pode extrair muitas e importantes conclusões, extremamente úteis e de conhecimento indispensável. É o que será feito, em parte, no que se segue.

TERCEIRA PARTE
A origem e a natureza dos afetos

Prefácio

Os que escreveram sobre os afetos e o modo de vida dos homens parecem, em sua maioria, ter tratado não de coisas naturais, que seguem as leis comuns da natureza, mas de coisas que estão fora dela. Ou melhor, parecem conceber o homem na natureza como um império num império. Pois acreditam que, em vez de seguir a ordem da natureza, o homem a perturba, que ele tem uma potência absoluta sobre suas próprias ações, e que não é determinado por nada mais além de si próprio. Além disso, atribuem a causa da impotência e da inconstância não à potência comum da natureza, mas a não sei qual defeito da natureza humana, a qual, assim, deploram, ridicularizam, desprezam ou, mais frequentemente, abominam. E aquele que, mais eloquente ou argutamente, for capaz de recriminar a impotência da mente humana será tido por divino. Não têm faltado, certamente, homens eminentes (a cujo trabalho e engenho muito devemos), que têm escrito muitas e excelentes coisas sobre o correto modo de vida e dado, aos mortais, conselhos plenos de prudência. Mas ninguém, que eu saiba, determinou a natureza e a força dos afetos nem, por outro lado, que poder tem a mente para regulá-los. Sei, é verdade, que o muito celebrado Descartes, embora também acreditasse que a mente tem um poder absoluto sobre suas próprias ações, tentou aplicadamente, entretanto, explicar os afetos humanos por suas causas primeiras e mostrar, ao mesmo tempo, a via pela qual a mente pode ter um domínio absoluto sobre os afetos. Mas ele nada mais mostrou, em minha opinião, do que a perspicácia de sua grande inteligência, como provarei no momento oportuno. Quero, agora, voltar àqueles que, em vez de compreender, preferem abominar ou ridicularizar os afetos e as ações dos homens. A esses parecerá, sem dúvida, surpreendente que eu me disponha a tratar dos defeitos e das tolices dos homens segundo o método geométrico, e que queira demonstrar, por um procedimento exato, aquilo que eles não param de proclamar como algo que, além de vão, absurdo e horrendo, opõe-se à razão. Mas eis aqui o meu raciocínio. Nada se produz na natureza que se possa atribuir a um defeito próprio dela, pois a natureza é sempre a mesma, e uma só e a mesma, em toda parte, sua virtude e potência de agir. Isto é, as leis e as regras da natureza, de acordo com as quais todas as coisas se produzem e mudam de forma, são sempre as mesmas em toda parte. Consequentemente, não deve, igualmente, haver mais do que uma só e mesma maneira de compreender a natureza das coisas, quaisquer que sejam elas: por meio das leis e regras universais da natureza. É por isso que os afetos do ódio, da ira, da inveja, etc., considerados em si mesmos, seguem-se da mesma necessidade e da mesma virtude da natureza das quais se seguem as outras coisas singulares. Eles admitem, pois, causas precisas, que nos permitem compreendê-los, assim como possuem propriedades precisas, tão dignas de nosso conhecimento quanto as propriedades de todas as outras coisas cuja mera contemplação nos causa prazer. Tratarei, assim, da natureza e da virtude dos afetos, bem como da potência da mente sobre eles, por meio do mesmo método pelo qual tratei, nas partes anteriores, de Deus e da mente. E considerarei as ações e os apetites humanos exatamente como se fossem uma questão de linhas, de superfícies ou de corpos.

Definições

1. Chamo de causa adequada aquela cujo efeito pode ser percebido clara e distintamente por ela mesma. Chamo de causa inadequada ou parcial, por outro lado, aquela cujo efeito não pode ser compreendido por ela só.

2. Digo que agimos quando, em nós ou fora de nós, sucede algo de que somos a causa adequada, isto é (pela def. prec.), quando de nossa natureza se segue, em nós ou fora de nós, algo que pode ser compreendido clara e distintamente por ela só. Digo, ao contrário, que padecemos quando, em nós, sucede algo, ou quando de nossa natureza se segue algo de que não somos causa senão parcial.

3. Por afeto compreendo as afecções do corpo, pelas quais sua potência de agir é aumentada ou diminuída, estimulada ou refreada, e, ao mesmo tempo, as ideias dessas afecções.

> *Explicação*. Assim, quando podemos ser a causa adequada de alguma dessas afecções, por afeto compreendo, então, uma ação; em caso contrário, uma paixão.

Postulados

1. O corpo humano pode ser afetado de muitas maneiras, pelas quais sua potência de agir é aumentada ou diminuída, enquanto outras tantas não tornam sua potência de agir nem maior nem menor.

Este post. ou ax. baseia-se no post. 1 e nos lemas 5 e 7, que estão após a prop. 13 da P. 2.

2. O corpo humano pode sofrer muitas mudanças, sem deixar, entretanto, de preservar as impressões ou os traços dos objetos (sobre isso, veja-se o post. 5 da P. 2) e, consequentemente, as mesmas imagens das coisas (vejam-se as def. no esc. da prop. 17 da P. 2).

Proposições

Proposição 1. **A nossa mente, algumas vezes, age; outras, na verdade, padece. Mais especificamente, à medida que tem ideias adequadas, ela necessariamente age; à medida que tem ideias inadequadas, ela necessariamente padece.**

Demonstração. Entre as ideias de qualquer mente humana, algumas são adequadas, enquanto outras são mutiladas e confusas (pelos esc. da prop. 40 da P. 2). Ora, as ideias que são adequadas na mente de alguém são adequadas em Deus, enquanto este constitui a essência dessa mente (pelo corol. da prop. 11 da P. 2). E também aquelas que são inadequadas na mente de alguém são adequadas em Deus (pelo mesmo corol.), não enquanto Deus contém em si apenas a essência dessa mente, mas também enquanto contém, ao mesmo tempo, as mentes das outras coisas. Além disso, de uma ideia deve necessariamente seguir-se algum efeito (pela prop. 36 da P. 1), do qual Deus é a causa adequada (veja-se a def. 1), não enquanto é infinito, mas enquanto é considerado como afetado dessa dada ideia (veja-se a prop. 9 da P. 2). Mas desse efeito, do qual Deus é a causa, enquanto ele é afetado de uma ideia que é adequada na mente de alguém, essa mesma mente é a causa adequada (pelo corol. da prop. 11 da P. 2). Logo, a nossa mente (pela def. 2), à medida que tem ideias adequadas, necessariamente age. Isso quanto à primeira parte da proposição. Em segundo lugar, de tudo que necessariamente se segue de uma ideia que é adequada em Deus, não enquanto ele contém apenas a mente de um homem, mas enquanto contém, ao mesmo tempo que a mente desse homem, as mentes das outras coisas, a mente desse homem (pelo mesmo corol. da prop. 11 da P. 2) não é causa adequada, mas parcial. Portanto (pela def. 2), a mente, à medida que tem ideias inadequadas, necessariamente padece. Demonstrou-se, assim, a segunda parte da proposição. Logo, a nossa mente, etc. C. Q. D.

Corolário. Disso se segue que quanto mais ideias inadequadas a mente tem, tanto maior é o número de paixões a que é submetida; e, contrariamente, quanto mais ideias adequadas tem, tanto mais ela age.

Proposição 2. **Nem o corpo pode determinar a mente a pensar, nem a mente determinar o corpo ao movimento ou ao repouso, ou a qualquer outro estado (se é que isso existe).**

Demonstração. Todos os modos do pensar têm por causa Deus, enquanto ele é uma coisa pensante e não enquanto ele é explicado por um outro atributo (pela prop. 6 da P. 2). Portanto, o que determina a mente a pensar é um modo do pensamento e não da extensão, isto é (pela def. 1 da P. 2), não é um corpo. Isso quanto à primeira parte. Em segundo lugar, o movimento e o repouso de um corpo devem provir de um outro corpo, o qual foi, igualmente, determinado ao movimento ou ao repouso por um outro e, em geral, tudo que acontece a um corpo deve provir de Deus, enquanto ele é considerado como afetado de algum modo da extensão e não de algum modo do pensamento (pela mesma prop. 6 da P. 2), isto é, não pode provir da mente, a qual (pela prop. 11 da P. 2) é um modo do pensamento. Era a segunda parte. Logo, nem o corpo pode determinar a mente, etc. C. Q. D.

Escólio. Compreendem-se mais claramente essas coisas pelo que foi dito no esc. da prop. 7 da P. 2: que a mente e o corpo são uma só e mesma coisa, a qual é concebida ora sob o atributo do pensamento, ora sob o da extensão. Disso resulta que a ordem ou a concatenação das coisas é uma só, quer se conceba a natureza sob um daqueles atributos, quer sob o outro e, consequentemente, que a ordem das ações e das paixões de nosso corpo é simultânea, em natureza, à ordem das ações e das paixões da mente. Isto torna-se igualmente evidente pela demonstração da prop. 12 da P. 2. Entretanto, ainda que a argumentação não deixe nenhuma margem para dúvida, acredito que, se eu não demonstrar isso por meio da experiência, os homens dificilmente se convencerão a examinar essas questões com equanimidade, a tal ponto estão firmemente persuadidos de que o corpo, por um simples comando da mente, ora se põe em movimento, ora volta ao repouso, e de que faz muitas coisas que dependem apenas da vontade da mente e de sua capacidade de arquitetar. O fato é que ninguém determinou, até agora, o que pode o corpo, isto é, a experiência a ninguém ensinou, até agora, o que o corpo – exclusivamente pelas leis da natureza enquanto considerada apenas corporalmente, sem que seja determinado pela mente – pode e o que não pode fazer. Pois, ninguém conseguiu, até agora, conhecer tão precisamente a estrutura do corpo que fosse capaz de explicar todas as suas funções, sem falar que se observam, nos animais, muitas coisas que superam em muito a sagacidade humana, e que os sonâmbulos fazem muitas coisas, nos sonhos, que não ousariam fazer acordados. Isso basta para mostrar que o corpo, por si só, em virtude exclusivamente das leis da natureza, é capaz de muitas coisas que surpreendem a sua própria mente. Além disso, ninguém sabe por qual método, nem por quais meios, a mente move o corpo, nem que quantidade de movimento ela pode imprimir-lhe, nem com que velocidade ela pode movê-lo. Disso se segue que, quando os homens dizem que esta ou aquela ação provém da mente, que ela tem domínio sobre o corpo, não sabem o que dizem, e não fazem mais do que confessar, com palavras enganosas, que ignoram, sem nenhum espanto, a verdadeira causa dessa ação. Mas, dirão, saiba-se ou não por quais meios a mente move o corpo, a experiência mostra, entretanto, que se a mente não fosse capaz de pensar, o corpo ficaria inerte. Dirão também que a experiência mostra que estão sob o poder exclusivo da mente coisas tais como o falar e o calar, bem como muitas outras, acreditando, assim, que elas dependem da decisão da mente. Mas quanto ao primeiro ponto, pergunto-lhes: não é verdade que a experiência igualmente ensina que se, inversamente, o corpo está inerte, a mente não se torna também incapaz de pensar? Pois quando o corpo repousa durante o sono, também a mente, ao mesmo tempo que ele, permanece adormecida, não tendo, como quando está acordada, a capacidade de pensar. Acredito, além disso, que todos sabem, por experiência, que a mente não é capaz de pensar, a cada vez, de maneira igual, sobre um mesmo objeto; em vez disso, a mente é tanto mais capaz de considerar este ou aquele objeto, quanto mais o corpo é capaz de ser estimulado pela imagem deste ou daquele objeto. Dirão, entretanto, não ser possível deduzir, em virtude exclusivamente das leis da natureza, enquanto considerada apenas sob seu aspecto corporal, as causas dos edifícios, dos quadros e de objetos similares, que são produzidos exclusivamente pelo engenho humano, e que o corpo humano, se não fosse determinado e conduzido pela mente, não seria capaz de edificar um templo. Já demonstrei, porém, que eles não sabem o que pode um corpo, nem o que pode ser deduzido exclusivamente da consideração de sua natureza, e que a experiência lhes mostra que se fazem, em virtude exclusivamente das leis da natureza, muitas coisas que eles nunca acreditariam poder ter sido feitas sem a direção da mente, como as que fazem os sonâmbulos durante o sono e das quais eles próprios se surpreendem quando acordados. Acrescento, aqui, a própria estrutura do corpo humano, que, em engenhosidade, supera, em muito, todas as coisas que são construídas pela arte humana, para não falar do que mostrei anteriormente: que da natureza, considerada sob qualquer um de seus atributos, seguem-se infinitas coisas. Quanto ao segundo ponto, certamente as coisas humanas estariam numa situação bem melhor se tanto o calar quanto o falar também estivessem sob o poder do homem. A experiência, entretanto, ensina, sobejamente, que nada está menos sob o poder dos homens do que a sua língua, e que não há nada de que sejam menos capazes do que de regular seus apetites. Disso decorre que muitos acreditam que só fazemos livremente aquelas coisas que perseguimos sem muito empenho, pois o apetite por essas coisas pode ser facilmente mitigado pela recordação de alguma outra coisa de que nos lembramos com frequência, mas que fazemos muito pouco livremente aquelas coisas que perseguimos com um afeto intenso, o qual não pode ser atenuado pela recordação de outra coisa. Se a experiência, entretanto, não mostrasse aos homens que fazemos muitas coisas das quais, depois, nos arrependemos, e que, frequentemente, quando somos afligidos por afetos opostos, percebemos o que é melhor, mas fazemos o que é pior, nada os impediria de acreditar que fazemos tudo livremente. Assim, uma criancinha acredita apetecer, livremente, o leite; um menino furioso, a vingança; e o intimidado, a fuga. Um homem embriagado também acredita que é pela livre decisão de sua mente que fala aquilo sobre o qual, mais tarde, já sóbrio, preferiria ter calado. Igualmente, o homem que diz loucuras, a mulher que fala demais, a criança e muitos outros do mesmo gênero acreditam que assim se expressam por uma livre decisão da mente, quando, na verdade, não são capazes de conter o impulso que os leva a falar. Assim, a própria experiência ensina, não menos claramente que a razão, que os homens se julgam livres apenas porque estão conscientes de suas ações, mas desconhecem as causas pelas quais são determinados. Ensina também que as decisões da mente nada mais são do que os próprios apetites: elas variam, portanto, de acordo com a variável disposição do corpo. Assim, cada um regula tudo de acordo com o seu próprio afeto e, além disso, aqueles que são afligidos por afetos opostos não sabem o que querem, enquanto aqueles que não têm nenhum afeto são, pelo menor impulso, arrastados de um lado para o outro. Sem dúvida, tudo isso mostra claramente que tanto a decisão da mente, quanto o apetite e a determinação do corpo são, por natureza, coisas simultâneas, ou melhor, são uma só e mesma coisa, que chamamos decisão quando considerada sob o atributo do pensamento e explicada por si mesma, e determinação, quando considerada sob o atributo da extensão e deduzida das leis do movimento e do repouso, o que se verá mais claramente no que resta ainda a dizer. Pois gostaria de fazer aqui uma outra observação importante: não podemos, pela decisão da mente, fazer qualquer coisa sem que dela tenhamos uma lembrança prévia. Por exemplo, não podemos falar nenhuma palavra sem que tenhamos dela uma lembrança prévia. Além disso, não está sob o livre poder da mente esquecer ou lembrar alguma coisa. É por isso que se julga que só está sob o poder da mente, por sua exclusiva decisão, a nossa capacidade de calar ou de falar aquilo do qual nos lembramos. Porém quando sonhamos que falamos, julgamos que o fazemos pela livre decisão da mente, quando, na verdade, não falamos, ou, se falamos é por um movimento espontâneo do corpo. Também sonhamos que ocultamos certas coisas dos outros, o que faríamos pela mesma decisão da mente, a qual, quando acordados, nos faz calar o que sabemos. Sonhamos, enfim, que fazemos, pela decisão da mente, certas coisas, as quais, quando acordados, não ousamos fazer. Assim, gostaria muito de saber se existiriam, então, na mente, dois tipos de decisões: de um lado, as fantásticas; de outro, as livres. Se não se quiser levar a insensatez tão longe, é preciso admitir que essa decisão da mente, que se julga ser livre, não se distingue da própria imaginação ou da memória, e não é senão a afirmação que a ideia, enquanto é uma ideia, necessariamente envolve (veja-se a prop. 49 da P. 2). E, assim, essas decisões da mente surgem, nela, com a mesma necessidade com que surgem as ideias das coisas existentes em ato. Aqueles, portanto, que julgam que é pela livre decisão da mente que falam, calam, ou fazem qualquer outra coisa, sonham de olhos abertos.

Proposição 3. **As ações da mente provêm exclusivamente das ideias adequadas, enquanto as paixões dependem exclusivamente das ideias inadequadas.**

Demonstração. O que, primariamente, constitui a essência da mente não é senão a ideia de um corpo existente em ato (pelas prop. 11 e 13 da P. 2), ideia que (pela prop. 15 da P. 2) se compõe de muitas outras, algumas das quais (pelo corol. da prop. 38 da P. 2) são adequadas, enquanto outras são inadequadas (pelo corol. da prop. 29 da P. 2). Portanto, cada coisa que se segue da natureza da mente, e da qual a mente é causa próxima, por meio da qual essa coisa tem que ser compreendida, deve, necessariamente, seguir-se ou de uma ideia adequada ou de uma ideia inadequada. Mas a mente, enquanto (pela prop. 1) tem ideias inadequadas, necessariamente padece. Logo, as ações da mente seguem-se exclusivamente das ideias adequadas e só padece, portanto, porque tem ideias inadequadas. C. Q. D.

Escólio. Vemos, assim, que as paixões só estão referidas à mente enquanto ela tem algo que envolve uma negação, ou seja, enquanto ela é considerada como uma parte da natureza, a qual, por si só, sem as outras partes, não pode ser percebida clara e distintamente. Pelo mesmo raciocínio, poderia demonstrar que as paixões estão referidas às coisas singulares da mesma maneira que estão referidas à mente, e que não podem ser percebidas de outro modo. Meu propósito, entretanto, é o de tratar apenas da mente humana.

Proposição 4. **Nenhuma coisa pode ser destruída senão por uma causa exterior.**

Demonstração. Esta proposição é evidente por si mesma. Pois a definição de uma coisa qualquer afirma a sua essência; ela não a nega. Ou seja, ela põe a sua essência; ela não a retira. Assim, à medida que consideramos apenas a própria coisa e não as causas exteriores, não poderemos encontrar nela nada que possa destruí-la.

Proposição 5. **À medida que uma coisa pode destruir uma outra, elas são de natureza contrária, isto é, elas não podem estar no mesmo sujeito.**

Demonstração. Com efeito, se elas estivessem de acordo entre si, ou seja, se pudessem estar simultaneamente no mesmo sujeito, então poderia haver no mesmo sujeito algo que poderia destruí-lo, o que (pela prop. prec.) é absurdo. Logo, à medida que uma coisa, etc. C. Q. D.

Proposição 6. **Cada coisa esforça-se, tanto quanto está em si, por perseverar em seu ser.**

Demonstração. Com efeito, as coisas singulares são modos pelos quais os atributos de Deus exprimem-se de uma maneira definida e determinada (pelo corol. da prop. 25 da P. 1), isto é (pela prop. 34 da P. 1), são coisas que exprimem de uma maneira definida e determinada a potência de Deus, por meio da qual ele existe e age. E nenhuma coisa tem em si algo por meio do qual possa ser destruída, ou seja, que retire a sua existência (pela prop. 4); pelo contrário, ela se opõe a tudo que possa retirar a sua existência (pela prop. prec.). E esforça-se, assim, tanto quanto pode e está em si, por perseverar em seu ser. C. Q. D.

Proposição 7. **O esforço pelo qual cada coisa se esforça por perseverar em seu ser nada mais é do que a sua essência atual.**

Demonstração. Da essência dada de uma coisa qualquer seguem-se necessariamente certas consequências (pela prop. 36 da P. 1). Além disso, as coisas não podem fazer senão aquilo que necessariamente se segue de sua natureza determinada (pela prop. 29 da P. 1). Por isso, a potência de uma coisa qualquer, ou seja, o esforço pelo qual, quer sozinha, quer em conjunto com outras, ela age ou se esforça por agir, isto é (pela prop. 6), a potência ou o esforço pelo qual ela se esforça por perseverar em seu ser, nada mais é do que sua essência dada ou atual. C. Q. D.

Proposição 8. **O esforço pelo qual cada coisa se esforça por perseverar em seu ser não envolve nenhum tempo finito, mas um tempo indefinido.**

Demonstração. Com efeito, se envolvesse um tempo limitado, que determinasse a duração da coisa, seguir-se-ia, então, exclusivamente da própria potência pela qual a coisa existe, que, após esse tempo limitado, ela não poderia mais existir, devendo se destruir. Mas isso (pela prop. 4) é absurdo. Portanto, o esforço pelo qual uma coisa existe não envolve, de maneira alguma, um tempo definido, mas, pelo contrário, ela continuará, em virtude da mesma potência pela qual ela existe agora, a existir indefinidamente, desde que (pela mesma prop. 4) não seja destruída por nenhuma causa exterior. Logo, esse esforço envolve um tempo indefinido. C. Q. D.

Proposição 9. **A mente, quer enquanto tem ideias claras e distintas, quer enquanto tem ideias confusas, esforça-se por perseverar em seu ser por uma duração indefinida, e está consciente desse seu esforço.**

Demonstração. A essência da mente é constituída de ideias adequadas e de ideias inadequadas (tal como demonstramos na prop. 3). Ela se esforça, pois (pela prop. 7), por perseverar em seu ser, quer enquanto tem as últimas, quer enquanto tem as primeiras, o que ocorre (pela prop. 8) por uma duração indefinida. Ora, como a mente, por meio das ideias das afecções do corpo, está necessariamente consciente de si mesma (pela prop. 23 da P. 2), ela está consciente, portanto (pela prop. 7), do seu esforço. C. Q. D.

Escólio. Esse esforço, à medida que está referido apenas à mente, chama-se vontade; mas à medida que está referido simultaneamente à mente e ao corpo chama-se apetite, o qual, portanto, nada mais é do que a própria essência do homem, de cuja natureza necessariamente se seguem aquelas coisas que servem para a sua conservação, e as quais o homem está, assim, determinado a realizar. Além disso, entre apetite e desejo não há nenhuma diferença, excetuando-se que, comumente, refere-se o desejo aos homens à medida que estão conscientes de seu apetite. Pode-se fornecer, assim, a seguinte definição: o desejo é o apetite juntamente com a consciência que dele se tem. Torna-se, assim, evidente, por tudo isso, que não é por julgarmos uma coisa boa que nos esforçamos por ela, que a queremos, que a apetecemos, que a desejamos, mas, ao contrário, é por nos esforçarmos por ela, por querê-la, por apetecê-la, por desejá-la, que a julgamos boa.

Proposição 10. Uma ideia que exclui a existência de nosso corpo não pode existir em nossa mente, mas lhe é contrária.

Demonstração. Qualquer coisa que possa destruir o nosso corpo não pode nele existir (pela prop. 5). Consequentemente, a ideia dessa coisa não pode existir em Deus, enquanto ele tem a ideia de nosso corpo (pelo corol. da prop. 9 da P. 2), isto é (pelas prop. 11 e 13 da P. 2), a ideia dessa coisa não pode existir em nossa mente. Pelo contrário, como (pelas prop. 11 e 13 da P. 2) o que, primeiramente, constitui a essência da mente é a ideia do corpo existente em ato, o que é primeiro e primordial para nossa mente (pela prop. 7) é o esforço por afirmar a existência de nosso corpo. E, portanto, uma ideia que nega a existência de nosso corpo é contrária à nossa mente, etc. C. Q. D.

Proposição 11. Se uma coisa aumenta ou diminui, estimula ou refreia a potência de agir de nosso corpo, a ideia dessa coisa aumenta ou diminui, estimula ou refreia a potência de pensar de nossa mente.

Demonstração. Esta proposição é evidente pela prop. 7 da P. 2 ou, ainda, pela prop. 14 da P. 2.

Escólio. Vemos, assim, que a mente pode padecer grandes mudanças, passando ora a uma perfeição maior, ora a uma menor, paixões essas que nos explicam os afetos da alegria e da tristeza. Assim, por alegria compreenderei, daqui por diante, uma paixão pela qual a mente passa a uma perfeição maior. Por tristeza, em troca, compreenderei uma paixão pela qual a mente passa a uma perfeição menor. Além disso, chamo o afeto da alegria, quando está referido simultaneamente à mente e ao corpo, de excitação ou contentamento; o da tristeza, em troca, chamo de dor ou melancolia. Deve-se observar, entretanto, que a excitação e a dor estão referidos ao homem quando uma de suas partes é mais afetada do que as restantes; o contentamento e a melancolia, por outro lado, quando todas as suas partes são igualmente afetadas. Quanto ao desejo, expliquei-o no esc. da prop. 9. Afora esses três, não reconheço nenhum outro afeto primário. De fato, demonstrarei, no que se segue, que desses três provêm todos os outros. Mas antes de prosseguir, gostaria de explicar mais detalhadamente a prop. 10, para que se compreenda mais claramente por qual razão uma ideia é contrária a uma outra.

Mostramos, no esc. da prop. 17 da P. 2, que a ideia que constitui a essência da mente envolve a existência do corpo por todo o tempo que esse corpo existir. Além disso, segue-se, do que demonstramos no corol. da prop. 8 da P. 2 e no seu esc., que a existência presente de nossa mente depende apenas disso: que a mente envolve a existência atual do corpo. Mostramos, finalmente, que a potência da mente, em virtude da qual ela imagina as coisas e delas se recorda, depende, igualmente (vejam-se as prop. 17 e 18 da P. 2, juntamente com seu esc.), do fato de que a mente envolve a existência atual do corpo. Disso se segue que a existência presente da mente e a sua potência de imaginar são eliminadas assim que a mente deixa de afirmar a existência do corpo. Mas a causa pela qual a mente deixa de afirmar essa existência do corpo não pode ser a própria mente (pela prop. 4), nem tampouco o fato de o corpo deixar de existir. Com efeito (pela prop. 6 da P. 2), a causa pela qual a mente afirma a existência do corpo não é o fato de o corpo ter começado a existir. Portanto, pela mesma razão, não é pelo fato de o corpo deixar de existir que ela deixa de afirmar a existência desse corpo. Isso provém (pela prop. 8 da P. 2), na verdade, de uma outra ideia, a qual exclui a existência presente de nosso corpo e, consequentemente, a de nossa mente, e que é, portanto, contrária à ideia que constitui a essência de nossa mente.

Proposição 12. **A mente esforça-se, tanto quanto pode, por imaginar aquelas coisas que aumentam ou estimulam a potência de agir do corpo.**

Demonstração. Durante todo o tempo em que o corpo humano estiver afetado de uma maneira que envolva a natureza de algum corpo exterior, a mente humana considerará esse corpo como presente (pela prop. 17 da P. 2) e, consequentemente (pela prop. 7 da P. 2), durante todo o tempo em que a mente humana considerar um corpo exterior como presente, isto é (pelo esc. da mesma prop. 17), durante o tempo em que o imaginar, o corpo humano estará afetado de uma maneira que envolve a natureza desse corpo exterior. E, portanto, durante todo o tempo em que a mente imaginar aquelas coisas que aumentam ou estimulam a potência de agir de nosso corpo, o corpo estará afetado de maneiras que aumentam ou estimulam sua potência de agir (veja-se o post. 1) e, consequentemente (pela prop. 11), durante esse tempo, a potência de pensar da mente é aumentada ou estimulada. Logo (pela prop. 6 ou 9), a mente esforça-se, tanto quanto pode, por imaginar essas coisas. C. Q. D.

Proposição 13. **Quando a mente imagina aquelas coisas que diminuem ou refreiam a potência de agir do corpo, ela se esforça, tanto quanto pode, por se recordar de coisas que excluam a existência das primeiras.**

Demonstração. Durante todo o tempo em que a mente imaginar essas coisas, a potência da mente e a do corpo serão diminuídas ou refreadas (como demonstramos na prop. prec.). Mas continuará a imaginá-las, até que imagine outras coisas que excluam a existência presente das primeiras (pela prop. 17 da P. 2), isto é (como acabamos de demonstrar), a potência da mente e a do corpo serão diminuídas ou refreadas até que a mente imagine outras coisas que excluam a existência das primeiras. A mente se esforçará, portanto (pela prop. 9), tanto quanto pode, por imaginar essas outras coisas ou delas se recordar. C. Q. D.

Corolário. Disso se segue que a mente evita imaginar aquelas coisas que diminuem ou refreiam a sua potência e a do corpo.

Escólio. Pelo que foi dito, compreendemos claramente o que é o amor e o que é o ódio. O amor nada mais é do que a alegria, acompanhada da ideia de uma causa exterior, e o ódio nada mais é do que a tristeza, acompanhada da ideia de uma causa exterior. Vemos, além disso, que aquele que ama esforça-se, necessariamente, por ter presente e conservar a coisa que ama. E, contrariamente, aquele que odeia esforça-se por afastar e destruir a coisa que odeia. Mas desenvolverei tudo isso detalhadamente no que se segue.

Proposição 14. **Se a mente foi, uma vez, simultaneamente afetada de dois afetos, sempre que, mais tarde, for afetada de um deles, será também afetada do outro.**

Demonstração. Se o corpo humano foi simultaneamente afetado, uma vez, por dois corpos, sempre que, mais tarde, a mente imaginar um deles, em seguida se recordará também do outro (pela prop. 18 da P. 2). Ora, as imaginações da mente são mais indicadoras dos afetos de nosso corpo do que da natureza dos corpos exteriores (pelo corol. 2 da prop. 16 da P. 2). Logo, se o corpo foi, uma vez, simultaneamente afetado de dois afetos, e, portanto, também a mente (veja-se a def. 3), sempre que, mais tarde, esta última for afetada de um deles, será também afetada do outro. C. Q. D.

Proposição 15. **Qualquer coisa pode ser, por acidente, causa de alegria, de tristeza ou de desejo.**

Demonstração. Suponhamos que a mente seja simultaneamente afetada de dois afetos, um dos quais não aumenta nem diminui sua potência de agir, enquanto o outro aumenta ou diminui essa potência (veja-se o post. 1). É evidente, pela prop. prec., que sempre que, mais tarde, a mente for afetada do primeiro, em consequência de sua verdadeira causa, a qual (por hipótese), por si mesma, não aumenta nem diminui sua potência de pensar, imediatamente será também afetada do outro, o qual aumenta ou diminui sua potência de pensar, isto é (pelo esc. da prop. 11), será afetada de alegria ou de tristeza. E, portanto, o primeiro afeto será causa, não por si mesmo, mas por acidente, de alegria ou tristeza. Pelo mesmo procedimento, pode-se facilmente demonstrar que essa coisa pode ser, por acidente, causa de desejo. C. Q. D.

Corolário. Simplesmente por termos considerado uma coisa com um afeto de tristeza ou de alegria, afeto do qual essa coisa não é a causa eficiente, podemos amá-la ou odiá-la.

Demonstração. Com efeito, resulta, simplesmente por isso (pela prop. 14), que a mente, ao imaginar, mais tarde, essa coisa, é afetada de um afeto de alegria ou de tristeza, isto é (pelo esc. da prop. 11), resulta que a potência da mente e a do corpo são aumentadas ou diminuídas, etc. E, consequentemente, resulta que a mente deseja (pela prop. 12) imaginar essa coisa ou evita (pelo corol. da prop. 13) fazê-lo, isto é (pelo esc. da prop. 13), a mente a ama ou a odeia. C. Q. D.

Escólio. Compreendemos, assim, como pode ocorrer que amemos ou odiemos certas coisas sem que saibamos a causa, mas apenas por simpatia (como se costuma dizer) ou por antipatia. Devem ser também mencionados aqueles objetos que nos afetam de alegria ou de tristeza simplesmente por terem algo de semelhante com objetos que habitualmente nos afetam desses afetos, como demonstrarei nas prop. seguintes. Sei, obviamente, que os autores que, inicialmente, introduziram os nomes de simpatia e de antipatia queriam, com eles, significar certas qualidades ocultas das coisas. Creio, entretanto, que nos é permitido compreendê-los também com o significado de qualidades notórias ou manifestas.

Proposição 16. **Simplesmente por imaginarmos que uma coisa tem algo de semelhante com um objeto que habitualmente afeta a mente de alegria ou de tristeza, ainda que aquilo pelo qual a coisa se assemelha ao objeto não seja a causa eficiente desses afetos, amaremos, ainda assim, aquela coisa ou a odiaremos.**

Demonstração. Consideramos, antes, no objeto em questão (por hipótese), com um afeto de alegria ou de tristeza, aquilo que a coisa tem de semelhante com o objeto. E, portanto (pela prop. 14), quando a mente for afetada pela imagem disso que eles têm de semelhante, imediatamente será também afetada de um ou outro daqueles afetos. Consequentemente, a coisa na qual percebemos esse algo de semelhante, será (pela prop. 15), por acidente, causa de alegria ou de tristeza. Logo (pelo corol. prec.), mesmo que aquilo pelo qual a coisa se assemelha ao objeto não seja a causa eficiente desses afetos, amaremos, ainda assim, aquela coisa ou a odiaremos. C. Q. D.

Proposição 17. **Se imaginamos que uma coisa que habitualmente nos afeta de um afeto de tristeza tem algo de semelhante com outra que habitualmente nos afeta de um afeto de alegria igualmente grande, nós a odiaremos e, ao mesmo tempo, a amaremos.**

Demonstração. Com efeito, essa coisa (por hipótese) é, por si mesma, causa de tristeza, e (pelo esc. da prop. 13), à medida que a imaginamos com esse afeto, nós a odiaremos. Por outro lado, à medida que imaginamos que ela tem algo de semelhante com outra que habitualmente nos afeta de um afeto de alegria igualmente grande, nós a amaremos com uma intensidade de alegria igualmente grande (pela prop. prec.). Portanto, nós a odiaremos e, ao mesmo tempo, a amaremos. C. Q. D.

Escólio. O estado da mente que provém de dois afetos contrários é chamado de flutuação de ânimo e está para o afeto assim como a dúvida está para a imaginação (veja-se o esc. da prop. 44 da P. 2); a flutuação de ânimo e a dúvida não diferem entre si a não ser por uma questão de grau. Deve-se observar que, na prop. prec., deduzi essas flutuações de ânimo de dois tipos de causas: no caso de um dos afetos em questão, de uma causa por si mesma e, no do outro, de uma causa por acidente. Assim procedi porque, dessa maneira, elas podiam ser mais facilmente deduzidas das prop. prec., e não porque negue que as flutuações de ânimo provenham, na maioria das vezes, de um objeto que é causa eficiente tanto de um quanto de outro daqueles afetos. Pois o corpo humano (pelo post. 1 da P. 2) é composto de um grande número de indivíduos de natureza diferente e pode, portanto (pelo ax. 1 que segue o lema 3, na sequência da prop. 13 da P. 2), ser afetado de muitas e diferentes maneiras por um só e mesmo corpo e, inversamente, uma vez que uma só e mesma coisa pode ser afetada de muitas maneiras, poderá igualmente afetar de muitas e diferentes maneiras uma só e mesma parte do corpo. Por isso tudo, podemos facilmente conceber que um só e mesmo objeto pode ser causa de muitos e conflitantes afetos.

Proposição 18. **O homem é afetado pela imagem de uma coisa passada ou de uma coisa futura do mesmo afeto de alegria ou de tristeza de que é afetado pela imagem de uma coisa presente.**

Demonstração. Durante todo o tempo em que o homem é afetado pela imagem de uma coisa, ele a considerará como presente, mesmo que ela não exista (pela prop. 17 da P. 2 e seu corol.), e não a imagina como passada ou como futura a não ser à medida que sua imagem está ligada à imagem de um tempo passado ou de um tempo futuro (veja-se o esc. da prop. 44 da P. 2). Por isso, considerada em si só, a imagem de uma coisa é a mesma, quer esteja referida ao futuro ou ao passado, quer esteja referida ao presente, isto é (pelo corol. 2 da prop. 16 da P. 2), o estado do corpo, ou seja, seu afeto, é o mesmo, quer a imagem seja a de uma coisa passada ou de uma coisa futura, quer seja a de uma coisa presente. Portanto, o afeto de alegria ou de tristeza é o mesmo, quer a imagem seja a de uma coisa passada ou de uma coisa futura, quer seja a de uma coisa presente. C. Q. D.

Escólio 1. Chamo uma coisa de passada ou de futura à medida que, respectivamente, fomos ou seremos afetados por ela. Por exemplo, à medida que a vimos ou a veremos, à medida que nos reconfortou ou reconfortará, à medida que nos prejudicou ou prejudicará, etc. Com efeito, à medida que assim a imaginamos, afirmamos a sua existência, isto é, o corpo não é afetado de nenhum afeto que exclua a sua existência. E, portanto (pela prop. 17 da P. 2), o corpo é afetado pela imagem dessa coisa da mesma maneira que se ela estivesse presente. Como, entretanto, ocorre, geralmente, que aqueles que experimentaram muitas coisas, ao considerarem uma coisa como futura ou como passada, ficam indecisos e têm, muitas vezes, dúvidas sobre a sua realização (veja-se o esc. da prop. 44 da P. 2), o resultado é que os afetos que provêm de imagens como essas não são tão estáveis, mas ficam, geralmente, perturbados pelas imagens de outras coisas, até que os homens se tornem mais seguros da realização da coisa em questão.

Escólio 2. Pelo que acaba de ser dito, compreendemos o que é a esperança, o medo, a segurança, o desespero, o gáudio e a decepção. Efetivamente, a esperança nada mais é do que uma alegria instável, surgida da imagem de uma coisa futura ou passada de cuja realização temos dúvida. O medo, por outro lado, é uma tristeza instável, surgida igualmente da imagem de uma coisa duvidosa. Se, desses afetos, excluímos a dúvida, a esperança torna-se segurança e o medo, desespero, quer dizer, uma alegria ou uma tristeza surgida da imagem de uma coisa que temíamos ou de uma coisa que esperávamos. O gáudio, por sua vez, é uma alegria surgida da imagem de uma coisa passada de cuja realização tínhamos dúvida. Finalmente, a decepção é uma tristeza que se opõe ao gáudio.

Proposição 19. Quem imagina que aquilo que ama é destruído se entristecerá; se, por outro lado, imagina que aquilo que ama é conservado, se alegrará.

Demonstração. A mente se esforça, tanto quanto pode, por imaginar aquelas coisas que aumentam ou estimulam a potência de agir do corpo (pela prop. 12), isto é (pelo esc. da prop. 13), aquelas coisas que ama. Ora, a imaginação é estimulada por aquilo que põe a existência da coisa e, inversamente, é refreada por aquilo que a exclui (pela prop. 17 da P. 2). Portanto, as imagens das coisas que põem a existência da coisa amada estimulam o esforço pelo qual a mente se esforça por imaginá-la, isto é (pelo esc. da prop. 11), afetam a mente de alegria. E, inversamente, as coisas que excluem a existência da coisa amada refreiam esse esforço da mente, isto é (pelo mesmo esc.), afetam a mente de tristeza. Assim, quem imagina que aquilo que ama é destruído ficará triste, etc. C. Q. D.

Proposição 20. **Quem imagina que aquilo que odeia é destruído se alegrará.**

Demonstração. A mente (pela prop. 13) esforça-se por imaginar aquilo que exclui a existência das coisas que diminuem ou refreiam a potência de agir do corpo, isto é (pelo esc. da mesma prop.), esforça-se por imaginar aquilo que exclui a existência das coisas que odeia. Portanto, a imagem daquilo que exclui a existência da coisa que a mente odeia estimula esse esforço da mente, isto é (pelo esc. da prop. 11), afeta-a de alegria. Quem, portanto, imagina que aquilo que odeia é destruído se alegrará. C. Q. D.

Proposição 21. **Quem imagina que aquilo que ama é afetado de alegria ou de tristeza será igualmente afetado de alegria ou de tristeza; e um ou outro desses afetos será maior ou menor no amante à medida que, respectivamente, for maior ou menor na coisa amada.**

Demonstração. As imagens das coisas que afirmam a existência da coisa amada (conforme demonstramos na prop. 19) estimulam o esforço pelo qual a mente esforça-se por imaginar essa coisa amada. Ora, a alegria afirma a existência da coisa por ela afetada, num grau que será tanto maior quanto maior for o afeto de alegria, pois se trata (pelo esc. da prop. 11) da passagem a uma maior perfeição. Portanto, a imagem de alegria da coisa amada estimula, no amante, esse esforço de sua mente, isto é (pelo esc. da prop. 11), afeta o amante de alegria, a qual será tanto maior quanto maior tiver sido esse afeto na coisa amada. Isso quanto à primeira parte da proposição. Além disso, à medida que uma coisa é afetada de tristeza, ela é destruída, num grau que será tanto maior quanto maior for a tristeza que a afeta (pelo mesmo esc. da prop. 11). Assim (pela prop. 19), quem imagina que aquilo que ama é afetado de tristeza será igualmente afetado de tristeza, a qual será tanto maior quanto maior for esse afeto na coisa amada. C. Q. D.

Proposição 22. **Se imaginamos que alguém afeta de alegria a coisa que amamos, seremos afetados de amor para com ele. Se, contrariamente, imaginamos que a afeta de tristeza, seremos, contrariamente, afetados de ódio contra ele.**

Demonstração. Quem afeta de alegria ou de tristeza a coisa que amamos, afeta-nos igualmente de alegria ou de tristeza, se imaginamos a coisa que amamos afetada dessa alegria ou dessa tristeza (pela prop. prec.). Ora, por hipótese, essa alegria ou essa tristeza se dá, em nós, acompanhada da ideia de uma causa exterior. Logo (pelo esc. da prop. 13), se imaginamos que alguém afeta de alegria ou de tristeza a coisa que amamos, seremos afetados de amor para com ele ou de ódio contra ele. C. Q. D.

Escólio. A prop. 21 nos explica o que é a comiseração, que podemos definir como a tristeza originada da desgraça alheia. Não sei, por outro lado, como denominar a alegria originada da felicidade alheia. Além disso, chamaremos reconhecimento o amor a quem fez o bem a um outro e, contrariamente, indignação, o ódio a quem fez o mal a um outro. Deve-se observar, enfim, que não temos comiseração apenas por uma coisa pela qual tivemos amor (como demonstramos na prop. 21), mas também por uma coisa pela qual não fomos, anteriormente, tomados de qualquer afeto, desde que a julguemos semelhante a nós (como mostrarei adiante). Portanto, também expressaremos reconhecimento para com quem fez algum bem ao nosso semelhante e, contrariamente, indignação, para com quem lhe fez algum mal.

Proposição 23. Quem imagina que aquilo que odeia é afetado de tristeza se alegrará; se, contrariamente, imagina que é afetado de alegria, se entristecerá; e um ou outro desses afetos será maior ou menor à medida que o seu contrário for, respectivamente, maior ou menor na coisa odiada.

Demonstração. À medida que uma coisa odiada é afetada de tristeza, ela é destruída, num grau que será tanto maior quanto maior for a tristeza de que é afetada (pelo esc. da prop. 11). Portanto (pela prop. 20), quem imagina que a coisa que odeia é afetada de tristeza, será, inversamente, afetado de alegria, num grau que será tanto maior quanto maior for a tristeza com a qual imagina estar afetada a coisa odiada. Isso quanto à primeira parte da proposição. Além disso, a alegria afirma a existência da coisa por ela afetada (pelo mesmo esc. da prop. 11), num grau que será tanto maior quanto maior for a alegria concebida. Se alguém imagina que aquilo que odeia é afetado de alegria, essa imaginação (pela prop. 13) refreará o seu esforço, isto é (pelo esc. da prop. 11), ele será afetado de tristeza, etc. C. Q. D.

Escólio. Essa alegria dificilmente pode ser sólida e se dar sem nenhum conflito de ânimo. Pois (como logo mostrarei, na prop. 27), à medida que imaginamos que uma coisa que nos é semelhante é afetada de tristeza, devemos igualmente nos entristecer. E se imaginamos que ela é afetada de alegria, devemos igualmente nos alegrar. Mas nos detivemos, aqui, apenas no ódio.

Proposição 24. **Se imaginamos que alguém afeta de alegria uma coisa que odiamos, seremos igualmente afetados de ódio para com ele. Se, contrariamente, imaginamos que a afeta de tristeza, seremos afetados de amor para com ele.**

Demonstração. Demonstra-se esta prop. da mesma maneira que a prop. 22 (confira-se).

Escólio. Esses afetos de ódio e outros similares estão relacionados à inveja, que não é, assim, nada mais do que o próprio ódio, enquanto considerado como dispondo o homem a se encher de gáudio com o mal de um outro e, contrariamente, a se entristecer com o seu bem.

Proposição 25. **Esforçamo-nos por afirmar, quanto a nós e à coisa amada, tudo aquilo que imaginamos afetar, a nós ou a ela, de alegria; e, contrariamente, por negar tudo aquilo que imaginamos afetar, a nós ou a ela, de tristeza.**

Demonstração. Aquilo que imaginamos afetar de alegria ou de tristeza a coisa amada nos afeta, igualmente, de alegria ou de tristeza (pela prop. 21). Ora, a mente (pela prop. 12) esforça-se, tanto quanto pode, por imaginar aquelas coisas que nos afetam de alegria, isto é (pela prop. 17 da P. 2 e seu corol.), esforça-se por considerá-las como presentes. E, contrariamente (pela prop. 13), esforça-se por excluir a existência daquelas coisas que nos afetam de tristeza. Logo, esforçamo-nos por afirmar, quanto a nós e à coisa amada, tudo aquilo que imaginamos afetar, a nós ou a ela, de alegria; e, contrariamente, etc. C. Q. D.

Proposição 26. **Esforçamo-nos por afirmar, quanto a uma coisa que odiamos, tudo aquilo que imaginamos afetá-la de tristeza e, contrariamente, por negar aquilo que imaginamos afetá-la de alegria.**

Demonstração. Esta prop. segue-se da prop. 23, da mesma maneira que a precedente se segue da prop. 21.

Escólio. Vemos, assim, que facilmente acontece que o homem faz de si mesmo e da coisa amada uma estimativa acima da justa e, contrariamente, de quem odeia, abaixo da justa. Essa imaginação, quando diz respeito ao homem que faz de si mesmo uma estimativa acima da justa, chama-se soberba, e trata-se de uma espécie de delírio, pois o homem sonha de olhos abertos que tem sob seu poder todas aquelas coisas que estão ao seu alcance apenas na imaginação, considerando-as, assim, como reais, e deixando-se arrebatar por elas, não sendo capaz, enquanto isso, de imaginar aquelas coisas que excluem a existência das primeiras e que limitam sua própria potência de agir. Assim, a soberba é uma alegria que surge porque um homem faz de si mesmo uma estimativa acima da justa. Além disso, chama-se consideração a alegria que surge porque um homem faz, de um outro, uma estimativa acima da justa. Chama-se, enfim, desconsideração a alegria que surge porque um homem faz, de um outro, uma estimativa abaixo da justa.

Proposição 27. **Por imaginarmos que uma coisa semelhante a nós e que não nos provocou nenhum afeto é afetada de algum afeto, seremos, em razão dessa imaginação, afetados de um afeto semelhante.**

Demonstração. As imagens das coisas são afecções do corpo humano, cujas ideias representam os corpos exteriores como presentes a nós (pelo esc. da prop. 17 da P. 2), isto é (pela prop. 16 da P. 2), cujas ideias envolvem a natureza de nosso corpo e, ao mesmo tempo, a natureza presente de um corpo exterior. Assim, se a natureza de um corpo exterior é semelhante à de nosso corpo, então a ideia do corpo exterior que imaginamos envolverá uma afecção de nosso corpo semelhante à do corpo exterior. Consequentemente, se imaginamos que alguém semelhante a nós é afetado de algum afeto, essa imaginação exprimirá uma afecção de nosso corpo semelhante àquele afeto. Portanto, por imaginarmos que uma coisa semelhante a nós é afetada de algum afeto, seremos afetados de um afeto semelhante ao seu. Mas se odiamos uma coisa semelhante a nós, seremos afetados, neste caso (pela prop. 23), não de um afeto semelhante ao seu, mas de um afeto contrário.

Escólio. Essa imitação dos afetos, quando está referida à tristeza, chama-se comiseração (veja-se, a propósito, o esc. da prop. 22). Se referida ao desejo, chama-se emulação, a qual não é, assim, nada mais do que o desejo de alguma coisa, o qual se produz em nós por imaginarmos que outros, semelhantes a nós, têm esse mesmo desejo.

Corolário 1. Se imaginamos que alguém, que não nos provocou qualquer afeto, afeta de alegria uma coisa semelhante a nós, seremos afetados de amor para com ele. Se, contrariamente, imaginamos que a afeta de tristeza, seremos afetados de ódio para com ele.

Demonstração. Isso se demonstra pela prop. precedente, da mesma maneira que a prop. 22 foi demonstrada pela prop. 21.

Corolário 2. Se uma coisa nos causa comiseração, não é porque sua desgraça nos afeta de tristeza que podemos odiá-la.

Demonstração. Com efeito, se, por isso, pudéssemos odiá-la, então (pela prop. 23), nos alegraríamos com sua tristeza, o que contraria a hipótese.

Corolário 3. Nós nos esforçaremos, tanto quanto pudermos, por livrar de sua desgraça uma coisa que nos causa comiseração.

Demonstração. Aquilo que afeta de tristeza uma coisa que nos causa comiseração, afeta-nos, igualmente, de uma tristeza semelhante (pela prop. prec.). Consequentemente, nós nos esforçaremos por conjeturar tudo o que exclui a existência dessa coisa, ou seja, o que a destrói (pela prop. 13), isto é (pelo esc. da prop. 9), seremos tomados pelo apetite de destruí-la, ou seja, estaremos determinados a destruí-la e nos esforçaremos, assim, por livrar de sua desgraça uma coisa que nos causa comiseração. C. Q. D.

Escólio. Essa vontade ou esse apetite de fazer o bem que provém de nossa comiseração para com a coisa à qual queremos fazer o bem, chama-se benevolência, a qual, por isso, nada mais é do que um desejo surgido da comiseração. Quanto ao amor e ao ódio para com aquele que fez o bem ou o mal à coisa que imaginamos ser semelhante a nós, veja-se o esc. da prop. 22.

Proposição 28. Esforçamo-nos por fazer com que se realize tudo aquilo que imaginamos levar à alegria; esforçamo-nos, por outro lado, por afastar ou destruir tudo aquilo que a isso se opõe, ou seja, tudo aquilo que imaginamos levar à tristeza.

Demonstração. Esforçamo-nos por imaginar, tanto quanto podemos, aquilo que imaginamos levar à alegria (pela prop. 12), isto é (pela prop. 17 da P. 2), esforçamo-nos, tanto quanto podemos, por considerá-lo como presente, ou seja, como existente em ato. Ora, o esforço da mente, ou a sua potência de pensar, é, por natureza, igual e simultâneo ao esforço do corpo, ou à sua potência de agir (como se segue, claramente, do corol. da prop. 7 e do corol. da prop. 11 da P. 2). Portanto, esforçamo-nos ao máximo por fazer com que isso exista, isto é (equivalência que se segue do esc. da prop. 9), fazer com que isso exista é o nosso apetite e a nossa inclinação. Isso quanto à primeira parte da proposição. Por outro lado, se imaginamos que aquilo que julgamos ser causa de tristeza, isto é (pelo esc. da prop. 13), aquilo que odiamos, é destruído, então nos alegraremos (pela prop. 20). Portanto, nos esforçaremos por destruí-lo (pela primeira parte desta dem.), ou seja (pela prop. 13), por afastá-lo de nós, por não considerá-lo como presente. Demonstramos, assim, a segunda parte. Logo, esforçamo-nos por fazer, etc. C. Q. D.

Proposição 29. **Nós nos esforçaremos, igualmente, por fazer tudo aquilo que imaginamos que os homens[1] veem com alegria e, contrariamente, abominaremos fazer aquilo que imaginamos que os homens abominam.**

Demonstração. Por imaginarmos que os homens amam ou odeiam uma coisa, nós a amaremos ou a odiaremos (pela prop. 27), isto é (pelo esc. da prop. 13), em razão dessa imaginação, nós nos alegraremos ou nos entristeceremos com a presença dessa coisa. Portanto (pela prop. prec.), nós nos esforçaremos por fazer tudo aquilo que imaginamos que os homens amam ou veem com alegria, etc. C. Q. D.

Escólio. Esse esforço por fazer algo ou por deixar de fazê-lo, com o único propósito de agradar aos homens, chama-se ambição, sobretudo quando nos esforçamos por agradar ao vulgo com tal zelo que fazemos ou deixamos de fazer certas coisas que resultem em detrimento nosso ou alheio. Se esse não for o caso, costuma-se chamá-lo de humanidade. Além disso, à alegria com que imaginamos a ação pela qual um outro se esforçou por nos agradar chamo de exultação; à tristeza com que abominamos, contrariamente, a ação de um outro, chamo de afronta.

Proposição 30. **Se alguém fez algo que imagina afetar os demais de alegria, ele próprio será afetado de alegria, que virá acompanhada da ideia de si próprio como causa, ou seja, considerará a si próprio com alegria. Se, contrariamente, fez algo que imagina que afeta os demais de tristeza, considerará a si próprio com tristeza.**

Demonstração. Quem imagina que afeta os demais de alegria ou de tristeza será afetado, por esse motivo (pela prop. 27), de alegria ou de tristeza. Ora, como o homem (pelas prop. 19 e 23 da P. 2) está consciente de si próprio por meio das afecções pelas quais é determinado a agir, então, quem fez algo que imagina que afeta os demais de alegria, será afetado de alegria, que virá acompanhada da consciência de si próprio como causa, ou seja, considerará a si próprio com alegria. E, contrariamente, etc. C. Q. D.

---

[1] Compreenda-se, aqui e nas proposições que se seguem, os homens que não nos provocaram nenhum afeto.

Escólio. Como o amor (pelo esc. da prop. 13) é uma alegria acompanhada da ideia de uma causa exterior, e o ódio, uma tristeza acompanhada igualmente da ideia de uma causa exterior, essa alegria e essa tristeza serão, pois, espécies de amor e de ódio. Mas como o amor e o ódio estão referidos a objetos exteriores, designaremos esses afetos por outros nomes. Chamaremos glória à alegria acompanhada da ideia de uma causa interior, e vergonha à tristeza que lhe é contrária, quer dizer, quando a alegria ou a tristeza provém do fato de o homem se julgar, respectivamente, louvado ou reprovado. Fora isso, chamarei satisfação consigo mesmo à alegria acompanhada da ideia de uma causa interior, e arrependimento à tristeza que lhe é contrária. Além disso, como é possível (pelo corol. da prop. 17 da P. 2) que a alegria com que alguém imagina afetar os demais seja apenas imaginária, e como (pela prop. 25) cada um se esforça por imaginar, a respeito de si próprio, tudo aquilo que imagina afetá-lo de alegria, pode facilmente ocorrer que aquele que se gloria seja soberbo e que imagine ser agradável a todos quando, na realidade, é um incômodo para todos.

Proposição 31. **Se imaginamos que alguém ama, ou deseja, ou odeia uma coisa que nós mesmos amamos, ou desejamos, ou odiamos, amaremos, por esse motivo, essa coisa com mais firmeza, etc. Se, por outro lado, imaginamos que alguém abomina aquilo que amamos ou, inversamente, que ama o que abominamos, então padeceremos de uma flutuação de ânimo.**

Demonstração. Só por imaginarmos que alguém ama uma coisa, amaremos, por esse motivo, essa mesma coisa (pela prop. 27). Nossa hipótese, entretanto, é de que nós já amamos essa coisa, independentemente de imaginarmos que outro também a ama. Acrescenta-se, assim, ao amor, uma nova causa que o reforça e, portanto, amaremos com mais firmeza, em razão disso, aquilo que amamos. Além disso, por imaginarmos que alguém abomina alguma coisa, nós a abominaremos (pela mesma prop.). Ora, se, como é nossa hipótese, nós, ao mesmo tempo, amamos essa coisa, então nós a amaremos e, ao mesmo tempo, a abominaremos, ou seja (veja-se o esc. da prop. 17), padeceremos de uma flutuação de ânimo. C. Q. D.

Corolário. Disso, e da prop. 28, segue-se que cada um se esforça, tanto quanto pode, para que todos amem o que ele próprio ama e odeiem também o que ele próprio odeia. Por isso, o dizer do poeta:

Nós, amantes, vivemos da esperança e do medo;

É de ferro quem ama o que o outro abandona.

Escólio. Esse esforço por fazer com que todos aprovem o que se ama ou se odeia é, na verdade, a ambição (veja-se o esc. da prop. 29).Vemos, assim, que, cada um, por natureza, deseja que os outros vivam de acordo com a inclinação que lhe é própria. Como é isso que todos desejam, constituin-do-se, assim, em obstáculos recíprocos, e como todos querem ser louvados ou amados por todos, acabam todos por se odiar mutuamente.

Proposição 32. **Se imaginamos que alguém se enche de gáudio com uma coisa da qual um único pode desfrutar, nós nos esforçaremos por fazer com que ele não a desfrute.**

Demonstração. Só por imaginarmos que alguém se enche de gáudio com uma coisa (pela prop. 27 e seu corol. 1), nós a amaremos e desejare-mos nos encher de gáudio com ela. Ora (por hipótese), imaginamos que constitui um obstáculo à nossa alegria que ele se encha de gáudio com essa coisa. Logo (pela prop. 28), nós nos esforçaremos para que ele não a desfrute. C. Q. D.

Escólio.Vemos, assim, como a natureza dos homens está, em geral, dispos-ta de tal maneira que eles têm comiseração pelos que vão mal; e inveja pelos que vão bem, com um ódio que será tanto maior (pela prop. prec.) quanto mais amarem a coisa que imaginam ser objeto de desfrute de um outro. Vemos, além disso, que da mesma propriedade da natureza humana, da qual se segue que os homens são misericordiosos, segue-se também que eles são invejosos e ambiciosos. Se quisermos, enfim, obser-var a própria experiência, descobriremos que ela nos ensina todas essas coisas, sobretudo se nos fixamos nos primeiros anos de nossa vida. Pois a experiência nos mostra que as crianças, por seu corpo estar como que em equilíbrio contínuo, riem ou choram só de verem os outros rirem ou chorarem. E desejam imediatamente imitar tudo o que veem os outros fazerem e, enfim, desejam para si tudo o que imaginam deleitar os outros. Pois as imagens das coisas são, como dissemos, as próprias afecções do corpo humano, ou seja, as maneiras pelas quais o corpo humano é afeta-do pelas causas exteriores e está inclinado a fazer isto ou aquilo.

Proposição 33. **Quando amamos uma coisa semelhante a nós, esfor-çamo-nos, tanto quando podemos, por fazer com que, de sua parte, ela nos ame.**

Demonstração. Mais que as outras, esforçamo-nos por imaginar, tanto quanto podemos, a coisa que amamos (pela prop. 12). Se, portanto, a

120

coisa nos é semelhante, nós nos esforçaremos por afetá-la de alegria mais que as outras (pela prop. 29), ou seja, nós nos esforçaremos, tanto quanto podemos, por fazer com que a coisa amada seja afetada de alegria, acompanhada da ideia de nós próprios, isto é (pelo esc. da prop. 13), por fazer com que, de sua parte, ela nos ame. C. Q. D.

Proposição 34. **Quanto maior for o afeto, para conosco, do qual imaginamos estar afetada a coisa amada, tanto mais nos gloriaremos.**

Demonstração. Esforçamo-nos (pela prop. prec.), tanto quanto podemos, para que, de sua parte, a coisa amada nos ame, isto é (pelo esc. da prop. 13), para que ela seja afetada de alegria, acompanhada da ideia de nós próprios. Assim, quanto maior for a alegria com que imaginamos estar, por nossa causa, afetada a coisa amada, mais esse esforço será estimulado, isto é (pela prop. 11 e seu esc.), tanto maior será a alegria com que somos afetados. Ora, como nos alegramos por termos afetado de alegria um de nossos semelhantes, consideramos a nós próprios com alegria (pela prop. 30). Logo, quanto maior for o afeto para conosco, com o qual imaginamos estar afetada a coisa amada, tanto maior será a alegria com que consideramos a nós próprios, ou seja (pelo esc. da prop. 30), tanto mais nos gloriaremos. C. Q. D.

Proposição 35. **Se alguém imagina que a coisa amada se liga a um outro com o mesmo vínculo de amizade ou com um vínculo mais estreito do que aquele com o qual só ele a desfrutava, será afetado de ódio para com a coisa amada e terá inveja do outro.**

Demonstração. Quanto maior é o amor com o qual alguém imagina a coisa amada estar afetada para com ele, tanto mais ele se gloriará (pela prop. prec.), isto é (pelo esc. da prop. 30), tanto mais ele se alegrará. Consequentemente (pela prop. 28), ele se esforçará, tanto quanto pode, por imaginar que a coisa amada está ligada a ele o mais estreitamente possível, esforço ou apetite que será estimulado se ele imagina que o outro deseja o mesmo para si (pela prop. 31). Pressupõe-se, entretanto, que esse esforço ou apetite é refreado pela imagem da própria coisa amada, acompanhada da imagem daquele outro que a ela está ligada. Logo (pelo esc. da prop. 11), ele será, por isso, afetado de tristeza, acompanhada da ideia da coisa amada como causa e, ao mesmo tempo, da imagem do outro, isto é (pelo esc. da prop. 13), ele será afetado de ódio para com a coisa amada e, ao mesmo tempo, para com o outro (pelo corol. da prop. 15), de quem, além disso (pela prop. 23), terá inveja, por se deleitar com a coisa amada. C. Q. D.

Escólio. Esse ódio para com a coisa amada, reunido à inveja, chama-se ciúme, o qual, portanto, nada mais é do que uma flutuação de ânimo surgida, ao mesmo tempo, do amor e do ódio, acompanhados da ideia de um outro de quem se tem inveja. Além disso, esse ódio para com a coisa amada será diretamente proporcional à alegria com que o ciumento costumava estar afetado pelo amor recíproco da coisa amada para com ele, bem como ao afeto de que estava afetado para com aquele que imagina estar ligado à coisa amada. Com efeito, se o odiava, odiará, por isso, a coisa amada (pela prop. 24), pois imagina que ela afeta de alegria aquele a quem ele odeia, e também (pelo corol. da prop. 15) por se ver obrigado a reunir a imagem da coisa amada à imagem daquele a quem odeia. Esse último motivo tem lugar, frequentemente, no amor para com uma mulher, pois quem imagina que a mulher que ama se entrega a um outro não apenas se entristecerá, por ter seu próprio apetite refreado, mas também a abominará, por se ver obrigado a reunir a imagem da coisa amada à imagem das partes pudendas e das excreções do outro. A isso acrescenta-se, enfim, o fato de que o ciumento não é recebido pela coisa amada com o mesmo semblante que ela costumava mostrar-lhe, o que também constituirá razão para o amante se entristecer, como logo demonstrarei.

Proposição 36. Quem se recorda de uma coisa com a qual, uma vez, se deleitou, deseja desfrutá-la sob as mesmas circunstâncias sob as quais, da primeira vez, com ela se deleitou.

Demonstração. Tudo o que o homem viu ao mesmo tempo que a coisa com a qual se deleitou (pela prop. 15) será, por acidente, causa de alegria. Portanto (pela prop. 28), ele desejará desfrutar de tudo isso ao mesmo tempo que da coisa com a qual se deleitou. Ou seja, desejará desfrutar da coisa sob as mesmas e exatas circunstâncias sob as quais, da primeira vez, com ela se deleitou. C. Q. D.

Corolário. Se, portanto, vem a saber que uma única dessas circunstâncias está ausente, o amante se entristecerá.

Demonstração. Com efeito, à medida que vem a saber que alguma das circunstâncias está ausente, imagina algo que exclui a existência dessa coisa. Como, por amor, está desejoso dessa coisa ou circunstância (pela prop. prec.), então (pela prop. 19), à medida que imagina que ela está ausente, se entristecerá. C. Q. D.

Escólio. Essa tristeza, à medida que diz respeito à ausência daquilo que amamos, chama-se saudade.

Proposição 37. **O desejo que surge em razão da tristeza ou da alegria, do ódio ou do amor, é tanto maior quanto maior é o afeto.**

Demonstração. A tristeza diminui ou refreia a potência de agir do homem (pelo esc. da prop. 11), isto é (pela prop. 7), o esforço pelo qual o homem se esforça por perseverar em seu ser. Portanto (pela prop. 5), ela é contrária a esse esforço; e tudo pelo qual se esforça o homem afetado de tristeza é por afastá-la. Ora (pela def. de tristeza), quanto maior é a tristeza, tanto maior deve ser a parcela de potência de agir do homem que ela contraria. Portanto, quanto maior for a tristeza, tanto maior será a potência de agir com a qual o homem se esforçará por afastar a tristeza, isto é (pelo esc. da prop. 9), tanto maior será o desejo ou o apetite com que se esforçará por afastar a tristeza. Além disso, uma vez que a alegria (pelo mesmo esc. da prop. 11) aumenta ou estimula a potência de agir do homem, facilmente se demonstra, pelo mesmo procedimento, que o homem afetado de alegria nada mais deseja do que conservá-la, com um desejo tanto maior, quanto maior for a alegria. Finalmente, uma vez que o ódio e o amor são os próprios afetos da tristeza ou da alegria, segue-se, da mesma maneira, que o esforço, o apetite ou o desejo que provém do ódio ou do amor será diretamente proporcional a esse ódio ou a esse amor. C. Q. D.

Proposição 38. **Se alguém começar a odiar a coisa amada, de maneira tal que o amor seja completamente aniquilado, terá por ela, em razão desse mesmo amor, um ódio maior do que aquele que teria se nunca a tivesse amado, o qual será tanto maior quanto maior tiver sido o amor anterior.**

Demonstração. Com efeito, se alguém começa a odiar a coisa que ama, são refreados mais apetites seus do que os que seriam se nunca a tivesse amado. Pois o amor é uma alegria (pelo esc. da prop. 13) que o homem se esforça, tanto quanto pode (pela prop. 28), por conservar: trata-se de um esforço (pelo mesmo esc.) por considerar a coisa amada como presente e por afetá-la, tanto quanto pode, de alegria (pela prop. 21). Esse esforço é tanto maior (pela prop. prec.) quanto maior é o amor, assim como é maior o esforço por fazer com que a coisa amada, de sua parte, também o ame (veja-se a prop. 33). Esses esforços são, entretanto, refreados pelo ódio para com a coisa amada (pelo corol. da prop. 13 e pela prop. 23).

Portanto, o amante (pelo esc. da prop. 11) será, também por essa razão, afetado de tristeza, que será tanto maior quanto maior tiver sido o amor. Isto é, além da tristeza que foi a causa do ódio, surge, por ter amado a coisa em questão, uma outra tristeza. Consequentemente, considerará a coisa amada com um afeto de tristeza maior, isto é (pelo esc. da prop. 13), terá para com ela um ódio maior do que o que teria se nunca a tivesse amado, o qual será tanto maior quanto maior tiver sido o amor anterior. C. Q. D.

Proposição 39. **Aquele que odeia alguém se esforçará por fazer-lhe mal, a menos que tema que disso advenha, para si próprio, um mal maior; e, inversamente, aquele que ama alguém, se esforçará, pela mesma lei, por fazer-lhe bem.**

Demonstração. Odiar alguém é (pelo esc. da prop. 13) imaginá-lo como causa de tristeza. Portanto (pela prop. 28), aquele que odeia alguém se esforçará por afastá-lo ou destruí-lo. Mas se teme que disso advenha, para si próprio, algo mais triste, ou, o que é o mesmo, um mal maior, e se julga poder evitá-lo, não infligindo àquele que odeia o mal que planejava, desejará (pela mesma prop. 28) abster-se de infligir-lhe o mal. E isso (pela prop. 37), com um esforço maior do que aquele que o levava a infligir o mal, razão pela qual o desejo por se abster prevalecerá, tal como queríamos demonstrar. A demonstração da segunda parte se faz da mesma maneira. Logo, aquele que odeia alguém, etc. C. Q. D.

Escólio. Por bem compreendo todo gênero de alegria e tudo o que a ela conduz e, especialmente, aquilo que aplaca uma saudade, qualquer que ela seja. Por mal, em troca, compreendo todo gênero de tristeza e, especialmente, aquilo que agrava uma saudade. Com efeito, demonstramos anteriormente (no esc. da prop. 9) que não desejamos uma coisa por julgá-la boa, mas, ao contrário, dizemos que é boa porque a desejamos. E, consequentemente, dizemos que é má a coisa que abominamos. Por isso, cada um julga ou avalia, de acordo com o seu afeto, o que é bom ou mau, o que é melhor ou pior e, finalmente, o que é ótimo ou péssimo. Assim, o avaro julga que o ótimo é a abundância de dinheiro e o pior, a sua falta. O ambicioso, por sua vez, nada deseja tanto quanto a glória e nada teme tanto quanto a vergonha. Ao invejoso, enfim, nada é tão agradável quanto a infelicidade de um outro e nada tão desagradável quanto a felicidade alheia. E, assim, cada um, de acordo com o seu afeto, julga uma coisa como boa ou má, útil ou inútil. De resto, o afeto que deixa o homem numa situação tal que ele não quer o que quer e quer o que não quer chama-se temor, o qual, portanto, não é senão o medo, à medida que deixa o homem numa situação tal que ele evita, em troca de um mal menor, um mal que julga estar por vir (veja-se a prop. 28). Mas se o mal que teme é a vergonha, então o temor chama-se pudor. Se o desejo, enfim, de evitar um mal que está por vir é refreado pelo temor de um outro mal, de maneira tal que ele não sabe qual preferir, então o medo chama-se pavor, principalmente se tanto um quanto outro dos males temidos são dos maiores.

Proposição 40. **Aquele que imagina ser odiado por um outro, e julga não lhe ter dado qualquer causa para isso, terá, por sua vez, ódio desse outro.**

Demonstração. Quem imagina alguém afetado de ódio, será, por isso, igualmente afetado de ódio (pela prop. 27), isto é (pelo esc. da prop. 13), de tristeza, acompanhada da ideia de uma causa exterior. Ora, no caso em questão, ele (por hipótese) não imagina nenhuma outra causa dessa tristeza a não ser aquele que o odeia. Portanto, por imaginar ser odiado por um outro, será afetado de tristeza, acompanhada da ideia daquele que o odeia, ou seja (pelo mesmo esc.), ele terá ódio desse outro. C. Q. D.

Escólio. Se imagina, entretanto, ter dado justa causa de ódio, será, então (pela prop. 30 e seu esc.), afetado de vergonha. Mas isso (pela prop. 25) raramente ocorre. Além disso, essa reciprocidade do ódio também pode surgir porque ao ódio se segue um esforço por infligir mal àquele a quem se tem ódio (pela prop. 39). Assim, quem imagina ser odiado por alguém imaginará esse último como causa de um mal, ou seja, de tristeza. Portanto, será afetado de tristeza ou de medo, afetos que serão acompanhados, como causa, da ideia daquele que lhe tem ódio, isto é, será, por sua vez, afetado de ódio, como acima demonstramos.

Corolário 1. Quem imagina aquele que ama afetado de ódio para consigo, ficará dividido entre o ódio e o amor. Pois, enquanto imagina que é odiado por ele, está determinado (pela prop. prec.) a ter-lhe, por sua vez, ódio. Mas (por hipótese), nem por isso ama-o menos. Logo, ficará dividido entre o ódio e o amor.

Corolário 2. Se alguém imagina que, por ódio, algum mal foi-lhe infligido por um outro que não lhe tinha, anteriormente, provocado qualquer afeto, se esforçará, imediatamente, por infligir-lhe o mesmo mal.

Demonstração. Quem imagina alguém afetado de ódio para consigo, também lhe terá, por sua vez, ódio (pela prop. prec.), e (pela prop. 26) se esforçará por arquitetar todas aquelas coisas que possam afetá-lo de tristeza, dedicando-se a fazer com que lhe sejam infligidas (pela prop. 39). Mas (por hipótese), a primeira coisa desse tipo que imagina é o mal que lhe foi infligido. Logo, se esforçará, imediatamente, por infligir-lhe o mesmo mal. C. Q. D.

Escólio. O esforço por fazer o mal a quem odiamos chama-se ira, enquanto o esforço por devolver o mal que nos foi infligido chama-se vingança.

Proposição 41. **Se alguém imagina que é amado por um outro e julga não lhe ter dado qualquer causa para isso (o que, pelo corol. da prop. 15 e pela prop. 16, pode ocorrer) amará, por sua vez, esse outro.**

Demonstração. Demonstra-se esta prop. pelo mesmo procedimento da precedente, cujo esc. deve também ser consultado.

Escólio. Se acredita, entretanto, ter dado uma justa causa de amor, ele se gloriará (pela prop. 30 e seu esc.), o que (pela prop. 25), na verdade, ocorre muito frequentemente. O contrário se passa, como dissemos, quando alguém imagina ser odiado por um outro (veja-se o esc. da prop. prec.). Além disso, esse amor recíproco e, consequentemente (pela prop. 39), o esforço por fazer o bem àquele que nos ama e que (pela mesma prop. 39) se esforça por nos fazer o bem chama-se agradecimento ou gratidão. Parece, pois, que os homens estão muito mais dispostos à vingança que a retribuir um benefício.

Corolário. Aquele que imagina ser amado por quem odeia ficará dividido entre o amor e o ódio, o que se demonstra pelo mesmo procedimento do corol. 1 da prop. precedente.

Escólio. Se, entretanto, o ódio prevalecer, ele se esforçará por infligir o mal àquele por quem é amado. Este afeto chama-se crueldade, sobretudo se julga que aquele que ama não havia apresentado nenhuma das causas costumeiras de ódio.

Proposição 42. **Aquele que, movido pelo amor ou pela esperança de glória, fez a outro um benefício, se entristecerá se vê que seu benefício é ingratamente recebido.**

Demonstração. Aquele que ama uma coisa que lhe é semelhante esforça-se, tanto quanto pode, por fazer com que ela, por sua vez, o ame (pela prop. 33). Assim, aquele que, por amor, fez a outro um benefício foi por querer, por sua vez, ser amado, isto é (pela prop. 34), pela esperança de glória, ou seja (pelo esc. da prop. 30), de se alegrar. Portanto (pela prop. 12), ele se esforçará, tanto quanto pode, por imaginar essa causa de glória, ou seja, por considerá-la como existente em ato. Mas (por hipótese), ele imagina uma outra coisa, a qual exclui a existência dessa causa. Logo (pela prop. 19), se entristecerá por isso. C. Q. D.

Proposição 43. **O ódio é aumentado pelo ódio recíproco, podendo, inversamente, ser destruído pelo amor.**

Demonstração. Naquele que imagina que um outro, a quem odeia, está, por sua vez, afetado de ódio para consigo, surge, por isso mesmo (pela prop. 40), um novo ódio, enquanto ainda dura (por hipótese) o primeiro. Mas se, inversamente, ele imagina que esse outro está afetado de amor para consigo, à medida que imagina isso (pela prop. 30), considera a si mesmo com alegria e, dessa maneira (pela prop. 29), se esforçará por lhe agradar, isto é (pela prop. 41), se esforçará por não odiá-lo e por não afetá-lo de qualquer tristeza. E esse esforço (pela prop. 37) será diretamente proporcional ao afeto do qual provém. Consequentemente, se for maior do que aquele que provém do ódio pelo qual ele se esforça por afetar de tristeza a coisa que odeia (pela prop. 26), esse esforço prevalecerá e apagará o ódio do ânimo. C. Q. D.

Proposição 44. **O ódio que é inteiramente vencido pelo amor converte-se em amor; e o amor é, por isso, maior do que se o ódio não o tivesse precedido.**

Demonstração. Procede-se da mesma maneira que na prop. 38. Com efeito, aquele que começa a amar a coisa que odiava, ou seja, que costumava considerar com tristeza, por amá-la, alegra-se. E a essa alegria, que está envolvida no amor (veja-se a sua def. no esc. da prop. 13), acrescenta-se a alegria que surge porque o esforço por afastar a tristeza que está envolvida no ódio (como demonstramos na prop. 37) é plenamente estimulado, alegria que vem acompanhada, como causa, da ideia daquele a quem se teve ódio.

Escólio. Apesar disso, ninguém, entretanto, se esforçará por odiar uma coisa ou por ser afetado de tristeza, só para desfrutar dessa alegria maior. Isto é, ninguém desejará infligir a si mesmo um mal pela esperança de repará-lo, nem quererá ficar doente pela esperança de ficar curado. Pois cada um se esforçará sempre por conservar seu ser e por afastar, tanto quanto pode, a tristeza. Entretanto, se, contrariamente, fosse possível conceber um homem que desejasse odiar alguém só para ser, depois, tomado de um amor maior por ele, então iria desejar, sempre, odiá-lo. Pois quanto maior tiver sido o ódio, tanto maior será o amor. Consequentemente, ele desejaria, sempre, que o ódio aumentasse cada vez mais. E pela mesma razão, o homem se esforçaria por ficar cada vez mais doente, só para desfrutar, depois, de uma alegria maior por recuperar a saúde. Ele se esforçaria, assim, por estar sempre doente, o que (pela prop. 6) é absurdo.

Proposição 45. **Se alguém imagina que um outro que lhe é semelhante está afetado de ódio por uma coisa que lhe é semelhante e que ele ama, ele odiará esse outro.**

Demonstração. Com efeito, a coisa amada odeia, por sua vez, aquele que a odeia (pela prop. 40). Assim, o amante que imagina que um outro odeia a coisa amada, imagina, por isso, que a coisa amada é afetada de ódio, isto é (pelo esc. da prop. 13), de tristeza. Consequentemente (pela prop. 21), ficará triste, o que vem acompanhado, como causa, da ideia daquele que odeia a coisa amada, isto é (pelo esc. da prop. 13), ele odiará esse outro. C. Q. D.

Proposição 46. **Se alguém foi afetado, de alegria ou de tristeza, por um outro, cujo grupo social ou nacional é diferente do seu, alegria ou tristeza que vem acompanhada, como causa, da ideia desse outro, associada à designação genérica desse grupo, ele não apenas amará ou odiará esse outro, mas também todos os que pertencem ao mesmo grupo.**

Demonstração. A demonstração disso é evidente pela prop. 16.

Proposição 47. **A alegria que surge por imaginarmos que uma coisa que odiamos é destruída ou afetada de algum outro mal não surge sem alguma tristeza do ânimo.**

Demonstração. Isso é evidente pela prop. 27. Com efeito, à medida que imaginamos que uma coisa semelhante a nós é afetada de tristeza, nós nos entristecemos.

Escólio. Esta prop. pode também ser demonstrada pelo corol. da prop. 17 da P. 2. Com efeito, cada vez que nos recordamos de uma coisa, ainda que ela não exista em ato, nós a consideramos, entretanto, como presente, e o corpo é afetado da mesma maneira. Consequentemente, à medida que a recordação da coisa continua forte, o homem é determinado a considerá-la com tristeza. Essa determinação, enquanto ainda dura a imagem da coisa, é refreada, mas não suprimida, pela recordação das coisas que excluem a existência daquela primeira. Portanto, o homem só se alegra à medida que essa determinação é refreada, o que faz com que essa alegria que provém do mal sofrido pela coisa que odiamos se repita cada vez que dela nos recordamos. Pois, como dissemos, quando a imagem dessa coisa é reavivada, uma vez que envolve a sua existência, ela determina o homem a considerá-la com a mesma tristeza com que estava habituado quando ela existia. Mas como à imagem dessa coisa ele associa outras que excluem sua existência, essa determinação em direção à tristeza é imediatamente refreada, e o homem alegra-se novamente, o que ocorre cada vez que o processo se repete. É por essa mesma causa que os homens se alegram cada vez que se recordam de um mal já passado ou que se enchem de gáudio ao falar dos perigos de que se salvaram. Pois quando imaginam algum perigo, consideram-no como ainda por vir e são determinados a temê-lo. Mas essa determinação é novamente refreada pela ideia de salvação que associaram à de perigo quando dele se livraram, ideia que os torna novamente seguros e, portanto, alegram-se novamente.

Proposição 48. **O amor e o ódio, por exemplo, para com Pedro, são destruídos se a tristeza envolvida no último e a alegria envolvida no primeiro são associados à ideia de uma outra causa; e um e outro são diminuídos à medida que imaginamos que Pedro não foi sua única causa.**

Demonstração. Isso é evidente pelas próprias definições de amor e de ódio, que podem ser conferidas no esc. da prop. 13. Com efeito, a alegria é chamada de amor para com Pedro e a tristeza, de ódio, só porque Pedro é considerado como causa de um ou outro desses afetos. Suprimida, pois, total ou parcialmente, essa causa, o afeto para com Pedro é, total ou parcialmente, diminuído. C. Q. D.

Proposição 49. **A causa permanecendo igual, o amor e o ódio para com uma coisa que imaginamos ser livre devem ser maiores do que o amor e o ódio para com uma coisa necessária.**

Demonstração. Uma coisa que imaginamos ser livre deve (pela def. 7 da P. 1) ser percebida por si mesma, independentemente das outras. Se, portanto, imaginamos que ela é causa de alegria ou de tristeza, por causa dessa imaginação (pelo esc. da prop. 13), nós a amaremos ou a odiaremos, o que faremos (pela prop. prec.) com o maior dos amores ou com o maior dos ódios que possa surgir de um dado afeto. Mas se imaginarmos a coisa que é causa desse afeto como necessária, imaginaremos, então (pela mesma def. 7 da P. 1), como causa desse afeto, não ela sozinha, mas juntamente com outras e, portanto (pela prop. prec.), menores serão o amor e o ódio para com ela. C. Q. D.

Escólio. Disso se segue que os homens, por se julgarem livres, são tomados, uns para com os outros, de um amor ou de um ódio maiores do que os que têm para com as outras coisas. A isso se soma a imitação dos afetos, sobre a qual devem-se conferir as prop. 27, 34, 40 e 43.

Proposição 50. **Qualquer coisa pode, por acidente, ser causa de esperança ou de medo.**

Demonstração. Demonstra-se esta prop. pelo mesmo procedimento seguido na prop. 15, que deve ser conferida, juntamente com o esc. 2 da prop. 18.

Escólio. As coisas que são, por acidente, causas de esperança ou de medo são chamadas de bons ou de maus presságios. Além disso, à medida que esses presságios são causas de esperança ou de medo, eles são causas de alegria ou de tristeza (pelas def. de esperança e de medo, as quais podem ser conferidas no esc. 2 da prop. 18) e, consequentemente (pelo corol. da prop. 15), dessa maneira, nós os amamos ou os odiamos, e (pela prop. 28) nos esforçamos por utilizá-los como meios para obter as coisas que esperamos ou por afastá-los como obstáculos ou causas de medo. Ademais, segue-se da prop. 25 que, por natureza, somos constituídos de maneira a acreditarmos facilmente nas coisas que esperamos e, dificilmente, nas que tememos, e a estimá-las, respectivamente, acima ou abaixo do justo. É essa a origem das superstições que, em toda parte, afligem os homens. De resto, não creio que valha a pena mostrar aqui as flutuações de ânimo surgidas da esperança e do medo, pois se segue das próprias definições desses afetos que não há esperança sem medo, nem medo sem esperança (como explicaremos, mais detalhadamente, no momento oportuno). Além disso, à medida que esperamos ou tememos algo, nós o amamos ou o odiamos e, portanto, cada um poderá facilmente aplicar à esperança e ao medo tudo que o que dissemos sobre o amor e o ódio.

Proposição 51. **Homens diferentes podem ser afetados diferentemente por um só e mesmo objeto, e um só e mesmo homem pode, em momentos diferentes, ser afetado diferentemente por um só e mesmo objeto.**

Demonstração. O corpo humano (pelo post. 3 da P. 2) é afetado pelos corpos exteriores de muitas maneiras. Dois homens podem, portanto, ser afetados, no mesmo momento, de maneiras diferentes. Logo (pelo ax. 1, que se segue ao lema 3, após a prop. 13 da P. 2), podem ser afetados diferentemente por um só e mesmo objeto. Além disso (pelo mesmo post.), o corpo humano pode ser afetado, ora de uma maneira, ora de outra e, consequentemente (pelo mesmo ax.), pode, em momentos diferentes, ser afetado diferentemente por um só e mesmo objeto. C. Q. D.

Escólio. Vemos, assim, ser possível que um odeie o que o outro ama. E que um não tema o que o outro teme; e que um só e mesmo homem ame, agora, o que antes odiava e que enfrente, agora, o que antes temia, etc. Além disso, como cada um julga, de acordo com o seu afeto, o que é bom e o que é mau, o que é melhor e o que é o pior (veja-se o esc. da prop. 39), segue-se que os homens podem diferir[2] tanto no juízo quanto no afeto. Como consequência, quando comparamos os homens entre si, nós os distinguimos unicamente pela diferença dos afetos, chamando uns de intrépidos, outros de tímidos e outros ainda, enfim, por outro nome. Por exemplo, chamarei de intrépido aquele a quem não perturba o mal que eu, por minha vez, costumo temer. E se, além disso, observo que o seu desejo de infligir o mal a quem ele odeia e de fazer o bem a quem ele ama não é refreado pelo temor de um mal pelo qual eu, por minha vez, costumo ser contido, vou chamá-lo de audacioso. Enfim, me parecerá tímido aquele que teme um mal que costumo menosprezar. E se, além disso, observo que o seu desejo é refreado pelo temor de um mal que a mim não pode conter, direi que ele é pusilânime. E, assim, cada um fará seu julgamento. Enfim, em razão dessa natureza do homem e da inconstância de seu juízo; e também porque o homem frequentemente julga as coisas apenas por seu afeto; e porque as coisas que ele acredita conduzirem à alegria ou à tristeza, esforçando-se, por isso (pela prop. 28), para realizá-las ou para afastá-las, não passam, muitas vezes, de imaginárias; por causa de tudo isso (sem falar do que mostramos na P. 2, sobre a incerteza das coisas), facilmente concebemos que o próprio homem possa ser, muitas vezes, a causa pela qual ele se entristece ou pela qual ele se alegra, ou seja, facilmente concebemos que ele é afetado de tristeza

---

[2] Compreenda-se, aqui e nas proposições que se seguem, os homens que não nos provocaram nenhum afeto.

ou de alegria, acompanhada, uma ou outra, da ideia de si mesmo como causa. Compreendemos facilmente, portanto, o que é o arrependimento e o que é a satisfação consigo mesmo. Explicitamente, o arrependimento é a tristeza, acompanhada da ideia de si mesmo como causa, e a satisfação consigo mesmo é a alegria, acompanhada da ideia de si mesmo como causa, afetos esses que são extremamente fortes porque os homens se julgam livres. (Veja-se a prop. 49).

Proposição 52. **Um objeto que vimos, antes, juntamente com outros, ou que imaginamos nada ter que não seja comum a muitos outros, não será por nós considerado por tanto tempo quanto aquele que imaginamos ter algo de singular.**

Demonstração. Logo que imaginamos um objeto que vimos juntamente com outros, imediatamente nos recordamos também dos outros (pela prop. 18 da P. 2, cujo esc. deve também ser conferido) e, assim, da consideração de um somos levados imediatamente à consideração do outro. É também o caso de um objeto que imaginamos nada ter que não seja comum a muitos outros, pois, precisamente por isso, supomos que nada consideramos nele que não tenhamos visto, antes, em outros. Já supor que imaginamos nalgum objeto algo de singular que nunca tínhamos visto antes equivale a dizer que a mente, enquanto considera esse objeto, não tem em si nenhum outro à cuja consideração, por estar considerando o primeiro, ela possa ser levada. Por consequência, ela é determinada a considerar exclusivamente o objeto em questão. Logo, um objeto, etc. C. Q. D.

Escólio. Esta afecção da mente, ou essa imaginação de uma coisa singular que, sozinha, ocupa a mente, chama-se admiração. Se, entretanto, a admiração é provocada por um objeto que tememos, designamos por pavor, pois a admiração diante de um mal mantém o homem de tal maneira suspenso na sua exclusiva consideração que ele é incapaz de pensar em outras coisas que lhe permitiriam evitá-lo. Se, por outro lado, o que nos admira é a prudência de um homem, sua diligência ou algo deste gênero, então, como, precisamente por essa razão, consideramos que ele em muito nos supera, a admiração chama-se veneração. Chama-se, além disso, horror, se o que nos admira é a ira, a inveja, etc. de um homem. Ademais, se o que nos admira é a prudência, a diligência, etc., de um homem que amamos, precisamente por essa razão, o nosso amor será maior (pela prop. 12), e esse amor, ligado à admiração, ou seja, à veneração, chama-se adoração. Da mesma maneira podemos também conceber o ódio, a esperança, a segurança e outros afetos, em conexão com a admiração, o que permitiria, assim, deduzir muito mais afetos do que os que são designados pelos vocábulos habitualmente aceitos. É, pois, evidente que os nomes dos afetos foram cunhados muito mais por seu uso vulgar do que por seu conhecimento cuidadoso.

À admiração opõe-se o desprezo, cuja causa é, em geral, entretanto, a que se descreve a seguir. Por vermos que alguém admira, ama, teme, etc., alguma coisa, ou porque alguma coisa parece, à primeira vista, semelhante àquelas coisas que admiramos, amamos, tememos, etc. (pela prop. 15 e seu corol., e pela prop. 27), nós somos, inicialmente, determinados a admirá-la, amá-la, temê-la, etc. Mas se, depois, por sua presença ou por uma contemplação mais cuidadosa, somos forçados a recusar-lhe tudo aquilo que possa ser causa de admiração, amor, medo, etc., então a mente permanece determinada, pela própria presença dessa coisa, a pensar mais naquilo que o objeto não tem do que naquilo que ele tem, ao contrário do habitual, pois diante da presença de um objeto, pensa-se, sobretudo, naquilo que ele tem. Além disso, assim como a adoração provém da admiração por uma coisa que amamos, o escárnio provém do desprezo por uma coisa que odiamos ou tememos, e o desdém, do desprezo pela estupidez, da mesma maneira que a veneração provém da admiração pelo discernimento. Podemos, enfim, conceber o amor, a esperança, a glória e outros afetos, em conexão com o desprezo, e dessa conexão deduzir, por sua vez, outros afetos, os quais tampouco temos o hábito de distinguir de outros por qualquer vocábulo especial.

Proposição 53. **Quando a mente considera a si própria e sua potência de agir, ela se alegra, alegrando-se tanto mais quanto mais distintamente imagina a si própria e a sua potência de agir.**

Demonstração. O homem não se conhece a si próprio a não ser pelas afecções de seu corpo e pelas ideias dessas afecções (pelas prop. 19 e 23 da P. 2). Quando, pois, a mente encontra-se na situação de poder considerar a si própria, o suposto, por isso mesmo, é que ela passa a uma perfeição maior, isto é (pelo esc. da prop. 11), é afetada de alegria, a qual será tanto maior quanto mais distintamente ela puder imaginar a si própria e a sua potência de agir. C. Q. D.

Corolário. Essa alegria é tanto mais reforçada quanto mais o homem imagina ser louvado pelos outros. Com efeito, quanto mais ele imagina ser louvado pelos outros, tanto maior é a alegria com que, segundo ele imagina, os outros são afetados por ele, o que vem acompanhado da ideia de si próprio como causa (pelo esc. da prop. 29). Portanto (pela prop. 27), ele próprio é afetado de uma alegria maior, que vem acompanhada da ideia de si próprio. C. Q. D.

Proposição 54. **A mente esforça-se por imaginar apenas aquilo que põe sua própria potência de agir.**

Demonstração. O esforço ou a potência da mente é a sua própria essência (pela prop. 7). A essência da mente, entretanto, afirma (como é, por si mesmo, sabido) apenas aquilo que a mente é e pode, e não o que não é, nem pode. Consequentemente, ela se esforça por imaginar apenas o que afirma ou põe sua própria potência de agir. C. Q. D.

Proposição 55. **Quando a mente imagina sua impotência, por isso mesmo, ela se entristece.**

Demonstração. A essência da mente afirma apenas o que a mente é e pode, ou seja, é da natureza da mente imaginar tão somente o que assegura sua potência de agir (pela prop. prec.). Assim, quando dizemos que, ao considerar a si própria, a mente imagina sua impotência não dizemos nada mais do que, quando se esforça por imaginar algo que afirma sua própria potência de agir, esse seu esforço é refreado, ou seja (pelo esc. da prop. 11), ela se entristece. C. Q. D.

Corolário 1. Essa tristeza é ainda mais intensificada se a mente imagina ser desaprovada por outros, o que se demonstra da mesma maneira que o corol. da prop. 53.

Escólio. Essa tristeza, acompanhada da ideia de nossa debilidade, chama-se humildade. Em troca, a alegria que provém da consideração de nós mesmos chama-se amor-próprio ou satisfação consigo mesmo. E como essa alegria se renova cada vez que o homem considera suas próprias virtudes, ou seja, sua própria potência de agir, ocorre também que cada um se compraz em contar seus feitos e em exibir suas forças, tanto as do corpo quanto as do ânimo, o que torna os homens reciprocamente insuportáveis. Disso se segue ainda que os homens são, por natureza, invejosos (vejam-se o esc. da prop. 24 e o esc. da prop. 32), ou seja, eles se enchem de gáudio com as debilidades de seus semelhantes e, por outro lado, se entristecem com suas virtudes. Com efeito, cada vez que alguém imagina suas próprias ações é afetado de alegria (pela prop. 53), que será tanto maior quanto maior for o grau de perfeição que essas ações exprimem e quanto mais distintamente as imaginar, isto é (pelo que foi dito no esc. 1 da prop. 40 da P. 2), quanto mais puder distingui-las das outras e considerá-las como coisas singulares. É por isso que cada um extrai o máximo de gáudio de sua própria consideração quando considera em si algo que vê como em falta nos outros. Mas se relaciona o que afirma sobre si próprio à ideia genérica de homem ou de animal, já não se encherá tanto de gáudio. Se, por outro lado, imagina que suas ações, em comparação com as de outros, são inferiores, ele se entristecerá, mas se esforçará por afastar essa tristeza (pela prop. 28), o que fará interpretando desfavoravelmente as ações de seus semelhantes ou exagerando as suas tanto quanto pode. Fica claro, pois, que os homens estão, por natureza, propensos ao ódio e à inveja, o que é reforçado pela própria educação. Com efeito, os pais têm o costume de incitar os filhos à virtude, tendo como únicos estímulos a busca de honrarias e a inveja. Subsiste, entretanto, talvez, alguma dúvida, pois não é raro admirarmos as virtudes dos homens e venerá-los. Para dissipá-la, acrescento o corol. que se segue.

Corolário 2. Ninguém inveja a virtude de um outro, a menos que se trate de alguém que lhe seja igual.

Demonstração. A inveja é o próprio ódio (veja-se o esc. da prop. 24), ou seja (pelo esc. da prop. 13), uma tristeza, isto é (pelo esc. da prop. 11), uma afecção pela qual a potência de agir do homem — ou o seu esforço — é refreada. Ora, o homem (pelo esc. da prop. 9) não se esforça por fazer nada nem deseja nada que não possa se seguir de sua natureza tal como ela é dada. Portanto, o homem não desejará que lhe seja atribuída nenhuma potência de agir ou, o que é o mesmo, nenhuma virtude que seja própria da natureza de um outro e alheia à sua. Portanto, o seu desejo não pode ser refreado, isto é (pelo esc. da prop. 11), ele não pode se entristecer por considerar alguma virtude em alguém que não lhe é semelhante e não poderá, consequentemente, invejá-lo. Invejará, entretanto, o seu igual, que, supostamente, é da mesma natureza. C. Q. D.

Escólio. Quando, portanto, anteriormente, no esc. da prop. 52, dissemos que veneramos um homem por admirarmos seu discernimento, sua força, etc., isso ocorre (como é evidente pela mesma prop.) porque imaginamos que essas virtudes se encontram nele de uma maneira singular e não como algo comum à nossa natureza. Consequentemente, não o invejaremos por essas virtudes, tal como não invejamos as árvores por sua altura, os leões por sua força, etc.

Proposição 56. Há tantas espécies de alegria, de tristeza e de desejo e, consequentemente, tantas espécies de cada um dos afetos que desses são compostos (tal como a flutuação de ânimo) ou derivados (tais como o amor, o ódio, a esperança, o medo, etc.), quantas são as espécies de objetos pelos quais somos afetados.

Demonstração. A alegria e a tristeza e, consequentemente, os afetos que deles são compostos ou derivados, são paixões (pelo esc. da prop. 11). Nós, por outro lado (pela prop. 1), à medida que temos ideias inadequadas, necessariamente padecemos, e isso somente à medida que as temos (pela prop. 3), isto é (vejam-se os esc. da prop. 40 da P. 2), só padecemos necessariamente à medida que imaginamos, ou seja (vejam-se a prop. 17 da P. 2 e seu esc.), à medida que somos afetados por um afeto que envolve a natureza de nosso corpo e a natureza de um corpo exterior. Portanto, a natureza de cada paixão deve necessariamente ser explicada de maneira que exprima a natureza do objeto pelo qual somos afetados. Assim, a alegria que provém de um objeto, por exemplo, *A*, envolve a natureza desse objeto *A*, e a alegria que provém do objeto *B* envolve a natureza desse objeto *B*. Portanto, esses dois afetos de alegria são, por natureza, diferentes, pois provêm de causas de natureza diferente. Da mesma maneira, também o afeto de tristeza que provém de um dado objeto é, por natureza, diferente da tristeza que provém de uma outra causa. É assim que se devem compreender também o amor, o ódio, a esperança, o medo, a flutuação de ânimo, etc. Necessariamente existem, portanto, tantas espécies de alegria, de tristeza, de amor, de ódio, etc., quantas são as espécies de objetos pelos quais somos afetados. Quanto ao desejo, ele é a própria essência ou natureza de cada um, à medida que ela é concebida como determinada, em virtude de algum estado preciso de cada um, a realizar algo (veja-se o esc. da prop. 9). Portanto, dependendo de como cada um, em virtude de causas exteriores, é afetado desta ou daquela espécie de alegria, de tristeza, de amor, de ódio, etc., isto é, dependendo de qual é o estado de sua natureza, se este ou aquele, também o seu desejo será este ou aquele. E a natureza de um desejo diferirá necessariamente da natureza de um outro, tanto quanto diferirem entre si os afetos dos quais cada um deles provém. Existem, assim, tantas espécies de desejo quantas são as espécies de alegria, de tristeza, de amor, etc., e, consequentemente (pelo que foi agora demonstrado), quantas são as espécies de objetos pelos quais somos afetados. C. Q. D.

Escólio. Entre as espécies de afetos, as quais (pela prop. prec.) devem ser muitas, são notáveis a gula, a embriaguez, a luxúria, a avareza e a ambição, que não passam de designações do amor ou do desejo, as quais explicam a natureza de cada um desses afetos pelos objetos aos quais estão referidos. Com efeito, por gula, embriaguez, luxúria, avareza e ambição não compreendemos nada mais do que um amor ou um desejo imoderado de comer, de beber, de copular, de riquezas e de glória. Além disso, esses afetos, à medida que os distinguimos de outros apenas pelo objeto a que estão referidos, não têm afetos que lhes sejam opostos. Com efeito, a temperança, a sobriedade e, enfim, a castidade, que costumamos opor à gula, à embriaguez e à luxúria, não são afetos ou paixões: apenas manifestam a potência de ânimo que regula esses afetos. Não posso, de resto, explicar aqui as outras espécies de afetos (pois são tantas quantas são as espécies de objetos) e, ainda que pudesse, não seria necessário. De fato, para o que nos propomos, que é determinar a força dos afetos e a potência da mente sobre eles, basta-nos ter uma definição geral de cada afeto. Basta-nos, afirmo, compreender as propriedades comuns dos afetos e da mente para que possamos determinar qual e quão grande é a potência da mente na regulação e no refreio dos afetos. Portanto, embora haja uma grande diferença entre este e aquele afeto de amor, de ódio ou de desejo, por exemplo, entre o amor para com os filhos e o amor para com a esposa, não é preciso, entretanto, conhecer essas diferenças, nem investigar mais profundamente a natureza e a origem dos afetos.

Proposição 57. **Um afeto qualquer de um indivíduo discrepa do afeto de um outro tanto quanto a essência de um difere da essência do outro.**

Demonstração. Esta prop. é evidente pelo ax. 1, que vem após o lema 3 do esc. da prop. 13 da P. 2. Ela será demonstrada, apesar disso, pelas definições dos três afetos primitivos.

Todos os afetos estão relacionados ao desejo, à alegria ou à tristeza, como mostram as definições que deles foram dadas. Ora, o desejo é a própria natureza ou essência de cada um (veja-se a sua def. no esc. da prop. 9). Portanto, o desejo de um indivíduo discrepa do desejo de um outro, tanto quanto a natureza ou a essência de um difere da essência do outro. Além disso, a alegria e a tristeza são paixões pelas quais a potência de cada um — ou seja, seu esforço por perseverar no seu ser — é aumentada ou diminuída, estimulada ou refreada (pela prop. 11 e seu esc.). Ora, por esforço por perseverar em seu ser, enquanto esse esforço está referido ao mesmo tempo à mente e ao corpo, compreendemos o apetite e o desejo (veja-se o esc. da prop. 9). Portanto, a alegria e a tristeza são o próprio desejo ou o apetite, enquanto ele é aumentado ou diminuído, estimulado ou refreado por causas exteriores, isto é (pelo mesmo esc.), é a própria natureza de cada um. Logo, a alegria ou a tristeza de um discrepa da alegria ou da tristeza de outro tanto quanto a natureza ou a essência de um difere da essência do outro e, consequentemente, um afeto qualquer de um indivíduo discrepa do afeto de um outro, etc. C. Q. D.

Escólio. Disso se segue que os afetos dos animais chamados irracionais (pois, desde que conhecemos a origem da mente, não podemos, de maneira alguma, duvidar do fato de que os animais sentem) diferem dos afetos dos homens tanto quanto sua natureza difere da natureza humana. É verdade que tanto o cavalo quanto o homem são impelidos a procriar pelo desejo sexual, mas o primeiro por um desejo equino e o segundo por um desejo humano. Da mesma maneira, também os desejos sexuais e os apetites dos insetos, dos peixes e das aves devem diferir entre si. E, assim, embora cada indivíduo viva contente e se encha de gáudio com a natureza de que é constituído, a vida com a qual cada um está contente e o seu gáudio não são, entretanto, nada mais do que a ideia ou a alma desse indivíduo e, portanto, o gáudio de um discrepa do gáudio de um outro tanto quanto a natureza ou a essência de um difere da natureza ou da essência do outro. Segue-se, enfim, da prop. prec., que tampouco é pequena a diferença entre, por exemplo, o gáudio que toma conta do ébrio e o gáudio de que goza o filósofo, observação que quis fazer aqui de passagem. Tudo isso quanto aos afetos que estão referidos ao homem, enquanto padece. Resta acrescentar algo sobre aqueles afetos que se referem ao homem, enquanto age.

Proposição 58. **Além da alegria e do desejo que são paixões, há outros afetos de alegria e de desejo que a nós estão relacionados à medida que agimos.**

Demonstração. Quando a mente concebe a si própria e à sua potência de agir, ela se alegra (pela prop. 53). E a mente necessariamente considera a si própria quando concebe uma ideia verdadeira, ou seja, uma ideia adequada (pela prop. 43 da P. 2). Ora, a mente concebe algumas ideias adequadas (pelo esc. 2 da prop. 40 da P. 2). Logo, ela se alegra também à medida que concebe ideias adequadas, isto é (pela prop. 1), à medida que age. Em segundo lugar, a mente, quer enquanto tem ideias claras e distintas, quer enquanto tem ideias confusas, esforça-se por perseverar em seu ser (pela prop. 9). Ora, por esforço entendemos o desejo (pelo esc. da mesma prop.). Logo, o desejo está a nós relacionado também à medida que compreendemos, ou seja (pela prop. 1), à medida que agimos. C. Q. D.

Proposição 59. **Entre todos os afetos que estão relacionados à mente à medida que ela age não há nenhum que não esteja relacionado à alegria ou ao desejo.**

Demonstração. Todos os afetos estão relacionados ao desejo, à alegria ou à tristeza, como mostram as definições que deles fornecemos. Ora, por tristeza compreendemos o que diminui ou refreia a potência de pensar (pela prop. 11 e seu esc.). Portanto, à medida que a mente se entristece, sua potência de pensar é diminuída ou refreada (pela prop. 1). Logo, nenhum afeto de tristeza pode estar relacionado à mente à medida que ela age, mas apenas afetos de alegria e de desejo, os quais (pela prop. prec.), à medida que ela age, relacionam-se também à mente. C. Q. D.

Escólio. Remeto todas as ações que se seguem dos afetos que estão relacionados à mente à medida que ela compreende, à fortaleza, que divido em firmeza e generosidade. Por firmeza compreendo o desejo pelo qual cada um se esforça por conservar seu ser, pelo exclusivo ditame da razão. Por generosidade, por sua vez, compreendo o desejo pelo qual cada um se esforça, pelo exclusivo ditame da razão, por ajudar os outros homens e para unir-se a eles pela amizade. Remeto, assim, à firmeza aquelas ações que têm por objetivo a exclusiva vantagem do agente, e à generosidade aquelas que têm por objetivo também a vantagem de um outro. Assim, a temperança, a sobriedade, e a coragem diante do perigo, etc., são espécies de firmeza, enquanto a modéstia, a clemência, etc., são espécies de generosidade. Creio, com isso, ter explicado e mostrado, por suas causas primeiras, os principais afetos e as principais flutuações de ânimo que derivam da composição dos três afetos primitivos, a saber, o desejo, a alegria e a tristeza. Pelo que foi dito, fica evidente que somos agitados pelas causas exteriores de muitas maneiras e que, como ondas do mar agitadas por ventos contrários, somos jogados de um lado para o outro, ignorantes de nossa sorte e de nosso destino. Disse, entretanto, que mostrei apenas os principais conflitos de ânimo e não todos os que podem existir. Com efeito, pelo mesmo procedimento de antes, podemos facilmente mostrar que o amor está ligado ao arrependimento, ao desdém, à vergonha, etc. Mais que isso, creio, pelo que já foi dito, ter ficado claramente estabelecido que os afetos podem compor-se entre si de tantas maneiras, o que faz surgir tantas variações, que se torna impossível determinar seu número. É suficiente, entretanto, para o meu plano, ter enumerado apenas os afetos principais, pois os outros, aqueles que omiti, seriam mais curiosos que úteis. No entanto, resta ainda observar, sobre o amor, que ocorre, muitas vezes, que, quando desfrutamos de uma coisa que nos apetece, o corpo adquire, por causa desse desfrute, uma nova disposição, que o determina diferentemente e que nele desperta outras imagens de coisas, e, ao mesmo tempo, a mente começa a imaginar e a desejar outras coisas. Por exemplo, quando imaginamos algo que comumente nos agrada por seu sabor, desejamos desfrutá-lo, ou seja, comê-lo. Mas enquanto assim o desfrutamos, o estômago torna-se cheio e o corpo fica diferentemente disposto. Se, pois, com o corpo agora diferentemente disposto, por um lado, a imagem desse alimento é, por sua presença, intensificada, e, consequentemente, é também intensificado o esforço ou o desejo por comê-lo, por outro lado, a esse esforço ou desejo se oporá aquela nova disposição e, consequentemente, a presença do alimento que apetecíamos se tornará odiosa. É a isso que chamamos de fastio ou enfado. Quanto ao restante, deixei de lado as afecções exteriores que se observam em afetos como o tremor, a palidez, o soluço, o riso, etc., porque se referem exclusivamente ao corpo, sem qualquer relação com a mente. Enfim, é preciso fazer certos comentários sobre as definições dos afetos e, por isso, as repetirei aqui, ordenadamente, intercalando, em cada caso, as observações necessárias.

Definições dos afetos

1. O desejo é a própria essência do homem, enquanto esta é concebida como determinada, em virtude de uma dada afecção qualquer de si própria, a agir de alguma maneira.

Explicação. Dissemos, anteriormente, no esc. da prop. 9 que o apetite é o desejo juntamente com a consciência que dele se tem, e que o apetite é a própria essência do homem, enquanto determinada a agir de maneiras que contribuem para a sua conservação. Entretanto, no mesmo esc., também observei que, quanto a mim, não reconheço, na verdade, qualquer diferença entre o apetite humano e o desejo. Com efeito, quer esteja o homem consciente do seu apetite ou não, o apetite continua, entretanto, único e idêntico. Por isso, para não parecer que incorria em uma tautologia, não quis explicar o desejo pelo apetite, mas procurei dar-lhe uma definição que abrangesse todos os esforços da natureza humana que designamos pelos nomes de apetite, vontade, desejo ou impulso. Com efeito, poderia ter dito que o desejo é a própria essência do homem à medida que esta é concebida como determinada a agir de alguma maneira, mas de uma tal definição (pela prop. 23 da P. 2) não se seguiria que a mente pudesse estar consciente de seu desejo ou apetite. Foi necessário, pois, para envolver a causa dessa consciência (pela mesma prop.), incluir *enquanto esta é concebida como determinada, em virtude de uma dada afecção qualquer de si própria, etc.* Com efeito, por afecção da essência humana compreendemos qualquer estado dessa essência, quer seja inato ou adquirido, quer seja concebido apenas pelo atributo do pensamento ou apenas pelo da extensão, quer, enfim, esteja referido, ao mesmo tempo, a ambos os atributos. Compreendo, aqui, portanto, pelo nome de desejo todos os esforços, todos os impulsos, apetites e volições do homem, que variam de acordo com o seu variável estado e que, não raramente, são a tal ponto opostos entre si que o homem é arrastado para todos os lados e não sabe para onde se dirigir.

2. A alegria é a passagem do homem de uma perfeição menor para uma maior.

3. A tristeza é a passagem do homem de uma perfeição maior para uma menor.

Explicação. Digo *passagem* porque a alegria não é a própria perfeição. Pois se o homem já nascesse com a perfeição à qual passa, ele a possuiria sem ter sido afetado de alegria, o que se percebe mais claramente no afeto da tristeza, que é o seu contrário. Com efeito, ninguém pode negar que a tristeza consiste na passagem para uma perfeição menor e não na perfeição menor em si, pois o homem, à medida que participa de alguma perfeição, não pode se entristecer. Tampouco podemos dizer que a tristeza consiste na privação de uma perfeição maior, pois a privação nada é. A tristeza, entretanto, é um ato que, por isso, não pode ser senão o ato de passar para uma perfeição menor, isto é, o ato pelo qual a potência de agir do homem é diminuída ou refreada (veja-se o esc. da prop. 11). De resto, omito as definições de contentamento, excitação, melancolia e dor, porque estão mais referidas ao corpo e não passam de espécies de alegria ou de tristeza.

4. A admiração é a imaginação de alguma coisa à qual a mente se mantém fixada porque essa imaginação singular não tem qualquer conexão com as demais. Vejam-se a prop. 52 e seu escólio.

Explicação. No esc. da prop. 18 da P. 2, mostramos qual a causa pela qual a mente passa imediatamente da consideração de uma coisa ao pensamento de outra: é porque as imagens dessas coisas então concatenadas entre si e ordenadas de tal maneira que de uma se segue a outra, o que, certamente não se pode conceber quando a imagem da coisa é nova. Pois, neste caso, a mente se deterá na consideração dessa coisa até que seja determinada, por outras causas, a pensar em outras coisas. Considerada em si mesma, a imaginação de uma coisa nova é, portanto, da mesma natureza que as outras e, por este motivo, não coloco a admiração na lista dos afetos, nem vejo razão para fazê-lo, pois esta distração da mente não provém de qualquer causa positiva que a distrairia das outras coisas, mas apenas porque falta uma causa que a determine a passar da consideração de uma coisa ao pensamento de outras.

Reconheço, pois (como adverti no esc. da prop. 11), apenas três afetos primitivos ou primários, a saber, a alegria, a tristeza e o desejo. Se falei da admiração, foi apenas porque se estabeleceu o costume de designar, por outros nomes, certos afetos que derivam dos três primitivos, quando estão referidos a objetos de que nos admiramos, razão que me leva igualmente a acrescentar aqui também a definição de desprezo.

5. O desprezo é a imaginação de alguma coisa que toca tão pouco a mente que esta, diante da presença dessa coisa, é levada a imaginar mais aquilo que a coisa não tem do que aquilo que ela tem. Veja-se o esc. da prop. 52.

Deixo de fora as definições de veneração e de desdém, porque nenhum afeto, que eu saiba, extrai delas seu nome.

6. O amor é uma alegria acompanhada da ideia de uma causa exterior.

Explicação. Esta definição explica muito claramente a essência do amor. Já a definição dada pelos autores que definem o amor como a vontade do amante de unir-se à coisa amada não exprime a sua essência, mas uma de suas propriedades. E como a essência do amor não foi suficientemente examinada por esses autores, tampouco puderam ter qualquer conceito claro dessa propriedade, o que fez com que todos julgassem a sua definição extremamente obscura. É preciso observar, entretanto, que, quando digo que se trata de uma propriedade, no amante, de unir-se, por vontade, à coisa amada, não compreendo por vontade um consentimento, nem uma deliberação do ânimo, nem uma livre decisão (pois demonstramos, na prop. 48 da P. 2, que isto é uma ficção), nem tampouco o desejo de unir-se à coisa amada quando ela não está ali, nem de continuar em sua presença quando ela está ali, pois o amor pode ser concebido sem qualquer um desses desejos. Em vez disso, por vontade compreendo a satisfação que a presença da coisa amada produz no amante, satisfação que fortalece a alegria do amante ou, ao menos, intensifica-a.

7. O ódio é uma tristeza acompanhada da ideia de uma causa exterior.

Explicação. Percebe-se facilmente, pelo que foi dito na explicação da definição anterior, o que se deveria comentar aqui. Veja-se, além disso, o esc. da prop. 13.

8. A atração é uma alegria acompanhada da ideia de uma coisa que, por acidente, é causa de alegria.

9. A aversão é uma tristeza acompanhada da ideia de uma coisa que, por acidente, é causa de tristeza. Veja-se, a respeito, o esc. da prop. 15.

10. A adoração é o amor por aquele a quem admiramos.

Explicação. Mostramos, na prop. 52, que a admiração provém da novidade de uma coisa. Aquilo que imaginamos frequentemente deixará, portanto, de nos admirar. Percebemos, assim, que o afeto da adoração reduz-se, facilmente, ao simples amor.

11. O escárnio é uma alegria que surge por imaginarmos que há algo que desprezamos na coisa que odiamos.

Explicação. À medida que desprezamos a coisa que odiamos, negamos a sua existência (veja-se o esc. da prop. 52) e, dessa maneira (pela prop. 20), alegramo-nos. Como, entretanto, por hipótese, o homem, ainda assim, odeia o objeto de seu escárnio, segue-se que essa alegria não é sólida. Veja-se o esc. da prop. 47.

12. A esperança é uma alegria instável, surgida da ideia de uma coisa futura ou passada, de cuja realização temos alguma dúvida.

13. O medo é uma tristeza instável, surgida da ideia de uma coisa futura ou passada, de cuja realização temos alguma dúvida. Veja-se, a este respeito, o esc. 2 da prop. 18.

Explicação. Segue-se, dessas definições, que não há esperança sem medo, nem medo sem esperança. Com efeito, supõe-se que quem está apegado à esperança, e tem dúvida sobre a realização de uma coisa, imagina algo que exclui a existência da coisa futura e, portanto, dessa maneira, entristece-se (pela prop. 19). Como consequência, enquanto está apegado à esperança, tem medo de que a coisa não se realize. Quem, contrariamente, tem medo, isto é, quem tem dúvida sobre a realização de uma coisa que odeia, também imagina algo que exclui a existência dessa coisa e, portanto (pela prop. 20), alegra-se. E, como consequência, dessa maneira, tem esperança de que essa coisa não se realize.

14. A segurança é uma alegria surgida da ideia de uma coisa futura ou passada, da qual foi afastada toda causa de dúvida.

15. O desespero é uma tristeza surgida da ideia de uma coisa futura ou passada da qual foi afastada toda causa de dúvida.

Explicação. Assim, quando é afastada toda causa de dúvida sobre a realização de uma coisa, da esperança provém a segurança, e do medo, o desespero, o que ocorre porque o homem imagina que a coisa passada ou futura está ali e a considera como presente, ou porque imagina outras coisas que excluem a existência daquelas que a colocavam em dúvida. Pois, embora jamais possamos estar certos da realização das coisas singulares (pelo corol. da prop. 31 da P. 2), pode ocorrer, entretanto, que não duvidemos de sua realização. Com efeito, mostramos (veja-se o esc. da prop. 49 da P. 2) que não duvidar de uma coisa é diferente de ter certeza sobre ela. Pode, pois, ocorrer que sejamos afetados pela imagem de uma coisa passada ou futura pelo mesmo afeto de alegria ou de tristeza com que somos afetados pela imagem de uma coisa presente, como demonstramos na prop. 18, a qual deve ser conferida, juntamente com seus escólios.

16. O gáudio é uma alegria acompanhada da ideia de uma coisa passada que se realizou contrariamente ao esperado.

17. A decepção é uma tristeza acompanhada da ideia de uma coisa passada que se realizou contrariamente ao esperado.

18. A comiseração é uma tristeza acompanhada da ideia de um mal que atingiu um outro que imaginamos ser nosso semelhante. Vejam-se o esc. da prop. 22 e o esc. da prop. 27.

Explicação. Entre a comiseração e a misericórdia parece não haver qualquer diferença, a não ser, talvez, a de que a comiseração diz respeito a um afeto singular e a misericórdia a esse afeto tornado habitual.

19. O reconhecimento é o amor por alguém que fez bem a um outro.

20. A indignação é o ódio por alguém que fez mal a um outro.

Explicação. Sei que esses nomes significam outra coisa no uso corrente. Meu objetivo não é, entretanto, o de explicar o significado das palavras, mas de explicar a natureza das coisas, designando-as por vocábulos que tenham, no uso corrente, um significado que não se afaste inteiramente daquele que quero atribuir-lhes, advertência que basta fazer uma única vez. De resto, quanto à causa desses afetos, vejam-se o corol. 1 da prop. 27 e o esc. da prop. 22.

21. A consideração consiste em, por amor, ter sobre alguém uma opinião acima da justa.

22. A desconsideração consiste em, por ódio, ter sobre alguém uma opinião abaixo da justa.

Explicação. A consideração é, pois, um efeito ou uma propriedade do amor e a desconsideração, do ódio. A consideração pode, portanto, ser também definida como o amor, à proporção que afeta o homem de tal maneira que ele tem, sobre a coisa amada, uma opinião acima da justa e a desconsideração, contrariamente, pode ser também definida como o ódio, à proporção que afeta o homem de tal maneira que ele tem, sobre quem odeia, uma opinião abaixo da justa. Veja-se, sobre isto, o esc. da prop. 26.

23. A inveja é o ódio à medida que afeta o homem de tal maneira que ele se entristece com a felicidade de um outro e, contrariamente, se enche de gáudio com o mal de um outro.

Explicação. À inveja se opõe, em geral, a misericórdia, a qual, portanto, contrariando o significado do vocábulo, pode ser definida como se segue.

24. A misericórdia é o amor à medida que o homem é afetado de tal maneira que se enche de gáudio com o bem de um outro e, contrariamente, se entristece com o mal de um outro.

Explicação. Quanto à inveja, vejam-se também o esc. da prop. 24 e o esc. da prop. 32. Falei, até aqui, dos afetos de alegria e de tristeza que são acompanhados da ideia de uma coisa exterior como causa, quer por si mesma, quer por acidente. Passo, agora, aos afetos que são acompanhados da ideia de uma coisa interior como causa.

25. A satisfação consigo mesmo é uma alegria que surge porque o homem considera a si próprio e a sua potência de agir.

26. A humildade é uma tristeza que surge porque o homem considera a sua impotência ou debilidade.

Explicação. A satisfação consigo mesmo opõe-se à humildade, à medida que compreendemos a satisfação consigo mesmo como a alegria que surge quando consideramos nossa potência de agir. Mas, à medida que compreendemos a satisfação consigo mesmo também como a alegria acompanhada pela ideia de uma ação que acreditamos ter praticado por uma livre decisão da mente, então, ela opõe-se ao arrependimento, que definimos como se segue.

27. O arrependimento é uma tristeza acompanhada da ideia de uma ação que acreditamos ter praticado por uma livre decisão da mente.

Explicação. Mostramos as causas desses afetos no esc. da prop. 51 e nas prop. 53, 54, e na 55, com seu escólio. Sobre a livre decisão da mente, veja-se, entretanto, o esc. da prop. 35 da P. 2. Mas é preciso observar, aqui, além disso, que não é nada surpreendente que a tristeza resulte, em geral, de todos os atos que, habitualmente, são chamados de perversos e a alegria daqueles que são ditos retos. Na verdade, isso depende sobretudo da educação, como facilmente se compreende pelo que anteriormente foi dito. Com efeito, foram os pais que, ao desaprovar os primeiros e ao repreender, frequentemente, seus filhos a respeito deles, e, contrariamente, ao exaltar os segundos e ao encorajá-los a praticá-los, acabaram por fazer com que as comoções de tristeza fossem associados a uns e as de alegria aos outros, o que é também confirmado pela própria experiência. Na verdade, o costume e a religião não são os mesmos para todos. Pelo contrário, o que para uns é sagrado, para outros é profano, e o que para uns é respeitoso, para outros é desrespeitoso. Assim, dependendo de como cada um foi educado, arrepende-se de uma ação ou gloria-se por tê-la praticado.

28. A soberba consiste em fazer de si mesmo, por amor próprio, uma estimativa acima da justa.

Explicação. A soberba difere, portanto, da consideração, porque esta última está referida a um objeto exterior, enquanto a soberba está referida ao próprio homem que faz de si uma estimativa acima da justa. Além disso, assim como a consideração é um efeito ou uma propriedade do amor, a soberba o é do amor próprio, o qual, por isso, também pode definir-se como o amor de si próprio, ou seja, a satisfação consigo mesmo, à proporção que afeta o homem de tal maneira que ele faz de si mesmo uma estimativa acima da justa (veja-se o esc. da prop. 26). Não há afeto oposto a este, pois ninguém, por ódio de si próprio, faz de si mesmo uma estimativa abaixo da justa. Mais do que isso: ninguém faz de si mesmo uma estimativa abaixo da justa por imaginar que não pode fazer isto ou aquilo. Pois tudo o que um homem imagina não poder fazer, ele imagina-o necessariamente, e esta imaginação o dispõe de tal maneira que ele realmente não pode fazer o que imagina não poder. Com efeito, durante todo o tempo em que imagina não poder fazer isto ou aquilo, não é determinado a fazê-lo e, consequentemente, é-lhe impossível fazê-lo. Se, entretanto, tomamos em consideração aquilo que depende apenas da opinião, poderemos conceber que pode ocorrer que um homem faça de si mesmo uma estimativa abaixo da justa. Com efeito, pode ocorrer que alguém, ao considerar, com tristeza, a sua debilidade, imagine ser desprezado por todos, quando, na verdade, os outros o que menos pensam é em desprezá-lo. Além disso, um homem pode fazer de si mesmo uma estimativa abaixo da justa quando, no momento presente, nega, a seu respeito, algo, relativamente a um tempo futuro, do qual ele está inseguro, como, por exemplo, quando nega que possa conceber qualquer coisa com certeza ou que possa desejar ou fazer qualquer coisa que não seja má ou desonesta, etc. Podemos, enfim, dizer que alguém faz de si mesmo uma estimativa abaixo da justa quando vemos que, por exagerado receio da vergonha, não ousa fazer o que seus semelhantes ousam. Podemos, portanto, opor à soberba este afeto que chamarei de rebaixamento. Com efeito, assim como da satisfação consigo mesmo provém a soberba, da humildade provém o rebaixamento, o qual, portanto, definimos como se segue.

29. O rebaixamento consiste em fazer de si mesmo, por tristeza, uma estimativa abaixo da justa.

Explicação. É, entretanto, a humildade que costumamos, em geral, opor à soberba, mas é porque tomamos em consideração mais os efeitos do que a natureza desses afetos. Com efeito, costumamos chamar de soberbo aquele que se gloria em demasia (veja-se o esc. da prop. 30); que, de si, não realça senão as virtudes e, dos outros, senão os defeitos;

que, dentre todos, deseja ser o preferido; e que, finalmente, se apresenta com a gravidade e a aparência a que estão habituados os que se situam em uma posição muito superior à sua. Contrariamente, chamamos de humilde aquele que enrubesce facilmente; que, de si, não admite senão os defeitos e, dos outros, não realça senão as virtudes; que a todos dá a precedência; e que, finalmente, anda de cabeça baixa e não se preocupa com a aparência. Estes afetos, a saber, a humildade e o rebaixamento, são, aliás, raríssimos. Pois, a natureza humana, considerada em si mesma, luta contra eles tanto quanto pode (vejam-se as prop. 13 e 54). Assim, aqueles que se julgam os mais baixos e humildes de todos são, em geral, os mais ambiciosos e invejosos.

30. A glória é uma alegria acompanhada da ideia de alguma ação nossa que imaginamos ser elogiada pelos outros.

31. A vergonha é uma tristeza acompanhada da ideia de alguma ação nossa que imaginamos ser desaprovada pelos outros.

Explicação. Sobre esses afetos, veja-se o esc. da prop. 30. É preciso, entretanto, registrar, aqui, a diferença que existe entre vergonha e pudor. Pois a vergonha é uma tristeza que se segue a um fato de que se sente vergonha, enquanto o pudor é o medo ou temor da vergonha, medo ou temor que impede um homem de fazer algo desonesto. Ao pudor costuma-se opor a impudência, que, na verdade, não é um afeto, como oportunamente mostrarei. Como já adverti, os nomes dos afetos estão ligados mais ao seu uso corrente do que à sua natureza. Com isso, concluo o que me tinha proposto explicar sobre os afetos da alegria e da tristeza. Passo, pois, a tratar dos que refiro ao desejo.

32. A saudade é o desejo, ou seja, o apetite por desfrutar de uma coisa, intensificado pela recordação desta coisa e, ao mesmo tempo, refreado pela recordação de outras coisas, as quais excluem a existência da coisa apetecida.

Explicação. Como já muitas vezes dissemos, quando nos recordamos de uma coisa, estamos dispostos, por essa razão, a considerá-la com o mesmo afeto com que a consideraríamos se ela estivesse ali presente. Entretanto, esta disposição – ou este esforço – é, em geral, coibida, quando estamos acordados, pelas imagens das coisas que excluem a existência daquela coisa que recordamos. Quando, portanto, nos recordamos de uma coisa que nos afetou com um certo tipo de alegria, nos esforçamos, por essa razão, por considerá-la com o mesmo afeto de alegria com que a consideraríamos se ela estivesse presente, esforço que é imediatamente coibido pela recordação das coisas que excluem a existência da primeira. É por isso que a saudade é, na verdade, uma tristeza que se opõe à alegria proveniente da ausência da coisa que odiamos, tema sobre o qual se pode consultar o esc. da prop. 47. Como, entretanto, o nome saudade parece dizer respeito ao desejo, relaciono este afeto aos afetos de desejo.

33. A emulação é o desejo de uma coisa que se produz em nós por imaginarmos que outros têm o mesmo desejo.

Explicação. Quando alguém foge porque vê outros fugirem, ou sente medo porque vê outros sentirem o mesmo, ou, ainda, quando, ao ver um outro queimar a mão, recolhe a sua e afasta o corpo, como se ele próprio tivesse a mão queimada, dizemos que imita o afeto de um outro e não que o emula. Não porque conheçamos uma causa para a emulação que seja diferente da causa da imitação, mas porque se estabeleceu o uso de chamar de êmulo apenas aquele que imita o que julgamos ser respeitoso, útil ou agradável. De resto, sobre a causa da emulação, vejam-se a prop. 27, juntamente com o seu escólio. Quanto à razão pela qual a inveja está, em geral, ligada a este afeto, vejam-se a prop. 32, juntamente com o seu escólio.

34. O agradecimento ou a gratidão é o desejo ou o empenho de amor pelo qual nos esforçamos por fazer bem a quem, com igual afeto de amor, nos fez bem. Vejam-se a prop. 39, juntamente com o esc. da prop. 41.

35. A benevolência é o desejo de fazer bem àquele por quem temos comiseração. Veja-se o esc. da prop. 27.

36. A ira é o desejo que nos incita, por ódio, a fazer mal a quem odiamos. Veja-se a prop. 39.

37. A vingança é o desejo que nos impele, por ódio recíproco, a fazer mal a quem, com igual afeto, nos causou dano. Vejam-se o corol. 2 da prop. 40, juntamente com o seu escólio.

38. A crueldade ou sevícia é o desejo que impele alguém a fazer mal a quem amamos ou por quem sentimos comiseração.

Explicação. À crueldade opõe-se a clemência, que não é uma paixão, mas uma potência do ânimo, pela qual o homem controla a ira e a vingança.

39. O temor é o desejo de evitar, mediante um mal menor, um mal maior, que tememos. Veja-se o esc. da prop. 39.

40. A audácia é o desejo pelo qual alguém é incitado a fazer algo arriscado ao qual seus semelhantes temem se expor.

41. A covardia diz-se daquele cujo desejo é refreado pelo temor de um risco ao qual seus semelhantes ousam se expor.

Explicação. A covardia não é, pois, senão o medo de um mal que a maioria não costuma temer. É por isso que não a refiro aos afetos de desejo. Preferi, entretanto, explicá-la, porque à medida que tomamos em consideração o desejo, ela se opõe, realmente, ao afeto da audácia.

42. O pavor diz-se daquele cujo desejo de evitar um mal é refreado pela admiração pelo mal que teme.

Explicação. O pavor é, assim, uma espécie de covardia. Como, entretanto, provém de um duplo temor, pode ser mais precisamente definido como o medo que mantém o homem tão estupefato ou hesitante que ele não pode evitá-lo. Digo *estupefato*, à medida que compreendemos que seu desejo de evitar o mal é refreado pela admiração. Digo, por outro lado, *hesitante*, à medida que seu desejo é refreado pelo temor de outro mal que também o atormenta. Como resultado, ele não sabe qual dos dois evitar. Vejam-se, sobre isso, o esc. da prop. 39 e o esc. da prop. 52. De resto, sobre a covardia e a audácia, veja-se o esc. da prop. 51.

43. A cortesia e a polidez é o desejo de fazer o que agrada os homens e deixar de fazer o que lhes desagrada.

44. A ambição é o desejo imoderado de glória.

Explicação. A ambição é um desejo que intensifica e reforça todos os afetos (pelas prop. 27 e 31) e, por isso, este afeto dificilmente pode ser superado. Com efeito, sempre que um homem é tomado por algum desejo, ele é necessariamente tomado, ao mesmo tempo, pela ambição. Como diz Cícero, *Os melhores dos homens são inteiramente governados pela glória. Até mesmo os filósofos que escrevem, nos seus livros, sobre a necessidade de se desprezar a glória não deixam de aí inscrever o seu nome,* etc.

45. A gula é o desejo imoderado pelos prazeres da mesa ou também o amor por esses prazeres.

46. A embriaguez é o desejo imoderado e o amor pela bebida.

47. A avareza é o desejo imoderado e o amor por riquezas.

48. A luxúria é o desejo e o amor imoderado pela conjunção dos corpos.

Explicação. Entretanto, moderado ou não, o costume designa esse desejo de conjunção por luxúria. Além disso, esses cinco afetos (como observei no esc. da prop. 56) não têm opostos. Com efeito, a modéstia é uma espécie de ambição, sobre a qual pode-se consultar o esc. da prop. 29. Já observei também que a temperança, a sobriedade e a castidade indicam uma potência da mente e não uma paixão. E embora possa ocorrer que um homem avaro, invejoso ou temeroso se abstenha de excessos na comida, na bebida ou na conjunção de corpos, isso não significa, entretanto, que a avareza, a ambição e o temor sejam opostos à gula, à embriaguez e à luxúria. Pois o avaro deseja, em geral, se exceder com a comida e a bebida alheias. O ambicioso, por sua vez, desde que conte com o segredo, não se moderará em nada, e se vive entre os ébrios e os luxuriosos, precisamente porque é ambicioso, estará mais inclinado a esses vícios. O temeroso, enfim, faz o que não quer. Pois, ainda que, para evitar a morte, lance suas riquezas ao mar, permanece, entretanto, avaro. E se o luxurioso se entristece por não poder satisfazer seu prazer, nem por isso deixa de ser luxurioso. De maneira geral, esses afetos não dizem respeito tanto aos atos de comer, beber, etc., quanto ao apetite e ao amor em si. Nada pode, portanto, opor-se a esses afetos, exceto a generosidade e a firmeza, sobre as quais falarei adiante.

Passo em silêncio as definições do ciúme e das outras flutuações de ânimo, tanto porque provêm de uma composição dos afetos já definidos, quanto porque a maioria delas não têm nome, o que mostra que, para a prática da vida corrente, basta conhecê-las de uma maneira geral. De resto, pelas definições dos afetos que acabamos de explicar, fica claro que todos eles provêm do desejo, da alegria ou da tristeza, ou melhor, que não são senão estes três afetos, designados habitualmente por nomes diferentes, em função de suas diferentes relações e denominações extrínsecas. Se, agora, quisermos tomar em consideração estes três afetos primitivos e o que antes dissemos sobre a natureza da mente, podemos definir os afetos, enquanto relacionados apenas à mente, tal como se segue.

Definição geral dos afetos

O afeto, que se diz *pathema* [paixão] do ânimo, é uma ideia confusa, pela qual a mente afirma a força de existir, maior ou menor do que antes, de seu corpo ou de uma parte dele, ideia pela qual, se presente, a própria mente é determinada a pensar uma coisa em vez de outra.

Explicação. Digo, em primeiro lugar, que o afeto ou a paixão do ânimo *é uma ideia confusa.* Mostramos, com efeito, que a mente padece apenas à medida que tem ideias inadequadas, ou seja, confusas (veja-se a prop. 3). Digo, além disso, *pela qual a mente afirma a força de existir, maior ou menor do que antes, de seu corpo ou de uma parte dele.* Com efeito, todas as ideias que temos dos corpos indicam antes o estado atual de nosso corpo (pelo corol. 2 da prop. 16 da P. 2) do que a natureza do corpo exterior. Ora, a ideia que constitui a forma de um afeto deve indicar ou exprimir o estado do corpo ou de alguma de suas partes, estado que o próprio corpo ou alguma de suas partes tem porque sua potência de agir ou sua força de existir é aumentada ou diminuída, estimulada ou refreada. É preciso observar, entretanto, que, quando digo *força de existir, maior ou menor do que antes,* não compreendo com isso que a mente compara o estado presente do corpo com os anteriores, mas, sim, que a ideia que constitui a forma de um afeto afirma, a respeito do corpo, algo que envolve, de fato, mais ou menos realidade do que antes. E como a essência da mente consiste (pelas prop. 11 e 13 da P. 2) em afirmar a existência atual de seu corpo, e como por perfeição compreendemos a própria essência de uma coisa, segue-se que a mente passa a uma maior ou menor perfeição quando lhe acontece afirmar, de seu corpo ou de qualquer de suas partes, algo que envolve mais ou menos realidade do que antes. Quando, pois, disse, anteriormente, que a potência de pensar da mente era aumentada ou diminuída, não quis dizer senão que a mente formava, de seu corpo ou de alguma de suas partes, uma ideia que expressava mais ou menos realidade do que a que antes afirmava a respeito de seu corpo. Pois a superioridade das ideias e a potência atual de pensar avaliam-se pela superioridade do objeto. Acrescentei, enfim, *pela qual, se presente, a mente é determinada a pensar uma coisa em vez de outra,* a fim de exprimir também, além da natureza da alegria e da tristeza, que é explicada na primeira parte da definição, a natureza do desejo.

QUARTA PARTE
A servidão humana ou a força dos afetos

Prefácio

Chamo de servidão a impotência humana para regular e refrear os afetos. Pois o homem submetido aos afetos não está sob seu próprio comando, mas sob o do acaso, a cujo poder está a tal ponto sujeitado que é, muitas vezes, forçado, ainda que perceba o que é melhor para si, a fazer, entretanto, o pior. Propus-me, nesta parte, demonstrar a causa disso e, também, o que os afetos têm de bom ou de mau. Mas antes de começar, gostaria de dizer algumas breves e preliminares palavras sobre a perfeição e a imperfeição, sobre o bem e o mal.

Quem decidiu fazer alguma coisa e a concluiu, dirá que ela está perfeita, e não apenas ele, mas também qualquer um que soubesse o que autor tinha em mente e qual era o objetivo de sua obra ou que acreditasse sabê-lo. Por exemplo, se alguém observa uma obra (que suponho estar ainda inconclusa) e sabe que o objetivo do seu autor é o de edificar uma casa, dirá que a casa é imperfeita e, contrariamente, dirá que é perfeita se perceber que a obra atingiu o fim que seu autor havia decidido atribuir-lhe. Mas se alguém observa uma obra que não se parece com nada que tenha visto e, além disso, não está ciente da ideia do artífice, não saberá, certamente, se a obra é perfeita ou imperfeita. Este parece ter sido o significado original desses vocábulos. Mas, desde que os homens começaram a formar ideias universais e a inventar modelos de casas, edifícios, torres, etc., e a dar preferência a certos modelos em detrimento de outros, o que resultou foi que cada um chamou de perfeito aquilo que via estar de acordo com a ideia universal que tinha formado das coisas do mesmo gênero, e chamou de imperfeito aquilo que via estar menos de acordo com o modelo que tinha concebido, ainda que, na opinião do artífice, a obra estivesse plenamente concluída. E não parece haver outra razão para chamar, vulgarmente, de perfeitas ou imperfeitas também as coisas da natureza, isto é, as que não são feitas pela mão humana. Pois os homens têm o hábito de formar ideias universais tanto das coisas naturais quanto das artificiais, ideias que tomam como modelos das coisas, e acreditam que a natureza (que pensam nada fazer senão em função de algum fim) observa essas ideias e as estabelece para si própria como modelos. Quando, pois, veem que na natureza ocorre algo que esteja menos de acordo com o que concebem como modelo das coisas desse gênero, acreditam que a própria natureza fracassou ou errou e que deixou essa coisa imperfeita. Vemos, assim, que, mais por preconceito do que por um verdadeiro conhecimento delas, os homens adquiriram o hábito de chamar de perfeitas ou de imperfeitas as coisas naturais. Com efeito, mostramos, no apêndice da primeira parte, que a natureza não age em função de um fim, pois o ente eterno e infinito que chamamos Deus ou natureza age pela mesma necessidade pela qual existe. Mostramos, com efeito, que ele age pela mesma necessidade da natureza pela qual existe (prop. 16 da P. 1). Portanto, a razão ou a causa pela qual Deus ou a natureza age e aquela pela qual existe é uma só e a mesma. Logo, assim como não existe em função de qualquer fim, ele também não age dessa maneira. Em vez disso, assim como não tem qualquer fim em função do qual existir, tampouco tem qualquer princípio ou fim em função do qual agir. Quanto à causa que chamam final, não se trata senão do próprio apetite humano, enquanto considerado como princípio ou causa primeira de alguma coisa. Por exemplo, quando dizemos que a causa final desta ou daquela casa foi a habitação, certamente não devemos compreender, por isso, senão que um homem, por ter imaginado as vantagens da vida doméstica, teve o apetite de construir uma casa. É por isso que a habitação, enquanto considerada como uma causa final, nada mais é do que este apetite singular, que, na realidade, é uma causa eficiente, mas que é considerada como primeira, porque, em geral, os homens desconhecem as causas de seus apetites. Pois, como já disse muitas vezes, os homens estão, de fato, conscientes de suas ações e de seus apetites, mas desconhecem as causas pelas quais são determinados a apetecer algo. Além disso, quanto ao que vulgarmente se diz, que a natureza, às vezes, fracassa ou erra, e que produz coisas imperfeitas, coloco na conta das ficções de que tratei no apêndice da P. 1. Portanto, a perfeição e a imperfeição são, na realidade, apenas modos do pensar, isto é, noções que temos o hábito de inventar, por compararmos entre si indivíduos da mesma espécie ou do mesmo gênero. Foi por esta razão que disse, anteriormente (def. 6 da P. 2), que por realidade e perfeição compreendia a mesma coisa. Pois temos o hábito de reduzir todos os indivíduos da natureza a um único gênero, que dizemos ser o gênero supremo, ou seja, à noção de ente, que pertence, sem exceção, a todos os indivíduos da natureza. Assim, à medida que reduzimos todos os indivíduos da natureza a esse gênero, comparando-os entre si, e verificamos que uns têm mais entidade ou realidade que outros, dizemos que, sob esse aspecto, uns são mais perfeitos que outros. E à medida que lhes atribuímos algo que envolve negação, tal como limite, fim, impotência, etc., dizemos que, sob esse aspecto, são imperfeitos, porque não afetam nossa mente da mesma maneira que aqueles que dizemos que são perfeitos, e não porque lhes falte algo que lhes seja próprio ou porque a natureza tenha errado. Com efeito, não pertence à natureza de alguma coisa senão aquilo que se segue da necessidade da natureza de sua causa eficiente. E tudo o que se segue da necessidade da causa eficiente acontece necessariamente.

Quanto ao bem e ao mal, também não designam nada de positivo a respeito das coisas, consideradas em si mesmas, e nada mais são do que modos do pensar ou de noções, que formamos por compararmos as coisas entre si. Com efeito, uma única e mesma coisa pode ser boa e má ao mesmo tempo e ainda indiferente. Por exemplo, a música é boa para o melancólico; má para o aflito; nem boa, nem má, para o surdo. Entretanto, mesmo assim, devemos ainda conservar esses vocábulos. Pois como desejamos formar uma ideia de homem que seja visto como um modelo da natureza humana, nos será útil conservar esses vocábulos no sentido que mencionei. Assim, por bem compreenderei aquilo que sabemos, com certeza, ser um meio para nos aproximarmos, cada vez mais, do modelo de natureza humana que estabelecemos. Por mal, por sua vez, compreenderei aquilo que, com certeza, sabemos que nos impede de atingir esse modelo. Além disso, dizemos que os homens são mais perfeitos ou mais imperfeitos, à medida que se aproximem mais ou menos desse modelo. Com efeito, deve-se, sobretudo, observar que, quando digo que alguém passa de uma perfeição menor para uma maior, ou faz a passagem contrária, não quero dizer que de uma essência ou forma se transforme em outra (com efeito, um cavalo, por exemplo, aniquila-se, quer se transforme em homem, quer em inseto). Quero dizer, em vez disso, que é a sua potência de agir, enquanto compreendida como sua própria natureza, que nós concebemos como tendo aumentado ou diminuído. Finalmente, por perfeição em geral compreenderei, como disse, a realidade, isto é, a essência de uma coisa qualquer, enquanto existe e opera de uma maneira definida, sem qualquer relação com sua duração. Com efeito, de nenhuma coisa singular se pode dizer que é mais perfeita por perseverar mais tempo no existir. Pois, a duração das coisas não pode ser determinada por sua essência, porque a essência das coisas não envolve qualquer tempo definido e determinado de existência. Uma coisa qualquer, entretanto, seja ela mais perfeita ou menos perfeita, sempre poderá perseverar no existir, com a mesma força com que começa a existir, razão pela qual, sob esse aspecto, todas as coisas são iguais.

Definições

1. Por bem compreenderei aquilo que sabemos, com certeza, nos ser útil.

2. Por mal compreenderei, por sua vez, aquilo que sabemos, com certeza, nos impedir que desfrutemos de algum bem.

Sobre isso, veja-se o final do prefácio anterior.

3. Chamo de contingentes as coisas singulares, à medida que, quando tomamos em consideração apenas sua essência, nada encontramos que necessariamente ponha ou exclua sua existência.

4. Chamo de possíveis as mesmas coisas singulares, à medida que, quando consideramos as causas pelas quais devem ser produzidas, não sabemos se essas causas estão determinadas a produzi-las.

> No esc. 1 da prop. 33 da P. 1 não fiz qualquer distinção entre possível e contingente, porque, naquele caso, não era necessário distingui-las precisamente.

5. Por afetos contrários compreenderei, no que se seguirá, aqueles que arrastam o homem para direções diferentes, ainda que sejam do mesmo gênero, como a gula e a avareza, que são espécies de amor, e que são contrários não por natureza, mas por acidente.

6. Expliquei, nos esc. 1 e 2 da prop. 18 da P. 3, o que compreendo por afeto para com uma coisa futura, presente ou passada, escólios que podem ser conferidos.

> É preciso, entretanto, observar, além disso, que assim como não podemos imaginar distintamente a distância de um lugar além de um certo limite, tampouco podemos imaginar distintamente uma distância temporal além de um certo limite. Isto é, assim como estamos habituados a imaginar todos os objetos que estão a uma distância de mais de duzentos pés – ou seja, cuja distância do lugar em que

estamos é maior do que a que podemos imaginar distintamente – como se estivessem igualmente distantes de nós e num mesmo plano, também imaginamos, como se estivessem a igual distância do presente, e referimos, praticamente, a um mesmo momento do tempo, todos os objetos que existiram em um período que está separado do presente por um intervalo maior do que o que estamos habituados a imaginar distintamente.

7. Por fim – isto é, aquilo por cuja causa fazemos alguma coisa – compreendo o apetite.

8. Por virtude e potência compreendo a mesma coisa, isto é (pela prop. 7 da P. 3), a virtude, enquanto referida ao homem, é sua própria essência ou natureza, à medida que ele tem o poder de realizar coisas que podem ser compreendidas exclusivamente por meio das leis de sua natureza.

Axioma

Não existe, na natureza das coisas, nenhuma coisa singular relativamente à qual não exista outra mais potente e mais forte. Dada uma coisa qualquer, existe uma outra, mais potente, pela qual a primeira pode ser destruída.

Proposições

Proposição 1. **Nada do que uma ideia falsa tem de positivo é suprimido pela presença do verdadeiro enquanto verdadeiro.**

Demonstração. A falsidade consiste apenas na privação de conhecimento que as ideias inadequadas envolvem (pela prop. 35 da P. 2), e essas ideias não têm nada de positivo pelo qual se digam falsas (pela prop. 33 da P. 2). Em vez disso, elas são, enquanto estão referidas a Deus, verdadeiras (pela prop. 32 da P. 2). Se, portanto, aquilo que uma ideia falsa tem de positivo fosse suprimido pela presença do verdadeiro, enquanto verdadeiro, então uma ideia verdadeira seria suprimida por si própria, o que é absurdo (pela prop. 4 da P. 3). Logo, nada do que uma ideia, etc. C. Q. D.

Escólio. Esta prop. pode ser mais claramente compreendida pelo corol. 2 da prop. 16 da P. 2. Pois uma imaginação é uma ideia que indica mais o estado presente do corpo humano do que a natureza do corpo exterior, não distintamente, é verdade, mas confusamente. Diz-se, por isso, que a mente erra. Por exemplo, quando contemplamos o sol, imaginamos que está a uma distância aproximada de duzentos pés, no que nos enganamos, enquanto não soubermos qual é a distância verdadeira. Conhecida a distância, suprime-se, é verdade, o erro, mas não a imaginação, isto é, a ideia do sol, a qual explica sua natureza apenas à medida que o corpo é por ele afetado. E, assim, embora saibamos a verdadeira distância, continuaremos, entretanto, a imaginar que ele está perto de nós. Pois, como dissemos no esc. da prop. 35 da P. 2, imaginamos que o sol está tão próximo não por ignorarmos a distância verdadeira, mas porque a mente concebe o tamanho do sol apenas à medida que o corpo é por ele afetado. Assim também, quando os raios do sol, ao incidirem sobre a superfície da água, são refletidos em direção aos nossos olhos, nós o imaginamos como se estivesse na água, embora saibamos qual é sua localização verdadeira. E, igualmente, as outras imaginações que enganam a mente, quer indiquem o estado natural do corpo, quer indiquem um aumento ou uma diminuição de sua potência de agir, não são contrárias ao verdadeiro, nem se desvanecem por sua presença. É verdade que acontece, quando erroneamente tememos algum mal, que o temor se desvanece quando ouvimos a notícia verdadeira, mas, inversamente, também acontece, quando tememos algum mal que certamente virá, que o temor se desvanece quando ouvimos uma notícia falsa. Portanto, as imaginações não se desvanecem pela presença do verdadeiro, enquanto verdadeiro, mas porque se apresentam outras imaginações mais fortes que excluem a existência presente das coisas que imaginamos, como mostramos na prop. 17 da P. 2.

Proposição 2. **Padecemos à medida que somos uma parte da natureza, parte que não pode ser concebida por si mesma, sem as demais.**

Demonstração. Diz-se que padecemos quando algo surge em nós de que não somos senão causa parcial (pela def. 2 da P. 3), isto é (pela def. 1 da P. 3), algo que não pode ser deduzido exclusivamente das leis de nossa natureza. Padecemos, portanto, à medida que somos uma parte da natureza, parte que não pode ser concebida por si mesma, sem as demais. C. Q. D.

Proposição 3. **A força pela qual o homem persevera no existir é limitada e é superada, infinitamente, pela potência das causas exteriores.**

Demonstração. É evidente pelo axioma desta parte. Com efeito, dado um homem, existe outra coisa, digamos, *A*, mais potente. E dado *A*, existe ainda outra, digamos, *B*, mais potente que *A*, e assim até o infinito. Portanto, a potência do homem é definida pela potência de uma outra coisa e é superada, infinitamente, pela potência das causas exteriores. C. Q. D.

Proposição 4. **Não pode ocorrer que o homem não seja uma parte da natureza, e que não possa sofrer outras mudanças que não aquelas que podem ser compreendidas exclusivamente por meio de sua própria natureza e das quais é causa adequada.**

Demonstração. A potência pela qual as coisas singulares e, consequentemente, o homem, conservam seu ser, é a própria potência de Deus, ou seja, da natureza (pelo corol. da prop. 24 da P. 1), não enquanto é infinita, mas enquanto pode ser explicada por uma essência humana atual (pela prop. 7 da P. 3). Assim, a potência do homem, enquanto é explicada por sua essência atual, é uma parte da potência infinita de Deus ou da natureza, isto é (pela prop. 34 da P. 1), de sua essência. Era o primeiro ponto a ser demonstrado. Em segundo lugar, se fosse possível ocorrer que o homem não pudesse sofrer quaisquer outras mudanças que não aquelas que podem ser explicadas exclusivamente por meio de sua natureza de homem, se seguiria (pelas prop. 4 e 6 da P. 3) que ele não poderia perecer, mas que necessariamente existiria sempre. E isso deveria se seguir de uma causa cuja potência fosse ou finita ou infinita, ou seja: ou da exclusiva potência do homem, a qual seria, neste caso, capaz de afastar de si as outras mudanças que pudessem provir de causas exteriores; ou da potência infinita da natureza, pela qual seriam dirigidas todas as coisas singulares, de tal maneira que o homem não poderia sofrer quaisquer outras mudanças que não aquelas que fossem úteis para sua conservação. A primeira hipótese (pela prop. prec., cuja demonstração é universal e pode ser aplicada a todas as coisas singulares) é absurda. Logo, se pudesse ocorrer que o homem não sofresse outras mudanças que não as que podem ser compreendidas exclusivamente por meio de sua própria natureza e, como consequência (como já demonstramos), que necessariamente o homem existisse sempre, isso deveria seguir-se da potência infinita de Deus e, consequentemente (pela prop. 16 da P. 1), da necessidade da natureza divina – enquanto considerada como afetada da ideia de algum homem – deveria ser deduzida a ordem de toda a natureza, enquanto concebida segundo os atributos da extensão e do pensamento. E, portanto (pela prop. 21 da P. 1), se seguiria que o homem seria infinito, o que (pela primeira parte desta demonstração) é absurdo. Não pode, pois, ocorrer que o homem não sofra quaisquer outras mudanças que não aquelas de que é causa adequada. C. Q. D.

Corolário. Disso se segue que o homem está sempre, necessariamente, submetido às paixões, que segue a ordem comum da natureza, que a obedece e que, tanto quanto o exige a natureza das coisas, a ela se adapta.

Proposição 5. **A força e a expansão de uma paixão qualquer, assim como sua perseverança no existir, são definidas não pela potência com que nos esforçamos por perseverar no existir, mas pela potência, considerada em comparação com a nossa, da causa exterior.**

Demonstração. A essência de uma paixão não pode ser explicada exclusivamente por meio de nossa essência (pelas def. 1 e 2 da P. 3), isto é (pela prop. 7 da P. 3), a potência de uma paixão não pode ser definida pela potência com que nos esforçamos por perseverar em nosso ser, mas (como se demonstrou na prop. 16 da P. 2) deve ser definida, necessariamente, pela potência, considerada em comparação com a nossa, da causa exterior. C. Q. D.

Proposição 6. **A força de uma paixão ou de um afeto pode superar as outras ações do homem, ou sua potência, de tal maneira que este afeto permanece, obstinadamente, nele fixado.**

Demonstração. A força e a expansão de uma paixão qualquer, assim como sua perseverança no existir, são definidas pela potência, considerada em comparação com a nossa, da causa exterior (pela prop. prec.). Logo (pela prop. 3), essa força pode superar a potência do homem, etc. C. Q. D.

Proposição 7. **Um afeto não pode ser refreado nem anulado senão por um afeto contrário e mais forte do que o afeto a ser refreado.**

Demonstração. Um afeto, enquanto está referido à mente, é uma ideia pela qual a mente afirma a força de existir, maior ou menos que antes, de seu corpo (pela def. geral dos afetos, que se encontra no final da P. 3). Assim, quando a mente é tomada de algum afeto, o corpo é, simultaneamente, afetado de uma afecção por meio da qual sua potência de agir é aumentada ou diminuída. Além disso, esta afecção do corpo (pela prop. 5) recebe de sua própria causa a força para perseverar em seu ser, a qual, portanto, não pode ser refreada nem anulada senão por uma causa corpórea (pela prop. 6 da P. 2) que afete o corpo de uma afecção contrária à primeira (pela prop. 5 da P. 3) e mais forte que ela (pelo axioma desta parte). A mente é, portanto (pela prop. 12 da P. 2), afetada da ideia de uma afecção mais forte e contrária à primeira, isto é (pela def. geral dos afetos), a mente será afetada do afeto mais forte e contrário ao primeiro, o qual, pois, excluirá ou anulará a existência do primeiro. Por isso, um afeto não pode ser anulado nem refreado senão por um afeto contrário e mais forte. C. Q. D.

Corolário. Um afeto, enquanto está referido à mente, não pode ser refreado nem anulado senão pela ideia de uma afecção do corpo contrária àquela da qual padecemos e mais forte que ela. Com efeito, o afeto de que padecemos não pode ser refreado nem anulado senão por um afeto mais forte que o primeiro e contrário a ele (pela prop. prec.), isto é (pela def. geral dos afetos), senão pela ideia de uma afecção do corpo contrária àquela da qual padecemos e mais forte do que ela.

Proposição 8. **O conhecimento do bem e do mal nada mais é do que o afeto de alegria ou de tristeza, à medida que dele estamos conscientes.**

Demonstração. Chamamos de bem ou de mal aquilo que estimula ou refreia a conservação de nosso ser (pelas def. 1 e 2), isto é (pela prop. 7 da P. 3), aquilo que aumenta ou diminui, estimula ou refreia nossa potência de agir. Assim (pelas def. de alegria e de tristeza, que se podem conferir no esc. da prop. 11 da P. 3), é à medida que percebemos que uma coisa nos afeta de alegria ou de tristeza que nós a chamamos de boa ou de má. Portanto, o conhecimento do bem e do mal nada mais é do que a ideia de alegria ou de tristeza que se segue necessariamente desse afeto de alegria ou de tristeza (pela prop. 22 da P. 2). Ora, essa ideia está unida ao afeto da mesma maneira que a mente está unida ao corpo (pela prop. 21 da P. 2), isto é (como se demonstrou no esc. da mesma prop.), ela não se distingue efetivamente do próprio afeto, ou seja (pela def. geral dos afetos), não se distingue da ideia da afecção do corpo senão conceitualmente. Logo, o conhecimento do bem e do mal nada mais é do que o próprio afeto, à medida que dele estamos conscientes. C. Q. D.

Proposição 9. **Um afeto cuja causa imaginamos, neste momento, nos estar presente, é mais forte do que se imaginássemos que ela não está presente.**

Demonstração. Uma imaginação é uma ideia pela qual a mente considera uma coisa como presente (veja-se sua def. no esc. da prop. 17 da P. 2), a qual, entretanto, indica mais o estado do corpo humano do que a natureza da coisa exterior (pelo corol. 2 da prop. 16 da P. 2). Enquanto indica o estado do corpo, um afeto é, portanto (pela def. geral dos afetos), uma imaginação. Ora, uma imaginação (pela prop. 17 da P. 2) é mais intensa enquanto não imaginamos nada que exclui a existência presente da coisa exterior. Logo, igualmente, um afeto cuja causa imaginamos, neste momento, nos estar presente, é mais intenso ou mais forte do que se imaginássemos que ela não está presente. C. Q. D.

Escólio. Quando disse, anteriormente, na prop. 18 da P. 3, que somos afetados pela imagem de uma coisa futura ou passada do mesmo afeto de que seríamos afetados se a coisa que imaginamos estivesse presente, adverti expressamente que isso é verdade à medida que consideramos apenas a imagem dessa coisa. Com efeito, a natureza da imagem é a mesma, tenhamos ou não imaginado a coisa como presente. Não neguei, entretanto, que essa imagem se torna mais débil quando consideramos outras coisas que nos estão presentes e que excluem a existência presente da coisa futura, o que, naquela passagem, deixei de enfatizar, porque havia decidido tratar das forças dos afetos nesta parte.

Corolário. A imagem de uma coisa futura ou passada, isto é, de uma coisa que consideramos relativamente a um tempo futuro ou passado, com exclusão do presente, é mais débil, em igualdade de circunstâncias, do que a imagem de uma coisa presente. Como consequência, o afeto relativo a uma coisa futura ou passada é mais brando, em igualdade de circunstâncias, que o afeto relativo a uma coisa presente.

Proposição 10. Somos mais intensamente afetados, relativamente a uma coisa futura, se a imaginamos bem próxima de ocorrer do que se imaginássemos que o momento de ela vir a existir está ainda muito longe do presente. Somos, igualmente, mais intensamente afetados pela lembrança de uma coisa que imaginamos não ter se passado há muito tempo do que se imaginássemos que ela se passou há muito tempo.

Demonstração. Com efeito, à medida que imaginamos que uma coisa está bem próxima de ocorrer ou, então, que não se passou há muito tempo, imaginamos, por isso mesmo, algo que exclui menos a presença dessa coisa do que se imaginássemos que o momento de ela vir a existir ainda está muito longe do presente ou que já se passou há muito tempo (como é, por si mesmo, sabido). Portanto (pela prop. prec.), relativamente a ela, seremos, sob essas condições, mais intensamente afetados. C. Q. D.

Escólio. Do que observamos na def. 6, segue-se que somos afetados, de maneira igualmente branda, relativamente a objetos que estão distantes do presente por um intervalo de tempo maior do que aquele que podemos determinar pela imaginação, ainda que compreendamos que esses objetos estão separados entre si por um longo intervalo de tempo.

Proposição 11. **O afeto relativamente a uma coisa que imaginamos como necessária é, em igualdade de circunstâncias, mais intenso do que o afeto relativo a uma coisa possível ou contingente, ou seja, não necessária.**

Demonstração. À medida que imaginamos que uma coisa é necessária, afirmamos a sua existência; e, inversamente, à medida que imaginamos que uma coisa não é necessária (pelo esc. 1 da prop. 33 da P. 1), negamos a sua existência. Por isso (pela prop. 9), o afeto relativamente a uma coisa necessária é, em igualdade de circunstâncias, mais intenso do que o afeto relativo a uma coisa não necessária. C. Q. D.

Proposição 12. **O afeto relativamente a uma coisa que sabemos não existir no momento e que imaginamos como possível, é, em igualdade de circunstâncias, mais intenso do que o afeto relativo a uma coisa contingente.**

Demonstração. À medida que imaginamos uma coisa como contingente, não somos afetados por nenhuma imagem de outra coisa que ponha a existência dessa coisa (pela def. 3). Pelo contrário (conforme a hipótese), imaginamos certas coisas que excluem a sua existência presente. Ora, à medida que imaginamos uma coisa como sendo possível, no futuro, imaginamos certas coisas que põem a sua existência (pela def. 4), isto é (pela prop. 18 da P. 3), que reforçam a esperança ou o medo. Portanto, o afeto relativo a uma coisa possível é mais veemente. C. Q. D.

Corolário. O afeto relativo a uma coisa que sabemos não existir no presente, e que imaginamos como contingente, é muito mais brando do que se imaginássemos que tal coisa, neste momento, nos está presente.

Demonstração. O afeto relativo a uma coisa que imaginamos presentemente existir é mais intenso do que se a imaginássemos como futura (pelo corol. da prop. 9), e é muito mais veemente do que se imaginássemos que esse tempo futuro está muito distante do presente (pela prop.10). Assim, o afeto relativo a uma coisa cujo momento de vir a existir nós imaginamos estar muito longe do presente é muito mais brando do que se a imaginássemos como presente e, contudo (pela prop. prec.), é mais intenso do que se a imaginássemos como contingente. Portanto, o afeto relativo a uma coisa contingente será muito mais brando do que se imaginássemos que a coisa, neste momento, nos está presente. C. Q. D.

Proposição 13. O afeto relativo a uma coisa contingente que sabemos não existir no momento é, em igualdade de circunstâncias, mais brando do que o afeto relativo a uma coisa passada.

Demonstração. À medida que imaginamos uma coisa como contingente, não somos afetados por qualquer imagem de uma outra coisa que ponha a existência dessa coisa (pela def. 3). Pelo contrário (conforme a hipótese), imaginamos, em vez disso, certas coisas que excluem sua existência presente. À medida, entretanto, que a imaginamos em relação com um tempo passado, supõe-se que imaginamos algo que a traz à lembrança, ou seja, que provoca a imagem dessa coisa (vejam-se a prop. 18 da P. 2, juntamente com seu esc.), o que faz, assim, com que a consideremos como se estivesse presente (pelo corol. da prop. 17 da P. 2). Portanto (pela prop. 9), o afeto relativo a uma coisa contingente que sabemos não existir no momento será, em igualdade de condições, mais brando do que o afeto relativo a uma coisa passada. C. Q. D.

Proposição 14. O conhecimento verdadeiro do bem e do mal, enquanto verdadeiro, não pode refrear qualquer afeto; poderá refreá-lo apenas enquanto considerado como afeto.

Demonstração. Um afeto é uma ideia pela qual a mente afirma a força de existir, maior ou menos que antes, do seu corpo (pela def. geral dos afetos). Portanto (pela prop. 1), nada do que tem de positivo pode ser suprimido pela presença do verdadeiro. Consequentemente, o conhecimento verdadeiro do bem e do mal, enquanto verdadeiro, não pode refrear qualquer afeto. Mas, enquanto afeto (veja-se a prop. 8), e apenas enquanto tal (pela prop. 7), se é mais forte que o afeto a ser refreado, esse conhecimento poderá refreá-lo. C. Q. D.

Proposição 15. O desejo que surge do conhecimento verdadeiro do bem e do mal pode ser extinto ou refreado por muitos outros desejos que provêm dos afetos pelos quais somos afligidos.

Demonstração. Do conhecimento verdadeiro do bem e do mal, enquanto afeto (pela prop. 8), surge necessariamente um desejo (pela def. 1 dos afetos), que é tanto maior quanto maior é o afeto do qual surge (pela prop. 37

da P. 3). Como, entretanto, este desejo (por hipótese) surge por compreendermos algo verdadeiramente, ele segue-se, portanto, em nós, enquanto agimos (pela prop. 3 da P. 3). E deve, por isso, ser compreendido exclusivamente por meio de nossa essência (pela def. 2 da P. 3) e, como consequência (pela prop. 7 da P. 3), sua força e expansão devem ser definidas exclusivamente pela potência humana. Além disso, os desejos que surgem dos afetos pelos quais somos afligidos também são tanto maiores quanto mais veementes forem esses afetos. Sua força e expansão devem, pois (pela prop. 5), ser definidas pela potência das causas exteriores, a qual, em comparação, supera indefinidamente a nossa potência (pela prop. 3). Assim, os desejos que surgem de tais afetos podem ser mais veementes do que aquele que surge do conhecimento verdadeiro do bem e do mal e poderão, portanto (pela prop. 7), refreá-lo ou extingui-lo. C. Q. D.

Proposição 16. **O desejo que surge do conhecimento verdadeiro do bem e do mal, enquanto tal conhecimento diz respeito ao futuro, pode ser mais facilmente refreado ou extinto pelo desejo de coisas que são presentemente atrativas.**

Demonstração. O afeto relativo a uma coisa que imaginamos como futura é mais brando que o afeto relativo a uma coisa presente (pelo corol. da prop. 9). Ora, o desejo que surge do conhecimento verdadeiro do bem e do mal pode ser extinto ou refreado, até mesmo se diz respeito a coisas que são presentemente boas, por algum desejo fortuito (pela prop. prec., cuja demonstração é universalmente válida). Logo, o desejo que surge de tal conhecimento, enquanto diz respeito ao futuro, poderá ser mais facilmente refreado ou extinto, etc. C. Q. D.

Proposição 17. **O desejo que surge do conhecimento verdadeiro do bem e do mal, enquanto tal conhecimento diz respeito a coisas contingentes, pode ser ainda mais facilmente refreado pelo desejo de coisas que estão presentes.**

Demonstração. Esta proposição demonstra-se, da mesma maneira que a precedente, pelo corol. da prop. 12.

Escólio. Julgo, com isso, ter demonstrado por que os homens são movidos mais pela opinião do que pela verdadeira razão, e por que o conhecimento verdadeiro do bem e do mal provoca perturbações do ânimo e leva, muitas vezes, a todo tipo de licenciosidade. Vem daí o que disse o poeta: *Vejo o que é melhor e o aprovo, mas sigo o que é pior.* Parece que o

Eclesiastes tinha em mente a mesma coisa quando disse: *Quem aumenta seu saber, aumenta sua dor*. Não digo isso para chegar à conclusão de que é preferível ignorar do que saber, ou de que não há nenhuma diferença entre o ignorante e o inteligente quando se trata de regular os afetos, mas porque é preciso conhecer tanto a potência de nossa natureza quanto a sua impotência, para que possamos determinar, quanto à regulação dos afetos, o que pode a razão e o que não pode. Disse que iria tratar, nesta parte, apenas da impotência humana, pois decidi tratar separadamente a questão do poder da razão sobre os afetos.

Proposição 18. O desejo que surge da alegria é, em igualdade de circunstâncias, mais forte que o desejo que surge da tristeza.

Demonstração. O desejo é a própria essência do homem (pela def. 1 dos afetos), isto é (pela prop. 7 da P. 3), o esforço pelo qual o homem se esforça por perseverar em seu ser. Por isso, o desejo que surge da alegria é estimulado ou aumentado pelo próprio afeto de alegria (pela def. de alegria, que se pode conferir no esc. da prop. 11 da P. 3). Em troca, o afeto que surge da tristeza é diminuído ou refreado pelo próprio afeto de tristeza (pelo mesmo esc.). Assim, a força do desejo que surge da alegria deve ser definida pela potência humana e, ao mesmo tempo, pela potência da causa exterior, enquanto a força do desejo que surge da tristeza deve ser definida exclusivamente pela potência humana. O primeiro desejo é, portanto, mais forte que o último. C. Q. D.

Escólio. Expliquei, nessas poucas proposições, as causas da impotência e da inconstância humanas, e por que os homens não observam os preceitos da razão. Falta agora mostrar o que a razão nos prescreve, e quais afetos estão de acordo com as regras da razão humana e quais, em troca, lhe são contrários. Mas antes de começar a fazer essas demonstrações segundo nossa meticulosa ordem geométrica, convém apresentar, aqui, brevemente, os próprios ditames da razão, para que as coisas que penso sejam mais facilmente percebidas por todos. Como a razão não exige nada que seja contra a natureza, ela exige que cada qual ame a si próprio; que busque o que lhe seja útil, mas efetivamente útil; que deseje tudo aquilo que, efetivamente, conduza o homem a uma maior perfeição; e, mais geralmente, que cada qual se esforce por conservar, tanto quanto está em si, o seu ser. Tudo isso é tão necessariamente verdadeiro quanto é verdadeiro que o todo é maior que qualquer uma de suas partes (veja-se a prop. 4 da P. 3). Além disso, uma vez que a virtude (pela def. 8) não consiste senão em agir pelas leis da própria natureza, e que ninguém se esforça por conservar o seu ser (pela prop. 7 da P. 3) senão pelas leis de sua natureza, segue-se: 1. Que o fundamento da virtude é esse esforço por conservar o próprio ser e que a felicidade consiste em o homem poder conservá-lo. 2. Que a virtude deve ser apetecida por si mesma, não existindo nenhuma outra coisa que lhe seja preferível ou que nos seja mais útil e por cuja causa ela deveria ser apetecida. 3. Finalmente, que aqueles que se suicidam têm o ânimo impotente e estão inteiramente dominados por causas exteriores e contrárias à sua natureza. Segue-se, ainda, pelo post. 4 da P. 2, que é totalmente impossível que não precisemos de nada que nos seja exterior para conservar o nosso ser, e que vivamos de maneira que não tenhamos nenhuma troca com as coisas que estão fora de nós. Se, além disso, levamos em consideração a nossa mente, certamente o nosso intelecto seria mais imperfeito se a mente existisse sozinha e não compreendesse nada além dela própria. Existem, pois, muitas coisas, fora de nós, que nos são úteis e que, por isso, devem ser apetecidas. Dentre elas, não se pode cogitar nenhuma outra melhor do que aquelas que estão inteiramente de acordo com a nossa natureza. Com efeito, se, por exemplo, dois indivíduos de natureza inteiramente igual se juntam, eles compõem um indivíduo duas vezes mais potente do que cada um deles considerado separadamente. Portanto, nada é mais útil ao homem do que o próprio homem. Quero com isso dizer que os homens não podem aspirar nada que seja mais vantajoso para conservar o seu ser do que estarem, todos, em concordância em tudo, de maneira que as mentes e os corpos de todos componham como que uma só mente e um só corpo, e que todos, em conjunto, se esforcem, tanto quanto possam, por conservar o seu ser, e que busquem, juntos, o que é de utilidade comum para todos. Disso se segue que os homens que se regem pela razão, isto é, os homens que buscam, sob a condução da razão, o que lhes é útil, nada apetecem para si que não desejem também para os outros e são, por isso, justos, confiáveis e leais.

São esses os ditames da razão que me tinha a proposto a mostrar brevemente, aqui, antes de começar a demonstrá-los por meio de uma ordem mais meticulosa. Assim procedi para, se for possível, ganhar a atenção dos que julgam que este princípio, a saber, o de que cada qual tem que buscar o que lhe é útil, é o fundamento da impiedade e não da virtude e da piedade. Assim, após ter mostrado brevemente que a verdade é o contrário dessa opinião, passo a demonstrar tudo isso pelo mesmo procedimento utilizado até aqui.

Proposição 19. Cada um necessariamente apetece ou rejeita, pelas leis de sua natureza, aquilo que julga ser bom ou mau.

Demonstração. O conhecimento do bem e do mal é (pela prop. 8) o próprio afeto de alegria ou de tristeza, à medida que dele estamos conscientes. Portanto (pela prop. 28 da P. 3), cada um necessariamente apetece o que julga ser bom e, inversamente, rejeita o que julga ser mau. Mas esse apetite nada mais é do que a própria essência ou natureza do homem (pela def. de apetite, que pode ser conferida no esc. da prop. 9 da P. 3 e na def. 1 dos afetos). Logo, cada um necessariamente apetece ou rejeita, exclusivamente pelas leis de sua natureza, aquilo, etc. C. Q. D.

Proposição 20. **Quanto mais cada um busca o que lhe é útil, isto é, quanto mais se esforça por conservar o seu ser, e é capaz disso, tanto mais é dotado de virtude; e, inversamente, à medida que cada um se descuida do que lhe é útil, isto é, à medida que se descuida de conservar o seu ser, é impotente.**

Demonstração. A virtude é a própria potência humana, que é definida exclusivamente pela essência do homem (pela def. 8), isto é (pela prop. 7 da P. 3), que é definida exclusivamente pelo esforço pelo qual o homem se esforça por perseverar em seu ser. Logo, quanto mais cada um se esforça por conservar o seu ser, e é capaz disso, tanto mais é dotado de virtude e, consequentemente (pelas prop. 4 e 6 da P. 3), à medida que alguém se descuida de conservar o seu ser, é impotente. C. Q. D.

Escólio. Ninguém, portanto, a não ser que seja dominado por causas exteriores e contrárias à sua natureza, descuida-se de desejar o que lhe é útil, ou seja, de conservar o seu ser. Quero, com isso, dizer que não é pela necessidade de sua natureza, mas coagido por causas exteriores, que alguém se recusa a se alimentar ou se suicida, o que pode ocorrer de muitas maneiras. Assim, alguém se suicida coagido por outro, que lhe torce a mão direita, a qual, por acaso, segurava uma espada, obrigando-o a dirigi-la contra o próprio coração. Ou, se é obrigado, como Sêneca, pelo mandato de um tirano, a abrir as próprias veias, por desejar evitar, por meio de um mal menor, um mal maior. Ou, enfim, porque causas exteriores ocultas dispõem sua imaginação e afetam seu corpo de tal maneira que este assume uma segunda natureza, contrária à primeira, natureza cuja ideia não pode existir na mente (pela prop. 10 da P. 3). Que o homem, entretanto, se esforce, pela necessidade de sua natureza, a não existir ou a adquirir outra forma, é algo tão impossível quanto fazer que alguma coisa se faça do nada, como qualquer um, com um mínimo de reflexão, pode ver.

Proposição 21. **Ninguém pode desejar ser feliz, agir e viver bem sem, ao mesmo tempo, desejar ser, agir e viver, isto é, existir em ato.**

Demonstração. A demonstração desta prop., ou melhor, a própria coisa é evidente por si mesma, e também pela def. de desejo. Com efeito, o desejo (pela def. 1 dos afetos) de viver feliz ou de viver e agir bem, etc. é a própria essência do homem, isto é (pela prop. 7 da P. 3), o esforço pelo qual cada um se esforça por conservar o seu ser. Logo, ninguém pode desejar, etc. C. Q. D.

Proposição 22. **Não se pode conceber nenhuma virtude que seja primeira relativamente a esta (quer dizer, ao esforço por se conservar).**

Demonstração. O esforço por se conservar é a própria essência de uma coisa (pela prop. 7 da P. 3). Se, portanto, fosse possível conceber alguma virtude que fosse primeira relativamente a essa, isto é, a esse esforço, então (pela def. 8), a essência de uma coisa seria concebida como sendo primeira relativamente a si própria, o que é absurdo (como é, por si mesmo, sabido). Logo, não se pode conceber nenhuma virtude, etc. C. Q. D.

Corolário. O esforço por se conservar é o primeiro e único fundamento da virtude. Com efeito, não se pode conceber nenhum outro princípio que seja primeiro relativamente a este (pela prop. prec.) e, sem ele (pela prop. 21), não se pode conceber virtude alguma.

Proposição 23. **Não se pode absolutamente dizer que o homem, à medida que é determinado a fazer algo porque tem ideias inadequadas, age por virtude, o que só ocorre à medida que ele é determinado a fazer algo porque compreende.**

Demonstração. À medida que é determinado a agir porque tem ideias inadequadas, o homem padece (pela prop. 1 da P. 3), isto é (pelas def. 1 e 2 da P. 3), faz algo que não pode ser percebido exclusivamente por meio de sua essência, isto é (pela def. 8), que não se segue de sua própria virtude. Mas à medida que é determinado a fazer algo porque compreende, então, dessa maneira (pela mesma prop. 1 da P. 3), ele age, isto é (pela def. 2 da P. 3), faz algo que é percebido exclusivamente por meio de sua essência, ou seja (pela def. 8), que se segue adequadamente de sua própria virtude. C. Q. D.

Proposição 24. **Agir absolutamente por virtude nada mais é, em nós, do que agir, viver, conservar o seu ser (estas três coisas têm o mesmo significado), sob a condução da razão, e isso de acordo com o princípio de buscar o que é útil para si próprio.**

Demonstração. Agir absolutamente por virtude nada mais é (pela def. 8) do que agir segundo as leis da própria natureza. Mas nós só agimos à medida que compreendemos (pela prop. 3 da P. 3). Logo, agir por virtude nada mais é, em nós, do que agir, viver, conservar o seu ser sob a condução da razão, e isso (pelo corol. da prop. 22) de acordo com o princípio de buscar o que é útil para si próprio. C. Q. D.

Proposição 25. **Ninguém se esforça por conservar o seu ser por causa de uma outra coisa.**

Demonstração. O esforço pelo qual cada coisa se esforça por perseverar em seu ser é definido exclusivamente pela essência da própria coisa (pela prop. 7 da P. 3). E exclusivamente dessa dada essência, e não da essência de outra coisa, segue-se (pela prop. 6 da P. 3) necessariamente que cada um se esforça por conservar o seu ser. Esta proposição é, além disso, evidente pelo corol. da prop. 22. Com efeito, se o homem se esforçasse por conservar o seu ser por causa de uma outra coisa, então essa coisa seria o primeiro fundamento da virtude (como é, por si mesmo, sabido), o que (pelo corol. mencionado) é absurdo. Logo, ninguém se esforça por conservar o seu ser, etc. C. Q. D.

Proposição 26. **Tudo aquilo pelo qual, em virtude da razão, nós nos esforçamos, não é senão compreender; e a mente, à medida que utiliza a razão, não julga ser-lhe útil senão aquilo que a conduz ao compreender.**

Demonstração. O esforço por se conservar nada mais é do que a essência da própria coisa (pela prop. 7 da P. 3), a qual, à medida que existe como tal, é concebida como tendo força para perseverar no existir (pela prop. 6 da P. 3) e para fazer aquilo que se segue, necessariamente, de sua dada natureza (veja-se a def. de apetite no esc. da prop. 9 da P. 3). Mas a essência da razão não é senão a nossa mente, à medida que compreende clara e distintamente (veja-se a sua def. no esc. 2 da prop. 40 da P. 2). Logo (pela prop. 40 da P. 2), tudo aquilo pelo qual, em virtude da razão, nós nos esforçamos, não é senão compreender. Por outro lado, como esse esforço pelo qual a mente, à medida que raciocina, esforça-se por conservar o seu ser, não é senão compreender (pela primeira parte desta dem.), então, esse esforço por compreender (pelo corol. da prop. 22) é o primeiro e único fundamento da virtude. E não é por causa de algum fim (pela prop. 25) que nos esforçaremos por compreender as coisas, mas, pelo contrário, a mente, à medida que raciocina, não poderá conceber como sendo bom para si senão aquilo que a conduz ao compreender (pela def. 1). C. Q. D.

Proposição 27. **Não há nada que saibamos, com certeza, ser bom ou mau, exceto aquilo que nos leva efetivamente a compreender ou que possa impedir que compreendamos.**

Demonstração. A mente, à medida que raciocina, nada mais apetece do que compreender, nem nada mais julga ser-lhe útil senão aquilo que a conduz ao compreender (pela prop. prec.). Mas a mente (pelas prop. 41 e 43 da P. 2; confira-se também o esc. da última) não tem certeza das coisas senão à medida que tem ideias adequadas, ou (o que, pelo esc. da prop. 40 da P. 2, é o mesmo), à medida que raciocina. Logo, não há nada que saibamos, com certeza, ser bom, exceto aquilo que nos leva efetivamente a compreender e, inversamente, não há nada que saibamos, com certeza, ser mau, exceto aquilo que possa impedir que compreendamos. C. Q. D.

Proposição 28. **O bem supremo da mente é o conhecimento de Deus e a sua virtude suprema é conhecer Deus.**

Demonstração. A suprema coisa que a mente pode compreender é Deus, isto é (pela def. 6 da P. 1), um ente absolutamente infinito, e sem o qual (pela prop. 15 da P. 1) nada pode existir nem ser concebido. Portanto (pelas prop. 26 e 27), o que é supremamente útil para a mente, ou seja (pela def. 1), o seu bem supremo, é o conhecimento de Deus. Por outro lado, a mente age apenas à medida que compreende (pelas prop. 1 e 3 da P. 3), e apenas sob tal condição (pela prop. 23), pode-se dizer que ela age absolutamente por virtude. Compreender é, pois, a virtude absoluta da mente. Mas a coisa suprema que a mente pode compreender é Deus (como já demonstramos). Logo, a virtude suprema da mente é compreender ou conhecer Deus. C. Q. D.

Proposição 29. **Uma coisa singular qualquer, cuja natureza é inteiramente diferente da nossa, não pode estimular nem refrear a nossa potência de agir e, absolutamente, nenhuma coisa pode ser, para nós, boa ou má, a não ser que tenha algo em comum conosco.**

Demonstração. A potência de qualquer coisa singular e, consequentemente (pelo corol. da prop. 10 da P. 2), a do homem, potência pela qual essa coisa existe e opera, não é determinada senão por outra coisa singular (pela prop. 28 da P. 1), cuja natureza (pela prop. 6 da P. 2) deve ser compreendida pelo mesmo atributo pelo qual se concebe a natureza humana. Assim, nossa potência de agir, de qualquer maneira que seja concebida, pode ser determinada e, consequentemente, estimulada ou refreada pela potência de outra coisa singular que tem algo em comum conosco, e não pela potência de uma coisa cuja natureza é inteiramente diferente da nossa. E como chamamos de bem ou de mal o que é causa de alegria ou de tristeza (pela prop. 8), isto é (pelo esc. da prop. 11 da P. 3), o que aumenta ou diminui, estimula ou refreia nossa potência de agir, então, uma coisa cuja natureza é inteiramente diferente da nossa não pode ser, para nós, nem boa nem má. C. Q. D.

Proposição 30. **Nenhuma coisa pode ser má por aquilo que tem de comum com a nossa natureza; em vez disso, é à medida que nos é contrária que ela é má para nós.**

Demonstração. Chamamos de mal o que é causa de tristeza (pela prop. 8), isto é (pela def. de tristeza, que pode ser conferida no esc. da prop. 11 da P. 3), o que diminui ou refreia nossa potência de agir. Assim, se uma coisa fosse má para nós por aquilo mesmo que tem de comum conosco, ela poderia, então, diminuir ou refrear aquilo que tem de comum conosco, o que (pela prop. 4 da P. 3) é absurdo. Portanto, nenhuma coisa pode ser má para nós por aquilo que tem de comum conosco; em vez disso, é à medida que (pela prop. 5 da P. 3) nos é contrária que ela é má, isto é (como acabamos de demonstrar), que ela diminui ou refreia a nossa potência de agir. C. Q. D.

Proposição 31. **À medida que uma coisa concorda com a nossa natureza, ela é necessariamente boa.**

Demonstração. À medida que uma coisa concorda com a nossa natureza, ela não pode (pela prop. prec.) ser má. Necessariamente será, então, ou boa ou indiferente. Se consideramos a última hipótese, isto é, que ela não é nem boa nem má, então (pela def. 1), nada se seguirá de sua natureza que sirva para a conservação da nossa, isto é (por hipótese), que sirva para a conservação da natureza da própria coisa. Mas isso é absurdo (pela prop. 6 da P. 3). Logo, será, à medida que concorda com a nossa natureza, necessariamente boa. C. Q. D.

Corolário. Disso se segue que quanto mais uma coisa concorda com a nossa natureza, tanto mais útil ou melhor é para nós; e, inversamente, quanto mais uma coisa nos é útil, tanto mais concorda com a nossa natureza. Com efeito, à medida que não concorda com a nossa natureza, será, necessariamente, diferente da nossa natureza ou contrária a ela. Se for diferente, então (pela prop. 29), não poderá ser nem boa, nem má. Se, por outro lado, for contrária, será, então, também contrária à natureza que concorda com a nossa, isto é (pela prop. prec.), contrária ao bem, ou seja, má. Assim, nada pode ser bom senão à medida que concorda com a nossa natureza. Portanto, quanto mais uma coisa concorda com a nossa natureza, tanto mais útil é, e inversamente. C. Q. D.

Proposição 32. À medida que os homens estão submetidos às paixões, não se pode dizer que concordem em natureza.

Demonstração. Quando se diz que as coisas concordam em natureza, compreende-se que concordam em potência (pela prop. 7 da P. 3), e não em impotência ou em negação e, consequentemente (veja-se o esc. da prop. 3 da P. 3), tampouco em paixão. Por isso, à medida que os homens estão submetidos às paixões, não se pode dizer que concordem em natureza. C. Q. D.

Escólio. Isto é, aliás, evidente por si mesmo. Com efeito, quem diz que o branco e o preto concordam apenas porque nenhum deles é vermelho, está afirmando, simplesmente, que o branco e o preto não concordam em coisa alguma. Da mesma maneira, quem diz que a pedra e o homem concordam apenas porque são, ambos, finitos, impotentes, ou porque nenhum dos dois existe pela necessidade de sua natureza ou, enfim, porque são, ambos, indefinidamente superados pela potência das causas exteriores, está afirmando, simplesmente, que a pedra e o homem não concordam em coisa alguma. Pois, as coisas que concordam apenas em negação, ou seja, naquilo que elas não têm, não concordam, realmente, em coisa alguma.

Proposição 33. À medida que são afligidos por afetos que são paixões, os homens podem discrepar em natureza e, igualmente, sob a mesma condição, um único e mesmo homem é volúvel e inconstante.

Demonstração. A natureza ou essência dos afetos não pode ser explicada exclusivamente por meio de nossa essência ou natureza (pelas def. 1 e 2 da P. 3). Ela deve ser definida, em vez disso, pela potência, isto é (pela prop. 7 da P. 3), pela natureza das causas exteriores, considerada em comparação com a nossa. Disso resulta que há tantas espécies de afetos quantas são as espécies de objetos pelos quais somos afetados (veja-se a prop. 56 da P. 3); e que os homens são afetados de diferentes maneiras por um único e mesmo objeto (veja-se a prop. 51 da P. 3), e sob essas condições, discrepam em natureza; e, finalmente, que um único e mesmo homem (pela mesma prop. 51 da P. 3) é afetado de diferentes maneiras relativamente a um mesmo objeto e, sob tal condição, ele é volúvel, etc. C. Q. D.

Proposição 34. À medida que os homens são afligidos por afetos que são paixões podem ser reciprocamente contrários.

Demonstração. Um homem, Pedro, por exemplo, pode ser causa de que Paulo se entristeça, quer porque tem algo de semelhante a uma coisa que Paulo odeia (pela prop. 16 da P. 3), quer porque apenas Pedro desfruta de uma coisa que o próprio Paulo também ama (vejam-se a prop. 32 da P. 3, juntamente com seu esc.), quer, ainda, por outras causas (confiram-se as principais no esc. da prop. 55 da P. 3). Disso resultará (pela def. 7 dos afetos), pois, que Paulo odeie Pedro e, como consequência, facilmente ocorrerá (pela prop. 40 da P. 3, juntamente com seu esc.) que Pedro tenha ódio de Paulo; e que, portanto (pela prop. 39 da P. 3), se esforcem por causar mal um ao outro, isto é (pela prop. 30), que sejam mutuamente contrários. Mas o afeto de tristeza é, sempre, uma paixão (pela prop. 59 da P. 3). Logo, os homens, à medida que são afligidos por afetos que são paixões podem ser reciprocamente contrários. C. Q. D.

Escólio. Disse que Paulo terá ódio de Pedro por imaginar que este último possui exatamente aquilo que o próprio Paulo também ama. Disso parece seguir-se, à primeira vista, que esses dois homens, por amarem a mesma coisa e, consequentemente, por concordarem em natureza, causarão mal um ao outro. E, portanto, se isso fosse verdade, seriam falsas as prop. 30 e 31. Mas se quisermos examinar a questão equilibradamente, veremos que tudo isso está em perfeita concordância. Com efeito, não é enquanto concordam em natureza, isto é, enquanto ambos amam a mesma coisa, que esses homens são reciprocamente nocivos, mas enquanto discrepam entre si. Pois, enquanto ambos amam a mesma coisa, o amor de cada um é, por isso mesmo, reforçado (pela prop. 31 da P. 3), isto é (pela def. 6 dos afetos), a alegria de cada um é, por isso mesmo, reforçada. Portanto, enquanto amam a mesma coisa e concordam em natureza, estão muito longe de serem mutuamente nocivos. A causa dessa conclusão, como disse, é que supomos que eles discrepam em natureza. Supomos, com efeito, que Pedro tem a ideia de uma coisa amada já possuída e que, Paulo, por sua vez, tem a ideia de uma coisa amada perdida. Disso resulta que o segundo é afetado de tristeza e o primeiro, por sua vez, de alegria e, sob tais condições, eles são reciprocamente contrários. Podemos, dessa maneira, facilmente mostrar que as outras causas de ódio dependem apenas daquilo que faz com que os homens discrepem em natureza e não daquilo em que concordam.

Proposição 35. **Apenas à medida que vivem sob a condução da razão, os homens concordam, sempre e necessariamente, em natureza.**

Demonstração. À medida que os homens são afligidos por afetos que são paixões, eles podem ser diferentes em natureza (pela prop. 33) e mutuamente contrários (pela prop. prec.). Diz-se, por outro lado, que os homens agem apenas à medida que vivem sob a condução da razão (pela prop. 3 da P. 3). Portanto, tudo o que se segue da natureza humana, enquanto definida pela razão, deve ser compreendido exclusivamente (pela def. 2 da P. 3) por meio da natureza humana, como causa próxima, que é, de tudo que dela se segue. Mas como cada um deseja, pelas leis de sua natureza, o que é bom e se esforça por afastar o que julga ser mau (pela prop. 19); e, como, além disso, aquilo que julgamos, segundo o ditame da razão, ser bom ou mau, é necessariamente bom ou mau (pela prop. 41 da P. 2); então, apenas à medida que vivem sob a condução da razão, os homens necessariamente fazem o que é necessariamente bom para a natureza humana e, consequentemente, para cada homem, isto é (pelo corol. da prop. 31), aquilo que concorda com a natureza de cada homem. Por isso, igualmente, à medida que vivem sob a condução da razão, os homens concordam, sempre e necessariamente, entre si. C. Q. D.

Corolário 1. Não há, na natureza das coisas, nenhuma coisa singular que seja mais útil ao homem do que um homem que vive sob a condução da razão. Com efeito, o que é de máxima utilidade para o homem é aquilo que concorda, ao máximo, com sua natureza (pelo corol. da prop. 31), isto é (como é, por si mesmo, sabido), o homem. Ora, o homem age inteiramente pelas leis de sua natureza quando vive sob a condução da razão (pela def. 2 da P. 3) e, apenas à medida que assim vive, concorda, sempre e necessariamente, com a natureza de outro homem (pela prop. prec.). Logo, não há, entre as coisas singulares, nada que seja mais útil ao homem do que um homem, etc. C. Q. D.

Corolário 2. É quando cada homem busca o que é de máxima utilidade para si, que são, todos, então, de máxima utilidade uns para com os outros. Com efeito, quanto mais cada um busca o que lhe é útil e se esforça por se conservar, tanto mais é dotado de virtude (pela prop. 20); ou, o que é equivalente (pela def. 8), de tanto mais potência está dotado para agir pelas leis de sua natureza, isto é (pela prop. 3 da P. 3), para viver sob a condução da razão. Ora, os homens concordam, ao máximo, em natureza, quando vivem sob a condução da razão (pela prop. prec.). Logo (pelo corol. prec.), os homens serão de máxima utilidade uns para com os outros quando cada um buscar o que lhe é de máxima utilidade. C. Q. D.

Escólio. O que acabamos de mostrar é confirmado, cotidianamente, pela própria experiência, com tantas e tão claras demonstrações, que está na boca de quase todo mundo o dito de que o *homem é um Deus para o homem.* Entretanto, é raro que os homens vivam sob a condução da razão. Em vez disso, o que ocorre é que eles são, em sua maioria, invejosos e mutuamente nocivos. Mas, apesar disso, dificilmente podem levar uma vida solitária, de maneira que, em sua maior parte, apreciam muito a definição segundo a qual o homem é um animal social. E, de fato, a verdade é que, da sociedade comum dos homens advêm muitos mais vantagens do que desvantagens. Riam-se os satíricos, pois, das coisas humanas, o quanto queiram; execrem-nas os teólogos; enalteçam os melancólicos, o quanto possam, a vida inculta e agreste, condenando os homens e maravilhando-se com os animais. Nem por isso deixarão de experimentar que, por meio da ajuda mútua, os homens conseguem muito mais facilmente aquilo de que precisam, e que apenas pela união das suas forças podem evitar os perigos que os ameaçam por toda parte. Sem falar, por ora, que é mais importante e mais digno de nosso conhecimento observar os feitos dos homens que os dos animais. Mas disso trataremos mais detalhadamente em outro local.

Proposição 36. **O supremo bem dos que buscam a virtude é comum a todos e todos podem desfrutá-lo igualmente.**

Demonstração. Agir por virtude é agir sob a condução da razão (pela prop. 24), e todo nosso esforço por agir segundo a razão consiste em compreender (pela prop. 26). Por isso (pela prop. 28), o bem supremo dos que buscam a virtude consiste em conhecer a Deus, isto é (pela prop. 47 da P. 2 e seu esc.), um bem que é comum a todos os homens e que pode ser possuído igualmente por todos, à medida que são da mesma natureza. C. Q. D.

Escólio. Se, entretanto, alguém perguntar: e se o supremo bem dos que buscam a virtude não fosse comum a todos? Disso não se seguiria, tal como anteriormente se supôs (veja-se a prop. 34), que os homens que vivem sob a condução da razão, isto é (pela prop. 35), que os homens, à medida que concordam em natureza, seriam reciprocamente contrários? Que lhe seja respondido que não é por acidente que o bem supremo do homem é comum a todos, mas pela própria natureza da razão, pois isso se deduz, indubitavelmente, da própria essência humana, à medida que ela é definida pela razão. E porque o homem não poderia existir nem ser concebido se não tivesse o poder de desfrutar desse bem supremo. Pertence, pois (pela prop. 47 da P. 2), à essência da mente humana, ter um conhecimento adequado da essência eterna e infinita de Deus.

Proposição 37. **Todo aquele que busca a virtude desejará, também para os outros homens, um bem que apetece para si próprio, e isso tanto mais quanto maior conhecimento tiver de Deus.**

Demonstração. À medida que vivem sob a condução da razão, os homens são o que há de mais útil ao homem (pelo corol. 1 da prop. 35). Portanto (pela prop. 19), sob a condução da razão, nós, necessariamente, nos esforçaremos para que os homens vivam sob essa mesma condução. Ora, o bem que apetece para si próprio todo aquele que vive sob o ditame da razão, isto é (pela prop. 24), aquele que busca a virtude, é compreender (pela prop. 26). Logo, todo aquele que busca a virtude desejará, também para os outros homens, o bem que apetece para si próprio. Além disso, o desejo, enquanto está referido à mente, é a própria essência da mente (pela def. 1 dos afetos). Ora, a essência da mente consiste em um conhecimento (pela prop. 11 da P. 2) que envolve o conhecimento de Deus (pela prop. 47 da P. 2) e, sem o qual (pela prop. 15 da P. 1), ela não pode existir nem ser concebida. Portanto, quanto maior conhecimento de Deus a essência da mente envolver, tanto maior será também o grau com que aquele que busca a virtude desejará, para um outro, um bem que apetece para si próprio. C. Q. D.

Demonstração alternativa. O homem amará com mais constância o bem que ama e apetece para si próprio se vê que outros também o amam (pela prop. 31 da P. 3). Portanto (pelo corol. da mesma prop.), ele se esforçará para que outros também o amem. E como esse bem (pela prop. prec.) é comum a todos os homens e todos podem desfrutá-lo, ele se esforçará, então (pela mesma razão), para que todos dele desfrutem; e (pela prop.

37 da P. 3) tanto mais se esforçará quanto mais ele próprio desfruta desse bem. C. Q. D.

Escólio 1. Quem se esforça, apenas em função de um afeto, para que os outros amem o que ele próprio ama e para que vivam de acordo com a inclinação que lhe é própria, age apenas por impulso, e se torna, por isso, odioso, sobretudo para aqueles que gostam de outras coisas e que, portanto, por sua vez, se empenham e se esforçam, com igual impulso, para que os outros vivam de acordo com a inclinação que lhes é própria. Além disso, como o bem supremo que, por causa de um afeto, os homens desejam é, muitas vezes, algo do qual apenas um único homem pode desfrutar, ocorre que aqueles que amam não sejam coerentes consigo mesmos e que, ao mesmo tempo que se enchem de gáudio ao proclamar as glórias da coisa que amam, temem ser acreditados. Em troca, quem se esforça por conduzir os outros de acordo com a razão não age por impulso, mas humana e benignamente, e é inteiramente coerente consigo mesmo. De resto, remeto à religiosidade tudo quanto desejamos e fazemos e de que, enquanto temos a ideia de Deus, ou seja, enquanto conhecemos a Deus, somos a causa. Quanto ao desejo de fazer o bem, que surge por vivermos sob a condução da razão, chamo de piedade. Já o desejo que leva o homem que vive sob a condução da razão a unir-se aos outros pela amizade chamo de lealdade. E chamo de leal aquilo que os homens que vivem sob a condução da razão louvam, e de desleal aquilo que contraria o vínculo da amizade. Mostrei também, além disso, quais são os fundamentos da sociedade civil. Percebe-se facilmente, enfim, pelo que foi anteriormente dito, a diferença entre a verdadeira virtude e a impotência: a verdadeira virtude nada mais é do que viver exclusivamente sob a condução da razão, enquanto a impotência consiste em o homem se deixar conduzir apenas pelas coisas que estão fora dele e em ser determinado por elas a fazer aquilo que o arranjo ordinário das coisas exige e não aquilo que exige a sua própria natureza, considerada em si mesma. Foi o que prometi, no esc. da prop. 18, demonstrar. Por isso, é evidente que a lei que proíbe matar os animais funda-se mais numa vã superstição e numa misericórdia feminil do que na sã razão. O princípio pelo qual se deve buscar o que nos é útil ensina, indubitavelmente, a necessidade de nos unirmos aos homens e não aos animais ou às coisas, cuja natureza é diferente da natureza humana. Temos sobre eles o mesmo direito que eles têm sobre nós. Ou melhor, como o direito de cada um se define por sua virtude ou potência, os homens têm muito mais direito sobre os animais do que estes sobre os homens. Não nego, entretanto, que os animais sintam. Nego que não nos seja permitido, por causa disso, atender à nossa conveniência, utilizando-os como desejarmos e tratando-os da maneira que nos seja mais útil, pois eles não concordam, em natureza, conosco, e seus afetos são diferentes, em natureza, dos afetos humanos (veja-se o esc. da prop. 57 da P. 3). Resta explicar o que é o justo, o que é o injusto, o que é o pecado e, enfim, o que é o mérito. Sobre isso, veja-se o escólio seguinte.

Escólio 2. Prometi, no apêndice da primeira parte, explicar o que é a exultação e a afronta, o que é o mérito e o pecado, o que é o justo e o injusto. Quanto à exultação e à afronta, expliquei-os no esc. da prop. 29 da P. 3. É o momento, agora, de falar sobre os outros. É preciso, antes, entretanto, dizer algumas poucas palavras sobre o estado natural e o estado civil do homem. É pelo direito supremo da natureza que cada um existe e, consequentemente, é pelo direito supremo da natureza que cada um faz o que se segue da necessidade de sua própria natureza. Por isso, é pelo direito supremo da natureza que cada um julga o que é bom e o que é mau; o que, de acordo com a sua inclinação, lhe é útil (vejam-se as prop. 19 e 20); vinga-se (veja-se o corol. 2 da prop. 40 da P. 3); e se esforça por conservar o que ama e por destruir o que odeia (veja-se a prop. 28 da P. 3). Se os homens vivessem sob a condução da razão, cada um (pelo corol. 1 da prop. 35) desfrutaria desse seu direito sem qualquer prejuízo para os outros. Como, entretanto, estão submetidos a afetos (pelo corol. da prop. 4), os quais superam, em muito, a potência ou a virtude humana (pela prop. 6), eles são, muitas vezes, arrastados para diferentes direções (pela prop. 33) e são reciprocamente contrários (pela prop. 34), quando o que precisam é de ajuda mútua (pelo esc. da prop. 35). Para que os homens, portanto, vivam em concórdia e possam ajudar-se mutuamente, é preciso que façam concessões relativamente a seu direito natural e deem-se garantias recíprocas de que nada farão que possa redundar em prejuízo alheio. Por qual razão isso pode vir a acontecer − quer dizer, que os homens, que estão necessariamente submetidos aos afetos (pelo corol. da prop. 4) e são inconstantes e volúveis (pela prop. 33), possam dar-se essas garantias recíprocas e terem uma confiança mútua − é evidente pela prop. 7 desta parte e pela prop. 39 da P. 3. Mais especificamente, é porque nenhum afeto pode ser refreado a não ser por um afeto mais forte e contrário ao afeto a ser refreado, e porque cada um se abstém de causar prejuízo a outro por medo de um prejuízo maior. É, pois, com base nessa lei que se poderá estabelecer uma sociedade, sob a condição de que esta avoque para si própria o direito que cada um tem de se vingar e de julgar sobre o bem e o mal. E que ela tenha, portanto, o poder de prescrever uma norma de vida comum e de elaborar leis, fazendo-as cumprir não pela razão, que não pode refrear os afetos (pelo esc.da prop. 17), mas por ameaças. Uma tal sociedade, baseada nas leis e no poder de se conservar, chama-se sociedade civil e aqueles que são protegidos pelos direitos dessa sociedade chamam-se cidadãos. Com isso, compreendemos facilmente que, no estado natural, não há nada que seja bom ou mau pelo consenso de todos, pois quem se encontra no estado natural preocupa-se apenas com o que lhe é de utilidade, considerada segundo a sua própria inclinação. E decide sobre o que é bom e o que é mau apenas por sua utilidade, não estando obrigado, por qualquer lei, a obedecer a ninguém mais senão a si próprio. Não se pode, por isso, no estado natural, conceber-se o pecado, mas pode-se, certamente, concebê-lo no estado civil, no qual o que é bom e o que é mau é decidido por consenso, e cada um está obrigado a obedecer à sociedade civil. O pecado não é, pois, senão uma desobediência, que é punida apenas por causa do direito da sociedade civil. E, inversamente, a obediência é creditada ao cidadão como mérito, pois, por causa dela, ele é julgado digno de desfrutar dos benefícios da sociedade civil. Além disso, ninguém, no estado natural, é dono de algo por consenso, nem há, na natureza, nada que se possa dizer que é deste homem e não daquele. Em vez disso, tudo é de todos, não se podendo, pois, conceber, no estado natural, nenhuma disposição para conceder a cada um o que é seu ou para despojá-lo do que lhe pertence, isto é, no estado natural, não há nada que se faça que se possa chamar de justo ou injusto. Isso é possível, entretanto, no estado civil, no qual se decide, por consenso, o que é deste ou daquele. Por essas razões é evidente que o justo e o injusto, o pecado e o mérito são noções extrínsecas e não atributos que expliquem a natureza da mente. Mas sobre isso já disse o suficiente.

Proposição 38. **É útil ao homem aquilo que dispõe o seu corpo a poder ser afetado de muitas maneiras, ou que o torna capaz de afetar de muitas maneiras os corpos exteriores; e é tanto mais útil quanto mais torna o corpo humano capaz de ser afetado e de afetar os outros corpos de muitas maneiras. E, inversamente, é nocivo aquilo que torna o corpo menos capaz disso.**

Demonstração. Quanto mais o corpo se torna capaz disso, tanto mais a mente se torna capaz de perceber (pela prop. 14 da P. 2). Portanto, aquilo que assim dispõe o corpo e o torna capaz disso é necessariamente bom ou útil (pelas prop. 26 e 27), e tanto mais útil quanto mais pode tornar o corpo capaz disso; e, inversamente (pela mesma prop. 14 da P. 2, considerada inversamente, e pelas prop. 26 e 27 desta parte), é nocivo se torna o corpo menos capaz disso. C. Q. D.

Proposição 39. É bom aquilo que faz com que se conserve a proporção entre movimento e repouso que as partes do corpo humano têm entre si; e, inversamente, é mau aquilo que faz com que as partes do corpo humano tenham, entre si, uma proporção diferente entre movimento e repouso.

Demonstração. O corpo humano precisa, para se conservar, de muitos outros corpos (pelo post. 4 da P. 2). Ora, o que constitui a forma do corpo humano consiste em que as suas partes transmitem entre si os seus movimentos segundo uma proporção definida (pela def. que precede o lema 4, que pode ser conferida após a prop. 13 da P. 2). Logo, aquilo que faz com que se conserve a proporção entre movimento e repouso que as partes do corpo humano têm entre si conserva a forma desse corpo e faz, consequentemente, com que (pelos post. 3 e 6 da P. 2) ele possa ser afetado e que possa afetar os corpos exteriores de muitas maneiras e é, por isso (pela prop. prec.), bom. Por outro lado, aquilo que faz com que as partes do corpo humano adquiram, entre si, outra proporção entre movimento e repouso, também faz (pela mesma def. da P. 2) com que esse corpo assuma outra forma; isto é (como é, por si mesmo, sabido, e como observamos no final do prefácio desta parte), faz com que o corpo humano seja destruído e, consequentemente, que se torne inteiramente incapaz de poder ser afetado de muitas maneiras; e é, portanto (pela prop. prec.), mau. C. Q. D.

Escólio. O quanto essas coisas podem ser prejudiciais ou benéficas para a mente será explicado na P. 5. Aqui, deve-se observar, entretanto, que compreendo que a morte do corpo sobrevém quando suas partes se dispõem de uma maneira tal que adquirem, entre si, outra proporção entre movimento e repouso. Pois não ouso negar que o corpo humano, ainda que mantenha a circulação sanguínea e outras coisas, em função das quais se julga que ele ainda vive, pode, não obstante, ter sua natureza transformada em outra inteiramente diferente da sua. Com efeito, nenhuma razão me obriga a afirmar que o corpo não morre a não ser quando se transforma em cadáver. Na verdade, a própria experiência parece sugerir o contrário. Pois ocorre que um homem passa, às vezes, por transformações tais que não seria fácil dizer que ele é o mesmo. Tal como ouvi contarem de um poeta espanhol, que fora atingido por uma doença e que, embora dela tenha se curado, esqueceu-se, entretanto, de tal forma da sua vida passada que acreditava que não eram suas as comédias e tragédias que havia escrito; e, certamente, se tivesse esquecido também sua língua materna, se poderia julgá-lo uma criança adulta. E se isso parece incrível, o que diremos da transformação das crianças em adultos? Um homem de idade avançada acredita que a natureza das crianças é tão diferente da sua que não poderia ser convencido de que foi uma vez criança, se não chegasse a essa conclusão pelos outros. Para não dar, entretanto, aos supersticiosos, pretexto para que levantem novas questões, prefiro parar por aqui.

Proposição 40. **É útil aquilo que conduz à sociedade comum dos homens, ou seja, aquilo que faz com que os homens vivam em concórdia e, inversamente, é mau aquilo que traz discórdia à sociedade civil.**

Demonstração. Com efeito, aquilo que faz com os homem vivam em concórdia leva-os, ao mesmo tempo, a viverem sob a condução da razão (pela prop. 35) e, portanto (pelas prop. 26 e 27), é bom, e (pela mesma razão), inversamente, é mau aquilo que provoca discórdias. C. Q. D.

Proposição 41. **A alegria não é diretamente má, mas boa; a tristeza, em troca, é diretamente má.**

Demonstração. A alegria (pela prop. 11 da P. 3, juntamente com seu esc.) é um afeto pelo qual a potência de agir do corpo é aumentada ou estimulada. A tristeza, em troca, é um afeto pelo qual a potência de agir do corpo é diminuída ou refreada. Portanto (pela prop. 38), a alegria é diretamente boa, etc. C. Q. D.

Proposição 42. **O contentamento nunca é excessivo, mas sempre bom, enquanto, inversamente, a melancolia é sempre má.**

Demonstração. O contentamento (veja-se sua def. no esc. da prop. 11 da P. 3) é uma alegria que, enquanto está referida ao corpo, consiste em que todas as suas partes são igualmente afetadas, isto é (pela prop. 11 da P. 3), em que a potência de agir do corpo é aumentada ou estimulada de tal maneira que todas as suas partes adquirem, entre si, a mesma proporção entre movimento e repouso. Portanto (pela prop. 39), o contentamento é sempre bom e nunca é excessivo. A melancolia (cuja def. pode ser conferida no esc. da prop. 11 da P. 3), em troca, é uma tristeza que, enquanto referida ao corpo, consiste em que a potência de agir do corpo é inteiramente diminuída ou refreada. Portanto (pela prop. 38), é sempre má. C. Q. D.

Proposição 43. **A excitação pode ser excessiva e ser má; em troca, a dor – à medida que a excitação, ou seja, a alegria, for má – pode ser boa.**

Demonstração. A excitação é uma alegria que, enquanto referida ao corpo, consiste em que uma parte – ou algumas de suas partes – é mais afetada do que as outras (veja-se sua def. no esc. da prop. 11 da P. 3); e a potência desse afeto pode ser tanta que supera as outras ações do corpo (pela prop. 6); e que esse afeto permaneça obstinadamente fixo a ele, impedindo, assim, que o corpo seja capaz de ser afetado de muitas outras maneiras. A excitação pode, portanto (pela prop. 38), ser má. Quanto à dor, que é, contrariamente, uma tristeza, considerada por si só, não pode ser boa (pela prop. 41). Mas como sua força e expansão são definidas pela potência da causa exterior, considerada em comparação com a nossa (pela prop. 5), podemos, então, conceber infinitos graus e modos das forças desse afeto (pela prop. 3). Podemos conceber, pois, uma dor tal que possa refrear a excitação para que essa não seja excessiva e fazer, dessa maneira (pela primeira parte desta proposição), com que o corpo não se torne menos capaz. Ela será, portanto, dessa maneira, boa. C. Q. D.

Proposição 44. **O amor e o desejo podem ser excessivos.**

Demonstração. O amor é uma alegria (pela def. 6 dos afetos), acompanhada da ideia de uma causa exterior. Logo (pelo esc. da prop. 11 da P. 3), a excitação, acompanhada da ideia de uma causa exterior, é um amor. O amor pode, portanto (pela prop. prec.), ser excessivo. Por sua vez, o desejo é tanto maior quanto maior é o afeto do qual ele surge (pela prop. 37 da P. 3). Por isso, assim como um afeto (pela prop. 6) pode superar as outras ações do homem, também o desejo que surge desse afeto pode superar os outros desejos e, por isso, poderá ser tão excessivo quanto a excitação de que tratamos na proposição precedente. C. Q. D.

Escólio. É mais fácil conceber o contentamento, que eu disse ser bom, do que observá-lo. Com efeito, os afetos pelos quais somos cotidianamente afligidos estão referidos, em geral, a uma parte do corpo que é mais afetada que as outras e, por isso, esses afetos são, em geral, excessivos, e ocupam a mente de tal maneira na consideração de um único objeto que ela não pode pensar em outros. E embora os homens estejam submetidos a muitos afetos, sendo, por isso, raro encontrar-se alguém que seja afligido, sempre, por um único e mesmo afeto, não faltam, entretanto, aqueles que permanecem obstinadamente fixados em um único e mesmo afeto. Vemos, pois, algumas vezes, homens afetados de tal maneira por um único objeto que, embora este não esteja presente, acreditam, entretanto, tê-lo diante de si. E quando isso acontece com um homem em estado de vigília, dizemos que ele delira ou que está louco. E não são considerados menos loucos, pois costumam provocar o riso, aqueles que ardem de amor e sonham, noite e dia, apenas com a amante ou a meretriz. Não se julga, em troca, que o avarento e o ambicioso, embora um não pense senão no lucro ou no dinheiro e o outro, na glória, etc., delirem, pois costumam ser importunos e são considerados dignos de ódio. Mas, na verdade, a avareza, a ambição e a luxúria são espécies de delírio, ainda que não sejam contadas entre as doenças.

Proposição 45. **O ódio nunca pode ser bom.**

Demonstração. Nós nos esforçamos por destruir o homem que odiamos (pela prop. 39 da P. 3), isto é (pela prop. 37), nos esforçamos por fazer algo que é mau. Logo, etc. C. Q. D.

Escólio 1. Observe-se que, aqui e no que se segue, compreendo por ódio apenas o ódio para com os homens.

Corolário 1. A inveja, o escárnio, o desprezo, a ira, a vingança e os outros afetos que estão relacionados ao ódio ou dele surgem, são maus, o que é igualmente evidente pela prop. 39 da P. 3 e pela prop. 37.

Corolário 2. Tudo aquilo que apetecemos por estarmos afetados de ódio é desleal e, no âmbito da sociedade civil, injusto. O que é igualmente evidente pela prop. 39 da P. 3 e pelas def. de desleal e de injusto, que podem ser conferidas no esc. da prop. 37.

Escólio 2. Faço, entre o escárnio (que eu disse, no corol. 1, ser mau) e o riso, uma grande diferença. Com efeito, o riso, tal como a brincadeira, é pura alegria e, portanto, desde que não seja excessivo, é, por si, bom (pela prop. 41). Nada, certamente, a não ser uma superstição sombria e triste, proíbe que nos alegremos. Por quê, com efeito, seria melhor matar a fome e a sede do que expulsar a melancolia? Este é o meu princípio e assim me orientei. Nenhuma potestade, nem ninguém mais, a não ser um invejoso, pode comprazer-se com minha impotência e minha desgraça ou atribuir à virtude nossas lágrimas, nossos soluços, nosso medo, e coisas do gênero, que são sinais de um ânimo impotente. Pelo contrário, quanto maior é a alegria de que somos afetados, tanto maior é a perfeição a que passamos, isto é, tanto mais necessariamente participamos da natureza divina. Assim, servir-se das coisas, e com elas deleitar-se o quanto possível (não, certamente, à exaustão, pois isso não é deleitar-se), é próprio do homem sábio. O que quero dizer é que é próprio do homem sábio recompor-se e reanimar-se moderadamente com bebidas e refeições agradáveis, assim como todos podem se servir, sem nenhum prejuízo alheio, dos perfumes, do atrativo das plantas verdejantes, das roupas, da música, dos jogos esportivos, do teatro, e coisas do gênero. Pois o corpo humano é composto de muitas partes, de natureza diferente, que precisam, continuamente, de novo e variado reforço, para que o corpo inteiro seja, uniformemente, capaz de tudo o que possa se seguir de sua natureza e, como consequência, para que a mente também seja, uniformemente, capaz de compreender, simultaneamente, muitas coisas. Esta norma de vida está, assim, perfeitamente de acordo tanto com nossos princípios, quanto com a prática comum. Por isso, este modo de vida, se é que existem outros, é o melhor e deve ser recomendado por todos os meios, não havendo necessidade de tratar disso mais clara e detalhadamente.

Proposição 46. **Quem vive sob a condução da razão se esforça, tanto quanto pode, por retribuir com amor ou generosidade, o ódio, a ira, o desprezo, etc. de um outro para com ele.**

Demonstração. Todos os afetos de ódio são maus (pelo corol. 1 da prop. prec.). Por isso, quem vive sob a condução da razão, se esforçará, tanto quanto pode, por fazer com que não seja afligido por afetos de ódio (pela prop. 19) e, consequentemente (pela prop. 37), se esforçará para que um outro não padeça desses afetos. Mas o ódio é aumentado pelo ódio recíproco e, contrariamente, pode ser eliminado pelo amor (pela prop. 43 da P. 3), de tal maneira que o ódio se converta em amor (pela prop. 44 da P. 3). Logo, quem vive sob a condução da razão, se esforçará por retribuir, com amor ou generosidade (cuja def. pode ser conferida no esc. da prop. 59 da P. 3), o ódio de um outro, etc. C. Q. D.

Escólio. Quem quer vingar as ofensas por um ódio recíproco, vive, na verdade, infeliz. Quem, contrariamente, procura vencer o ódio pelo amor, combate, certamente, com alegria e segurança; defende-se facilmente tanto de um quanto de muitos homens; e não precisa, de modo algum, ser socorrido pela sorte. Por sua vez, aqueles a quem vence, rendem-se felizes, não, certamente, por carência, mas por acúmulo de forças. Todas essas conclusões se seguem tão claramente apenas das definições de amor e de intelecto que não é preciso demonstrá-las uma por uma.

Proposição 47. **Os afetos da esperança e do medo não podem ser, por si mesmos, bons.**

Demonstração. Os afetos da esperança e do medo não existem sem a tristeza. Com efeito, o medo é (pela def. 13 dos afetos) uma tristeza, e a esperança (veja-se a explicação das def. 12 e 13 dos afetos) não existe sem o medo. Por isso (pela prop. 41), esses afetos não podem ser, por si mesmos, bons, mas apenas à medida que podem refrear o excesso de alegria (pela prop. 43). C. Q. D.

Escólio. A isso se acrescenta que esses afetos indicam uma carência de conhecimento e uma impotência da mente. E por essa causa, também a segurança, o desespero, o gáudio e a decepção são sinais de um ânimo impotente. Com efeito, embora a segurança e o gáudio sejam afetos de alegria, pressupõem, entretanto, que a tristeza os precedeu, quer dizer, a esperança e o medo. Assim, quanto mais nos esforçamos por viver sob a condução da razão, tanto mais nos esforçamos por depender menos da esperança e por nos livrar do medo; por dominar, o quanto pudermos, o acaso; e por dirigir nossas ações de acordo com o conselho seguro da razão.

Proposição 48. **Os afetos da consideração e da desconsideração são sempre maus.**

Demonstração. Com efeito, esses afetos (pelas def. 21 e 22 dos afetos) contrariam a razão. São, portanto (pelas prop. 26 e 27), maus. C. Q. D.

Proposição 49. **A consideração torna facilmente soberbo o homem que é considerado.**

Demonstração. Se vemos que alguém tem, de nós, por amor, uma opinião acima da justa, facilmente nos gloriaremos (pelo esc. da prop. 41 da P. 3), ou seja, seremos afetados de alegria (pela def. 30 dos afetos). E facilmente acreditaremos (pela prop. 25 da P. 3) naquilo que de bom ouvirmos dizer de nós. Por isso, teremos de nós, por amor próprio, uma opinião acima da justa, isto é (pela def. 28 dos afetos), facilmente seremos tomados pela soberba. C. Q. D.

Proposição 50. **A comiseração, no homem que vive sob a condução da razão é, em si, má e inútil.**

Demonstração. A comiseração, com efeito (pela def. 18 dos afetos), é uma tristeza e, portanto (pela prop. 41), é, em si, má. Quanto ao bem que dela se segue, a saber, que nos esforçamos por livrar da infelicidade um homem que nos causa comiseração (pelo corol. 3 da prop. 27 da P. 3), desejamos fazê-lo apenas pelo ditame da razão (pela prop. 37), e apenas pelo ditame da razão podemos fazer algo que sabemos, com certeza, ser bom (pela prop. 27). Assim, a comiseração, no homem que vive sob a condução da razão, é, por si mesma, má e inútil. C. Q. D.

Corolário. Disso se segue que o homem que vive pelo ditame da razão se esforça, tanto quanto pode, por não ser tocado pela comiseração.

Escólio. Quem compreendeu corretamente que tudo se segue da necessidade da natureza divina e se faz segundo as leis e regras eternas da natureza, não encontrará, certamente, nada que seja digno de ódio, de riso ou de desprezo, nem sentirá comiseração por ninguém, mas se esforçará, tanto quanto permita a virtude humana, por fazer, como comumente se diz, o bem, e por se alegrar. Além disso, quem é facilmente tocado pelo afeto da comiseração e se comove com a infelicidade ou as lágrimas alheias, faz, muitas vezes, algo de que, depois, se arrepende, tanto porque, pelo afeto, nada fazemos que saibamos, com certeza, ser bom, quanto porque somos facilmente enganados por falsas lágrimas. Falo, aqui, expressamente, do homem que vive sob a condução da razão. Com efeito, quem não é levado nem pela razão, nem pela comiseração, a ajudar os outros, é, apropriadamente, chamado de inumano, pois (pela prop. 27 da P. 3) parece não ter semelhança com o homem.

Proposição 51. **O reconhecimento não se opõe à razão; em vez disso, concorda com ela e pode dela surgir.**

Demonstração. O reconhecimento, com efeito, é o amor para com aquele que fez bem a um outro (pela def. 19 dos afetos). Pode, portanto, estar referido à mente, enquanto se diz que esta age (pela prop. 59 da P. 3), isto é (pela prop. 3 da P. 3), enquanto compreende. E, por isso, concorda com a razão, etc. C. Q. D.

Demonstração alternativa. Quem vive sob a condução da razão deseja, também para um outro, o bem que apetece para si próprio (pela prop. 37). Por isso, por ver alguém fazer o bem a um outro, seu próprio esforço por fazer o bem é estimulado, isto é (pelo esc. da prop. 11 da P. 3), ele terá uma alegria, a qual (por hipótese) vem acompanhada da ideia daquele que fez bem a um outro e, por isso (pela def. 19 dos afetos), lhe é reconhecido. C. Q. D.

Escólio. A indignação, tal como a definimos (veja-se a def. 20 dos afetos), é necessariamente má (pela prop. 45). Mas deve-se observar que quando o poder supremo, no propósito de manter a paz, pune o cidadão que cometeu uma injúria contra outro, não digo que se indigna com ele, porque não é por ódio que prejudica o cidadão: pune-o movido pela piedade.

Proposição 52. A satisfação consigo mesmo pode surgir da razão; e só a satisfação que surge da razão é a maior que pode existir.

Demonstração. A satisfação consigo mesmo é uma alegria que surge porque o homem considera a si próprio e a sua potência de agir (pela def. 25 dos afetos). Ora, a verdadeira potência de agir do homem, ou seja, a sua virtude, é a própria razão (pela prop. 3 da P. 3), a qual o homem considera clara e distintamente (pelas prop. 40 e 43 da P. 2). Logo, a satisfação consigo mesmo surge da razão. Além disso, o homem, enquanto considera a si próprio, não percebe clara e distintamente – ou seja, adequadamente – senão aquilo que se segue de sua própria potência de agir (pela def. 2 da P. 3), isto é (pela prop. 3 da P. 3), aquilo que se segue de sua própria potência de compreender. Portanto, é só dessa consideração que surge a maior satisfação que pode existir. C. Q. D.

Escólio. A satisfação consigo mesmo é, na realidade, a maior coisa que podemos esperar. Com efeito (como demonstramos na prop. 25), ninguém se esforça por conservar seu ser em função de algum fim. E essa satisfação é, cada vez mais, reforçada e consolidada pelas exultações (pelo corol. da prop. 53 da P. 3) e, de maneira inversa (pelo corol. 1 da prop. 55 da P. 3), é, cada vez mais, perturbada pela afronta. É por isso que somos guiados, sobretudo, pela glória e podemos, ainda que com dificuldades, suportar uma vida de opróbrio.

Proposição 53. A humildade não é uma virtude, ou seja, não surge da razão.

Demonstração. A humildade é uma tristeza que surge porque o homem toma em consideração sua impotência (pela def. 26 dos afetos). Ora, à medida que o homem conhece a si mesmo pela verdadeira razão, supõe-se que compreende sua essência, isto é (pela prop. 7 da P. 3), sua potência.

Por isso, se o homem, à medida que toma em consideração a si próprio, percebe, em si, alguma impotência, não é porque se compreende, mas (como demonstramos na prop. 55 da P. 3), porque sua potência de agir é refreada. Pois, se supomos que o homem concebe sua impotência porque compreende alguma coisa mais potente que ele, delimitando, por esse conhecimento, sua própria potência de agir, então não estamos senão concebendo que o homem compreende a si próprio distintamente, ou seja (pela prop. 26), que sua potência de agir é estimulada. Por isso, a humildade, ou seja, a tristeza que surge porque o homem toma em consideração sua impotência, não surge de uma consideração verdadeira, ou seja, da razão, e não é uma virtude, mas uma paixão. C. Q. D.

Proposição 54. **O arrependimento não é uma virtude, ou seja, não surge da razão; em vez disso, aquele que se arrepende do que fez é duplamente infeliz ou impotente.**

Demonstração. A primeira parte desta proposição demonstra-se tal como se fez na precedente. A segunda, por sua vez, é evidente pela exclusiva definição deste afeto (veja-se a def. 27 dos afetos). Com efeito, quem dele padece deixa-se vencer, primeiramente, por um desejo mau e, depois, pela tristeza.

Escólio. Como os homens raramente vivem sob o ditame da razão, esses dois afetos, quer dizer, a humildade e o arrependimento, assim como a esperança e o medo, trazem mais vantagens que desvantagens. Portanto, se pecar for inevitável, é preferível que se peque por esse lado. Com efeito, se os homens de ânimo impotente fossem, todos, igualmente soberbos, se não se envergonhassem de nada, nem tivessem medo de coisa alguma, como poderiam ser unidos e estreitados por quaisquer vínculos? O vulgo, se não tem medo, é algo a ser temido. Não é de admirar, por isso, que os profetas, que visavam não a utilidade de uns poucos, mas a utilidade comum, tenham recomendado tanto a humildade, o arrependimento e a reverência. Na verdade, os que estão tomados desses afetos podem ser muito mais facilmente conduzidos que os demais a viver, finalmente, sob a condução da razão, isto é, a serem livres e a desfrutarem de uma vida de beatitude.

Proposição 55. **A soberba máxima ou o rebaixamento máximo constituem o máximo desconhecimento de si mesmo.**

Demonstração. Isto é evidente, pelas def. 28 e 29 dos afetos.

Proposição 56. A soberba máxima ou o rebaixamento máximo indicam a máxima impotência de ânimo.

Demonstração. O primeiro fundamento da virtude consiste em conservar o seu ser (pelo corol. da prop. 22), e isso sob a condução da razão (pela prop. 24). Quem, portanto, desconhece a si mesmo, desconhece o fundamento de todas as virtudes e desconhece, por isso, todas as virtudes. Por outro lado, agir segundo a virtude nada mais é do que agir sob a condução da razão (pela prop. 24), e quem assim age deve necessariamente saber que age sob a condução da razão (pela prop. 43 da P. 2). Quem, pois, desconhece maximamente a si mesmo e, como consequência (como já demonstramos), desconhece maximamente todas as virtudes, age minimamente segundo a virtude, isto é (como é evidente, pela def. 8), é maximamente impotente de ânimo. Portanto (pela prop. prec.), a soberba máxima ou o rebaixamento máximo indicam a máxima impotência de ânimo. C. Q. D.

Corolário. Disso se segue, claramente, que os que estão submetidos à soberba ou ao rebaixamento estão maximamente submetidos aos afetos.

Escólio. O rebaixamento pode, entretanto, ser mais facilmente corrigido que a soberba, pois esta é um afeto de alegria, enquanto aquele é um afeto de tristeza. Portanto (pela prop. 18), a soberba é mais forte.

Proposição 57. O soberbo ama a presença dos parasitas ou dos aduladores, enquanto odeia a dos nobres.

Demonstração. A soberba é uma alegria que surge porque o homem tem, de si, uma opinião acima da justa (pelas def. 28 e 6 dos afetos), a qual o homem soberbo se esforçará, o quanto pode, por reforçar (veja-se o esc. da prop. 13 da P. 3). Por isso, os soberbos amarão a presença dos parasitas ou dos aduladores (cujas definições omiti, porque são bastante conhecidos) e fugirão da presença dos nobres, que têm, deles, a opinião exata. C. Q. D.

Escólio. Seria demasiadamente longo enumerar, aqui, todos os males da soberba, pois os soberbos estão submetidos a todos os afetos, embora não haja nenhum outro a que estejam menos submetidos do que aos afetos do amor e da misericórdia. Não devemos, entretanto, deixar de dizer que também se chama soberbo aquele que tem, dos demais, uma opinião abaixo da justa; e, por isso, neste sentido, a soberba deve ser definida como uma alegria que surge de uma opinião falsa, pela qual o homem se julga superior aos demais. E o rebaixamento, no lado oposto desse tipo de soberba, deve ser definido como uma tristeza que surge de uma opinião falsa, pela qual o homem se acredita inferior aos demais. Ora, posto isso, facilmente concebemos que o soberbo é necessariamente invejoso (veja-se o esc. da prop. 55 da P. 3) e que odeia, sobretudo, os que mais são louvados por suas virtudes; que o ódio do soberbo não pode ser facilmente vencido pelo amor ou pelo bem que se lhe faz (veja-se o esc. da prop. 41 da P. 3); e que ele só se compraz com a presença daqueles que são condescendentes com seu ânimo impotente e que, de tolo, convertem-no em louco.

Embora o rebaixamento seja oposto à soberba, aquele que se rebaixa está, entretanto, próximo do soberbo. Com efeito, como sua tristeza surge porque julga sua impotência pela potência ou virtude dos outros, essa tristeza será atenuada, isto é, ele se alegrará, se mantiver sua imaginação ocupada em tomar em consideração os vícios alheios, de onde surgiu o provérbio: *Desgraça comum, consolo de cada um*. E, contrariamente, aquele que se rebaixa tanto mais se entristecerá, quanto mais julgar que é inferior aos demais. Daí que ninguém está mais propenso à inveja que aqueles que se rebaixam; e que estes se esforçam, sobretudo, por observar as ações dos homens mais para criticá-las do que para corrigi-las; e que, enfim, louvam exclusivamente o rebaixamento e dele se gloriam, mas de maneira tal que pareçam, entretanto, rebaixados. E tudo isso se segue, necessariamente, desse afeto, tanto quanto da natureza do triângulo se segue que a soma dos seus três ângulos é igual a dois ângulos retos. Já disse que chamo maus a esses afetos e seus similares, enquanto tenho em vista apenas a utilidade humana. Mas as leis da natureza dizem respeito à ordem comum da natureza, da qual o homem é uma das partes. Quis, aqui, de passagem, assinalar isso, para que ninguém julgasse que pretendi expor os vícios e os atos absurdos dos homens, em vez de demonstrar a natureza e as propriedades das coisas. Com efeito, como disse no pref. da P. 3, considero os afetos humanos e suas propriedades da mesma maneira que as demais coisas naturais. E certamente os afetos humanos, se é que não indicam a potência e a engenhosidade humana, indicam, no mínimo, a potência e a engenhosidade da natureza, não menos que muitas outras coisas que nos causam admiração e em cuja contemplação nos deleitamos. Quanto aos afetos, continuarei a enfatizar, entretanto, aquilo que é útil ou prejudicial aos homens.

Proposição 58. **A glória não contraria a razão; em vez disso, pode dela surgir.**

Demonstração. Isso é evidente, pela def. 30 dos afetos e pela def. de leal, que pode ser conferida no esc. 1 da prop. 37.

Escólio. Aquilo que se chama de glória vã é uma satisfação consigo mesmo que é reforçada exclusivamente pela opinião do vulgo e, cessando esta, cessa a satisfação, isto é (pelo esc. da prop. 52), o máximo que cada um ama. Daí que aquele que se gloria com a opinião do vulgo, trabalha, age, se esforça, ansiosamente e com preocupação cotidiana, para sustentar sua fama. O vulgo é, com efeito, volúvel e inconstante e, por isso, se a fama não é sustentada, logo se desvanece. Ainda mais: como todos desejam conquistar os aplausos do vulgo, um desfaz a fama do outro. Como cada um concorre pelo que se julga o bem supremo, surge um enorme desejo de um desclassificar o outro de qualquer maneira. E quem, por fim, sai vencedor, se gloria mais por ter causado uma desvantagem a um outro do que por ter obtido uma vantagem para si. Esta glória ou esta satisfação é, portanto, realmente vã, pois não é nada.

O que importa observar sobre a vergonha deduz-se facilmente do que dissemos sobre a misericórdia e o arrependimento. Acrescento apenas que, como a comiseração, assim também a vergonha, embora não seja uma virtude, é, entretanto, boa, à medida que indica que o homem que se ruboriza por vergonha está imbuído de um desejo de viver lealmente, tal como a dor, que se diz boa à medida que indica que a parte lesada não está, ainda, corrompida. Por isso, embora o homem que sente vergonha de algo que fez esteja, realmente, triste, ele é, entretanto, mais perfeito que o desavergonhado, que não tem qualquer desejo de viver lealmente. Era isso o que eu tinha me proposto observar sobre os afetos da alegria e da tristeza. Quanto aos desejos, eles são, certamente, bons ou maus, conforme surjam, respectivamente, de afetos bons ou maus. Mas, na realidade, à medida que se produzem, em nós, por afetos que são paixões, são, todos eles, cegos (como pode facilmente se deduzir do que dissemos no esc. da prop. 44), e não teriam nenhuma utilidade se os homens pudessem ser facilmente levados a viver apenas segundo o ditame da razão, como mostrarei, agora, de maneira breve.

Proposição 59. **A todas as ações às quais somos determinados, em virtude de um afeto que é uma paixão, podemos ser determinados, sem esse afeto, pela razão.**

Demonstração. Agir segundo a razão não é senão (pela prop. 3 e pela def. 2 da P. 3) fazer aquilo que se segue da necessidade de nossa natureza, considerada em si só. Por outro lado, a tristeza é má à medida que diminui ou refreia essa potência de agir (pela prop. 41). Não podemos, portanto, ser determinados, em função desse afeto, a qualquer ação que, conduzidos pela razão, não pudéssemos realizar. Além disso, a alegria só é má à medida que impede que o homem seja capaz de agir (pelas prop. 41 e 43) e, enquanto tal, portanto, tampouco poderíamos ser determinados a qualquer ação que, conduzidos pela razão, não pudéssemos realizar. Por fim, à medida que a alegria é boa, ela concorda com a razão (pois a alegria consiste em que a potência do homem é aumentada ou estimulada), e não é uma paixão senão à medida que a potência de agir do homem não é suficientemente aumentada para que ele conceba adequadamente a si próprio e as suas ações (pela prop. 3 da P. 3, juntamente com seu esc.). Por isso, se um homem afetado de alegria fosse levado a uma perfeição tamanha que concebesse adequadamente a si próprio e as suas ações, ele seria capaz, e até mesmo mais capaz, dessas mesmas ações às quais é, agora, determinado por afetos que são paixões. Ora, todos os afetos estão relacionados à alegria, à tristeza ou ao desejo (veja-se a explic. da def. 4 dos afetos), e o desejo (pela def. 1 dos afetos) não é senão o próprio esforço por agir. Logo, a todas as ações às quais somos determinados, em função de um afeto que é uma paixão, podemos ser conduzidos, sem esse afeto, exclusivamente pela razão. C. Q. D.

Demonstração alternativa. Diz-se que uma ação é má apenas à medida que surge por sermos afetados de ódio ou de algum outro afeto mau (veja-se o corol. 1 da prop. 45). Ora, nenhuma ação, considerada em si só, é boa ou má (como demonstramos no pref.). Em vez disso, uma só e mesma ação é ora boa, ora má. Logo, podemos ser conduzidos pela razão (pela prop. 19) a essa mesma ação que é, no momento, má, ou seja, que surge de um afeto mau. C. Q. D.

Escólio. Explica-se isso mais claramente com um exemplo. A ação de golpear, enquanto fisicamente considerada, e se nos limitamos a observar que o homem levanta o braço, cerra o punho e move, com força, todo o braço para baixo, é uma virtude que se concebe por causa da estrutura do corpo humano. Agora, se um homem, levado pela ira ou pelo ódio, é determinado a cerrar o punho ou a mover o braço, isso ocorre, como mostramos na segunda parte, porque uma só e mesma ação pode estar associada às mais diversas imagens de coisas. Podemos, assim, ser determinados a uma só e mesma ação, tanto por causa de imagens de coisas que concebemos confusamente, quanto por imagens de coisas que concebemos clara e distintamente. É, pois, evidente que, se os homens pudessem ser conduzidos pela razão, todo desejo que surge de um afeto que é uma paixão seria ineficaz. Vejamos, agora, por que dizemos que é cego o desejo que surge de um afeto que é uma paixão.

Proposição 60. **O desejo que surge de uma alegria ou de uma tristeza que está relacionada a uma só parte do corpo, ou a várias, mas não a todas, não leva em consideração a utilidade do homem como um todo.**

Demonstração. Suponhamos, por exemplo, que a parte A do corpo é reforçada pela força de uma causa exterior, de tal maneira que prevaleça sobre as demais (pela prop. 6). Esta parte não se esforçará, por causa disso, por perder suas forças para que as demais partes do corpo cumpram sua tarefa. Pois, para isso, deveria ter a força ou a potência de perder as suas forças, o que (pela prop. 6 da P. 3) é absurdo. Assim, esta parte do corpo e, consequentemente (pelas prop. 7 e 12 da P. 3), também a mente, se esforçará por conservar aquele estado. Por isso, o desejo que surge de um tal afeto de alegria não leva o todo em consideração. Se, contrariamente, supomos que a parte A é refreada de tal maneira que as demais prevaleçam sobre ela, demonstra-se, do mesmo modo, que tampouco o desejo que surge de uma tristeza leva o todo em consideração. C. Q. D.

Escólio. Como, pois, a alegria está relacionada, em geral (pelo esc. da prop. 44), a uma só parte do corpo, desejamos, em geral, conservar o nosso ser sem qualquer consideração por nossa saúde como um todo. A isso se acrescenta que os desejos de que mais estamos tomados (pelo corol. da prop. 9) levam em consideração apenas o tempo presente e não o futuro.

Proposição 61. **O desejo que surge da razão não pode ser excessivo.**

Demonstração. O desejo (pela def. 1 dos afetos), absolutamente considerado, é a própria essência do homem, à medida que esta é concebida como determinada, de qualquer modo, a agir de alguma maneira. Por isso, o desejo que surge da razão, isto é (pela prop. 3 da P. 3), o desejo que se gera em nós enquanto agimos, é a própria essência ou natureza do homem, à medida que é concebida como determinada a fazer aquilo que se concebe adequadamente, em virtude apenas da essência do homem (pela def. 2 da P. 3). Portanto, se esse desejo pudesse ser excessivo, então a natureza humana, considerada em si só, poderia exceder a si própria, ou seja, poderia mais do que pode, o que é uma evidente contradição. Por isso, esse desejo não pode ser excessivo. C. Q. D.

Proposição 62. À medida que a mente concebe as coisas segundo o ditame da razão, ela é igualmente afetada, quer se trate da ideia de uma coisa futura ou passada, quer se trate da ideia de uma coisa presente.

Demonstração. Tudo o que a mente concebe sob a condução da razão, concebe-o sob a mesma perspectiva da eternidade ou da necessidade (pelo corol. 2 da prop. 44 da P. 2), e é afetada pela mesma certeza (pela prop. 43 da P. 2 e seu esc.). Por isso, quer se trate da ideia de uma coisa futura ou passada, quer da ideia de uma coisa presente, a mente a concebe sob a mesma necessidade, e é afetada pela mesma certeza. E quer se trate da ideia de uma coisa futura ou passada, quer de uma coisa presente, a ideia será, em qualquer caso, igualmente verdadeira (pela prop. 41 da P. 2), isto é (pela def. 4 da P. 2), terá, sempre, em qualquer caso, as mesmas propriedades da ideia adequada. Portanto, à medida que a mente concebe as coisas segundo o ditame da razão, ela é afetada da mesma maneira, quer se trate da ideia de uma coisa futura ou passada, quer de uma coisa presente. C. Q. D.

Escólio. Se pudéssemos ter um conhecimento adequado da duração das coisas e determinar, pela razão, o seu tempo de existência, consideraríamos as coisas futuras com o mesmo afeto com que consideramos as presentes, e a mente apeteceria como se fosse presente um bem que ela concebe como futuro. E, em consequência, necessariamente rejeitaria um bem presente menor, em favor de um bem futuro maior, e pouco apeteceria aquilo que, no presente, fosse bom, mas que fosse causa de um mal futuro, como logo demonstraremos. Não podemos ter, entretanto, da duração das coisas (pela prop. 31 da P. 2), senão um conhecimento extremamente inadequado, e (pelo esc. da prop. 44 da P. 2) determinamos o tempo de existência das coisas exclusivamente pela imaginação, a qual não é afetada pela imagem de uma coisa futura da mesma maneira que pela imagem de uma coisa presente. Daí que o conhecimento verdadeiro que temos do bem e do mal só pode ser abstrato e universal; e que o juízo que fazemos sobre a ordem das coisas e a conexão das causas, para podermos determinar o que é, no presente, bom ou mau para nós, é mais imaginário do que real. Por isso, não é de admirar que o desejo que surge do conhecimento do bem e do mal, no que se refere ao futuro, possa ser muito facilmente refreado pelo desejo das coisas que são, presentemente, agradáveis. Veja-se, sobre isso, a prop. 16.

Proposição 63. Quem se deixa levar pelo medo e faz o bem para evitar o mal não se conduz pela razão.

Demonstração. Todos os afetos que estão referidos à mente, à medida que ela age, isto é (pela prop. 3 da P. 3), que estão referidos à razão, só podem ser afetos de alegria e de desejo (pela prop. 59 da P. 3). Por isso (pela def. 13 dos afetos), quem se deixa levar pelo medo e faz o bem por temor do mal não se conduz pela razão. C. Q. D.

Escólio. Os supersticiosos, que, mais do que ensinar as virtudes, aprenderam a censurar os vícios, e que se aplicam a conduzir os homens não segundo a razão, mas a contê-los pelo medo, de maneira que, mais do que amar as virtudes, fujam do mal, não pretendem senão tornar os demais tão infelizes quanto eles próprios. Por isso, não é de admirar que sejam, em geral, importunos e odiosos para os homens.

Corolário. Pelo desejo que surge da razão buscamos diretamente o bem e evitamos indiretamente o mal.

Demonstração. Com efeito, o desejo que surge da razão só pode surgir (pela prop. 59 da P. 3) de um afeto de alegria que não é uma paixão, isto é, de uma alegria que não pode ser excessiva (pela prop. 61), mas não da tristeza. Portanto, esse desejo (pela prop. 8) surge do conhecimento do bem e não do conhecimento do mal. Por isso, quando conduzidos pela razão, apetecemos diretamente o bem, e apenas enquanto tal fugimos do mal. C. Q. D.

Escólio. Pode-se explicar este corolário com o exemplo do doente e do sadio. O doente come, por temor da morte, aquilo que lhe repugna, enquanto o sadio deleita-se com a comida e desfruta, assim, melhor da vida do que se temesse a morte e desejasse evitá-la diretamente. Da mesma maneira, um juiz que condena à morte um réu não por ódio ou por ira, etc., mas apenas por amor do bem público, conduz-se exclusivamente pela razão.

Proposição 64. O conhecimento do mal é um conhecimento inadequado.

Demonstração. O conhecimento do mal (pela prop. 8) é a própria tristeza, à medida que temos consciência dela. A tristeza, entretanto, é uma passagem para uma perfeição menor (pela def. 3 dos afetos) e, por isso, não pode ser compreendida pela própria essência do homem (pelas prop. 6 e 7 da P. 3). Ela é, portanto (pela def. 2 da P. 3), uma paixão, a qual (pela prop. 3 da P. 3) depende de ideias inadequadas e, como consequência (pela prop. 29 da P. 2), o seu conhecimento, quer dizer, o conhecimento do mal, é inadequado. C. Q. D.

Corolário. Disso se segue que se a mente humana não tivesse senão ideias adequadas não formaria nenhuma noção do mal.

Proposição 65. **Conduzidos pela razão, buscaremos, entre dois bens, o maior e, entre dois males, o menor.**

Demonstração. Um bem que impede que desfrutemos de um bem maior é, na realidade, um mal. Com efeito, o mal e o bem (como demonstramos no pref.) dizem-se das coisas à medida que as comparamos entre si; e (pela mesma razão), um mal menor é, na realidade, um bem. Por isso (pelo corol. da prop. 63), conduzidos pela razão, apeteceremos ou buscaremos tão somente o bem maior e o mal menor. C. Q. D.

Corolário. Conduzidos pela razão, buscaremos, em função de um bem maior, um mal menor, e rejeitaremos um bem menor que seja causa de um mal maior. Pois, neste caso, o mal que se diz menor é, na realidade, um bem e, contrariamente, o bem que se diz menor é, na realidade, um mal. Por isso (pelo corol. da prop. 63), apeteceremos aquele mal e rejeitaremos este bem. C. Q. D.

Proposição 66. **Conduzidos pela razão, apeteceremos um bem maior futuro, de preferência a um bem menor presente; e um mal menor presente, de preferência a um mal maior futuro.**

Demonstração. Se a mente pudesse ter um conhecimento adequado de uma coisa futura, seria afetada, relativamente à coisa futura, com o mesmo afeto com que é afetada relativamente à coisa presente (pela prop. 62). Por isso, à medida que consideramos a razão em si mesma, tal como, por hipótese, fazemos nesta proposição, a situação é a mesma, quer se suponha o bem maior (ou o mal maior) como futuro, quer como presente. Por isso (pela prop. 65), conduzidos pela razão, apeteceremos um bem maior futuro, de preferência a um bem menor presente, etc. C. Q. D.

Corolário. Conduzidos pela razão, apeteceremos um mal menor presente que seja causa de um bem maior futuro, e rejeitaremos um bem menor presente que seja causa de um mal maior futuro. Este corol. está para a prop. prec. como o corol. da prop. 65 está para a prop. correspondente.

Escólio. Se, portanto, confrontamos isso com o que demonstramos nesta parte, até a prop. 18, sobre a força dos afetos, facilmente veremos em que se diferencia o homem que se conduz apenas pelo afeto, ou pela opinião, do homem que se conduz pela razão. Com efeito, o primeiro, queira ou não, faz coisas que ignora inteiramente, enquanto o segundo não obedece a ninguém mais que a si próprio e só faz aquelas coisas que sabe serem importantes na vida e que, por isso, deseja ao máximo. Chamo, pois, ao primeiro, servo, e ao segundo, homem livre. Gostaria de fazer ainda umas poucas observações sobre as inclinações e a maneira de viver desse último.

Proposição 67. Não há nada em que o homem livre pense menos que na morte, e sua sabedoria não consiste na meditação da morte, mas da vida.

Demonstração. O homem livre, isto é, aquele que vive exclusivamente segundo o ditame da razão, não se conduz pelo medo da morte (pela prop. 63); em vez disso, deseja diretamente o bem (pelo corol. da mesma prop.), isto é (pela prop. 24), deseja agir, viver, conservar seu ser com base na busca da própria utilidade. Por isso, não há nada em que pense menos que na morte; sua sabedoria consiste, em vez disso, na meditação da vida. C. Q. D.

Proposição 68. Se os homens nascessem livres, não formariam, enquanto fossem livres, qualquer conceito do bem e do mal.

Demonstração. Disse que é livre quem se conduz exclusivamente pela razão. Assim, quem nasce livre e permanece livre não tem senão ideias adequadas. E, por isso, não tem qualquer conceito do mal (pelo corol. da prop. 64) e tampouco, consequentemente (pois, o bem e o mal são correlatos), do bem. C. Q. D.

Escólio. É evidente, pela prop. 4, que a hipótese desta proposição é falsa, e não pode ser concebida senão enquanto consideramos exclusivamente a natureza humana, ou melhor, Deus, não enquanto ele é infinito, mas apenas enquanto é a causa pela qual o homem existe. Parece ter sido isso, bem como outras coisas que já demonstramos, que quis dizer Moisés na conhecida história do primeiro homem. Nela, efetivamente, não se concebe nenhuma outra potência de Deus senão aquela pela qual ele criou o homem, isto é, a potência pela qual levou em conta exclusivamente a utilidade do homem. E, nesse sentido, Moisés conta que Deus proibiu que o homem livre comesse o fruto da árvore do conhecimento do bem e do mal e, que, tão logo o comesse, mais do que desejar viver, seria tomado pelo medo da morte. Conta, ainda, que, tendo o homem encontrado a mulher, a qual combinava perfeitamente com a sua natureza, viu que não podia existir nada, na natureza, que lhe pudesse ser mais útil que ela. Entretanto, por passar a acreditar que os animais lhe eram semelhantes, imediatamente começou a imitar os seus afetos (veja-se a prop. 27 da P. 3) e a perder a sua liberdade, a qual foi, mais tarde, resgatada pelos patriarcas, guiados pelo espírito de Cristo, isto é, pela ideia de Deus, a única da qual depende de que o homem seja livre e que deseje para os outros homens o bem que deseja para si, como anteriormente (pela prop. 37) demonstramos.

Proposição 69. **A virtude com a qual o homem livre evita os perigos revela-se tão grande quanto a virtude com a qual ele os enfrenta.**

Demonstração. Um afeto não pode ser refreado nem anulado senão por um afeto contrário e mais forte que o afeto a ser refreado (pela prop. 7). Ora, a audácia cega e o medo são afetos que podem ser concebidos como igualmente fortes (pelas prop. 5 e 3). Logo, requer-se, para refrear a audácia, uma virtude de ânimo ou uma fortaleza (veja-se sua def. no esc. da prop. 59 da P. 3) tão grande quanto a requerida para refrear o medo, isto é (pelas def. 40 e 41 dos afetos), o homem livre evita os perigos com a mesma virtude de ânimo com que tenta enfrentá-los. C. Q. D.

Corolário. No homem livre, portanto, a firmeza em fugir a tempo é tão grande quanto a que o leva à luta; ou seja, o homem livre escolhe a fuga com a mesma firmeza ou com a mesma coragem com que escolhe o combate.

Escólio. Expliquei, no esc. da prop. 59 da P. 3, o que é a firmeza ou o que compreendo por isso. Por perigo, por sua vez, compreendo tudo o que pode ser causa de algum mal, quer dizer, causa de tristeza, de ódio, de discórdia, etc.

Proposição 70. **O homem livre que vive entre ignorantes procura, tanto quanto pode, evitar os seus favores.**

Demonstração. Cada um julga o que é bom, de acordo com sua própria maneira de viver (veja-se o esc. da prop. 39 da P. 3). Portanto, o ignorante que fez um favor a alguém valorizará esse favor à sua maneira, e se vê que o favor é menos valorizado por aquele a quem foi concedido, ficará triste (pela prop. 42 da P. 3). Ora, o homem livre procura unir-se aos outros homens pela amizade (pela prop. 37), e não pela retribuição de favores que eles, segundo seu afeto, julgam equivalentes, e tenta, em vez disso, conduzir a si próprio e aos demais pelo livre juízo da razão e a fazer apenas aquilo que sabe ser primordial. Logo, o homem livre, para não ser odiado pelos ignorantes, e para não curvar-se aos seus apetites, mas obedecer apenas à razão, se esforçará, tanto quanto puder, por evitar os seus favores. C. Q. D.

Escólio. Digo *tanto quanto puder.* Pois, embora se trate de homens ignorantes, são, de qualquer maneira, homens, os quais podem, em situações de necessidade, prestar uma ajuda humana, que é a melhor de todas. Por isso, ocorre, muitas vezes, que se torna necessário aceitar algum de seus favores e, como consequência, agradecer-lhes à sua maneira. Além disso, deve-se ter cautela até mesmo quando se evita os favores, para não parecer que os desdenhamos ou que, por avareza, tememos pagar-lhes com favor igual, de maneira que, para evitar que nos odeiem, acabamos, por isso mesmo, por causar-lhes uma ofensa. Portanto, ao evitar os favores, deve-se levar em conta tanto o que é útil quanto o que é leal.

Proposição 71. Só os homens livres são muito gratos uns para com os outros.

Demonstração. Só os homens livres são muito úteis uns para com os outros e se unem entre si pelo mais estreito laço de amizade (pela prop. 35 e seu corol. 1), e se esforçam com a mesma intensidade de amor por fazerem bem uns aos outros (pela prop. 37). Por isso (pela def. 34 dos afetos), só os homens livres são muito gratos uns para com os outros. C. Q. D.

Escólio. O agradecimento que mostram, entre si, os que se conduzem pelo desejo cego é, geralmente, mais um negócio ou um oportunismo do que um agradecimento. Além disso, embora seja vil, pois, em geral, indica que o homem está extremamente afetado de ódio, ira, ou de soberba, ou de avareza, etc., a ingratidão não é um afeto. Com efeito, aquele que, por insanidade, não sabe retribuir os favores não é um ingrato; muito menos aquele que não é levado, pelos favores de uma meretriz, a se colocar a serviço de sua luxúria; ou, pelos favores de um ladrão, a ocultar seus furtos; ou pelos favores de outros indivíduos do mesmo tipo. Pelo contrário, mostra ter um ânimo constante aquele que não se deixa corromper, para sua própria perdição ou para a perdição comum, por qualquer favor.

Proposição 72. O homem livre jamais age com dolo, mas sempre de boa fé.

Demonstração. Se o homem livre, enquanto livre, fizesse algo com dolo, ele o faria segundo o ditame da razão (pois é apenas enquanto tal que nós o chamamos livre). E, assim, agir com dolo seria uma virtude (pela prop. 24) e, consequentemente (pela mesma prop.), cada um procederia melhor, para conservar seu ser, se agisse com dolo, isto é (como é, por si mesmo, sabido), os homens procederiam melhor se concordassem apenas verbalmente, embora, na realidade, estivessem em discordância, o que (pelo corol. da prop. 31) é absurdo. Logo, o homem livre, etc. C. Q. D.

Escólio. Agora, se alguém perguntasse: – Se um homem pudesse livrar-se, pela perfídia, de um perigo iminente de morte, não aconselharia a razão, sob qualquer condição, que, para conservar seu ser, ele fosse pérfido? A isso se responderá: – Se a razão assim aconselhasse, ela aconselharia o mesmo a todos e, portanto, aconselharia, sob qualquer condição, a todos os homens a não pactuarem, a fim de unir suas forças e ter direitos comuns, senão por meio do dolo, isto é, a não ter, na realidade, direitos comuns, o que é absurdo.

Proposição 73. O homem que se conduz pela razão é mais livre na sociedade civil, onde vive de acordo com as leis comuns, do que na solidão, onde obedece apenas a si mesmo.

Demonstração. O homem que se conduz pela razão não é levado a obedecer pelo medo (pela prop. 63). Em vez disso, à medida que se esforça por conservar o seu ser segundo o ditame da razão, isto é (pelo esc. da prop. 66), que se esforça por viver livremente, deseja manter o princípio da vida e da utilidade comuns (pela prop. 37) e, consequentemente (como demonstramos no esc. 2 da prop. 37), deseja viver de acordo com as leis comuns da sociedade civil. Logo, o homem que se conduz pela razão deseja, a fim de viver mais livremente, observar os direitos comuns da sociedade civil. C. Q. D.

Escólio. Essas e coisas similares, que, sobre a verdadeira liberdade do homem, demonstramos, referem-se à fortaleza, isto é (pelo esc. da prop. 59 da P. 3), à firmeza e à generosidade. Não acredito que valha a pena demonstrar, aqui, em separado, todas as propriedades da fortaleza e, muito menos, demonstrar que um homem forte não tem ódio, raiva ou inveja de ninguém, assim como não se mostra irado, desdenhoso ou arrogante para com ninguém. Na verdade, isso e tudo o que diz respeito à verdadeira vida e à verdadeira religiosidade deduzem-se facilmente das prop. 37 e 46. Mais especificamente: que o ódio deve ser combatido pelo amor, e que todo aquele que se conduz pela razão deseja, também para os demais, o bem que apetece para si próprio. A isso se acrescenta o que observamos no esc. da prop. 50 e em outras passagens, ou seja, que o homem forte considera, antes de mais nada, que todas as coisas se seguem da necessidade da natureza divina. E, por isso, quando pensa que tudo é danoso e mau e tudo lhe parece ser incivil, horrendo, injusto e desleal, considera que isso ocorre porque concebe as coisas de uma maneira perturbada, mutilada e confusa. E, por esse motivo, ele se esforça, antes de tudo, por conceber as coisas tal como elas são em si mesmas e afastar os obstáculos que se colocam ao verdadeiro conhecimento, tais como o ódio, a ira, a inveja, o escárnio, a soberba e outras coisas do gênero, tal como observamos anteriormente. Por isso, esforça-se, tanto quanto pode, como dissemos, por agir bem e por se alegrar. Até onde vai, entretanto, a virtude humana, para conseguir isso, e o que ela pode, é o que demonstrarei na parte seguinte.

Apêndice

As coisas que expus, nesta parte, sobre a norma reta de viver, não foram organizadas de maneira que possam ser apreendidas por uma visão de conjunto. Em vez disso, demonstrei-as aqui e ali, segundo uma ordem que me permitisse mais facilmente deduzir umas coisas das outras. Propus-me, portanto, reuni-las, aqui, e resumi-las em seus capítulos principais.

Capítulo 1. Todos os nossos esforços e todos os nossos desejos seguem-se da necessidade de nossa natureza de maneira tal que podem ser compreendidos ou exclusivamente por meio dela, enquanto causa daquelas forças e daqueles desejos, ou enquanto somos uma parte da natureza, a qual não pode ser concebida adequadamente por si só, sem os outros indivíduos.

Capítulo 2. Os desejos que se seguem de nossa natureza, de maneira tal que podem ser compreendidos exclusivamente por meio dela, são os que estão relacionados à mente, à medida que esta é concebida como consistindo de ideias adequadas. Quanto aos outros desejos não estão relacionados à mente senão à medida que esta concebe inadequadamente as coisas. A força e a expansão desses desejos devem ser definidas não pela potência humana, mas pela potência das coisas que estão fora de nós. Por isso, os primeiros desejos são, apropriadamente, chamados de ações, enquanto os segundos são chamados de paixões; pois os primeiros indicam, sempre, a nossa potência, enquanto os segundos indicam, ao contrário, a nossa impotência e um conhecimento mutilado.

Capítulo 3. As nossas ações – isto é, aqueles desejos que são definidos pela potência do homem, ou seja, pela razão – são sempre boas, enquanto as outras tanto podem ser boas como más.

Capítulo 4. Assim, na vida, é útil, sobretudo, aperfeiçoar, tanto quanto pudermos, o intelecto ou a razão, e nisso, exclusivamente, consiste a suprema felicidade ou beatitude do homem. Pois, a beatitude não é senão a própria satisfação do ânimo que provém do conhecimento intuitivo de Deus. E, da mesma maneira, aperfeiçoar o intelecto não é senão compreender a Deus, os seus atributos e as ações que se seguem da necessidade de sua natureza. Por isso, o fim último do homem que se conduz pela razão, isto é, o seu desejo supremo, por meio do qual procura regular todos os outros, é aquele que o leva a conceber, adequadamente, a si mesmo e a todas as coisas que podem ser abrangidas sob seu intelecto.

Capítulo 5. Não há, portanto, nenhuma vida racional sem inteligência. E as coisas são boas à medida que ajudam o homem a desfrutar da vida da mente, que é definida pela inteligência. Dizemos, em troca, que são más apenas aquelas coisas que impedem que o homem possa aperfeiçoar a sua razão e desfrutar de uma vida racional.

Capítulo 6. Como, entretanto, todas aquelas coisas das quais o homem é causa eficiente são necessariamente boas, nada de mau pode sobrevir a ele que não se deva a causas exteriores; quer dizer, enquanto o homem é uma parte da totalidade da natureza, a cujas leis a natureza humana é obrigada a obedecer, e à qual deve ajustar-se quase que de infinitas maneiras.

Capítulo 7. E é impossível que o homem não seja uma parte da natureza e que não siga a ordem comum desta. Se, entretanto, vive entre indivíduos tais que combinam com a sua natureza, a sua potência de agir será, por isso mesmo, estimulada e reforçada. Se, contrariamente, vive entre indivíduos tais que em nada combinam com a sua natureza, dificilmente poderá ajustar-se a eles sem uma grande mudança em si mesmo.

Capítulo 8. É lícito que afastemos de nós, pelo meio que nos pareça mais seguro, tudo aquilo que existe na natureza das coisas e que julgamos ser mau, ou seja, que julgamos poder impedir que existamos e que desfrutemos de uma vida racional. E, contrariamente, é lícito tomar para nosso uso e utilizar de qualquer maneira tudo aquilo que existe e que julgamos ser bom, ou seja, que julgamos ser útil para conservar nosso ser e para desfrutar de uma vida racional. E, mais geralmente, é lícito que cada um, em virtude do supremo direito da natureza, faça o que julga ser-lhe útil.

Capítulo 9. Nada pode combinar melhor com a natureza de uma coisa do que os outros indivíduos da mesma espécie. Por isso (pelo cap. 7), nada existe que seja mais útil ao homem, para conservar o seu ser e desfrutar de uma vida racional, do que o homem que se conduz pela razão. Além disso, como não conhecemos nada, entre as coisas singulares, que seja superior ao homem que se conduz pela razão, em nada pode, cada um, mostrar melhor quanto valem seu engenho e arte do que em educar os homens para que vivam, ao final, sob a autoridade própria da razão.

Capítulo 10. Na mesma e exata proporção em que os homens são movidos, uns contra os outros, pela inveja ou por algum outro afeto de ódio, eles são reciprocamente contrários e, como consequência, tanto mais temíveis, por terem mais poder que os outros indivíduos da natureza.

Capítulo 11. Não é pelas armas, entretanto, que se pacificam os ânimos, mas pelo amor e pela generosidade.

Capítulo 12. É útil aos homens, acima de tudo, formarem associações e se ligarem por vínculos mais capazes de fazer de todos um só e, mais geralmente, é-lhes útil fazer tudo aquilo que contribui para consolidar as amizades.

Capítulo 13. Mas, para isso, exige-se arte e vigilância. Com efeito, embora sejam volúveis (pois são raros os que vivem segundo os preceitos da razão), os homens são, entretanto, na maior parte das vezes, invejosos e mais inclinados à vingança que à misericórdia. É necessária, portanto, uma potência de ânimo singular para aceitar cada um segundo sua respectiva maneira de ser e para evitar imitar os seus afetos. Aqueles que, contrariamente, aprenderam a criticar os homens e a reprovar-lhes os vícios, em vez de ensinar-lhes as virtudes, e a enfraquecer-lhes os ânimos, em vez de fortalecê-los, são danosos para si mesmos e para os outros. Daí que muitos, por causa de uma intolerância excessiva e de um falso zelo religioso, tenham preferido viver entre os animais, em vez de viver entre os homens, tal como ocorre com as crianças e os adolescentes, que não conseguem suportar com equanimidade as reprimendas de seus pais e se refugiam no serviço militar, preferindo os desconfortos da guerra e um comando tirânico aos confortos domésticos e às admoestações paternas, e aceitando que se lhes imponha qualquer fardo, desde que se vinguem dos pais.

Capítulo 14. Embora, portanto, os homens se governem em tudo, na maior parte das vezes, pela licenciosidade, de sua sociedade comum se seguem muito mais vantagens do que desvantagens. Por isso, é preferível tolerar com equanimidade as suas ofensas e dedicar-se com empenho àquilo que está a serviço do vínculo da concórdia e da amizade.

Capítulo 15. As coisas que geram a concórdia são aquelas que se relacionam à justiça, à equidade e à lealdade. Pois, além do que é injusto e iníquo, os homens também suportam mal o que é tido como vil, ou seja, que alguém desrespeite os costumes aceitos na sociedade civil. Por outro lado, para o vínculo do amor são necessárias, sobretudo, aquelas coisas que concernem à religiosidade e à piedade. Vejam-se, sobre isso, os esc. 1 e 2 da prop. 37, o esc. da prop. 46 e o esc. da prop. 73.

Capítulo 16. Além disso, é comum que a concórdia seja gerada também pelo medo, mas, neste caso, trata-se de uma concórdia à qual falta a confiança. Acrescente-se que o medo provém da impotência de ânimo; e não diz respeito, por isso, ao uso da razão, o que ocorre também com a comiseração, mesmo que se apresente como piedade.

Capítulo 17. Além disso, os homens também se deixam levar pela prodigalidade, sobretudo aqueles que não têm de onde retirar o necessário para o sustento da vida. Entretanto, prestar ajuda a cada indigente é algo que supera, em muito, os poderes e os recursos de um simples indivíduo. Pois as suas riquezas estão muito aquém do que seria necessário para isso. Além disso, a capacidade de um homem sozinho é demasiadamente limitada para que ele possa unir-se pela amizade a todos os homens. Por isso, o cuidado dos pobres é uma incumbência da sociedade como um todo e tem em vista a utilidade comum.

Capítulo 18. Quanto a aceitar favores e a demonstrar agradecimento, deve-se ter uma preocupação inteiramente diferente; vejam-se, a esse respeito, o esc. da prop. 70 e o esc. da prop. 71.

Capítulo 19. Por outro lado, o amor lascivo, isto é, o desejo de gerar que tem origem na aparência física e, mais geralmente, todo amor que admite outra causa além da liberdade do ânimo, converte-se, facilmente, em ódio, exceto quando, o que é pior, torna-se uma espécie de delírio, em cujo caso, mais do que a concórdia, é a discórdia que é reforçada. Veja-se o esc. da prop. 31 da P. 3.

Capítulo 20. Quanto ao matrimônio, é certo que está em acordo com a razão se o desejo de unir os corpos não é produzido apenas pela aparência física, mas também pelo amor de procriar filhos e de educá-los sabiamente; e, além disso, se o amor de ambos, quer dizer, do homem e da mulher, não tem por causa apenas a aparência física, mas principalmente a liberdade do ânimo.

Capítulo 21. A adulação também gera a concórdia, mas mediante o feio vício da servidão ou mediante a perfídia; com efeito, ninguém é mais suscetível à adulação que os soberbos, que querem ser os primeiros, mas não o são.

Capítulo 22. O rebaixamento reveste-se da falsa aparência da piedade e da religiosidade. E, embora o rebaixamento seja o oposto da soberba, aquele que se rebaixa está, entretanto, próximo do soberbo. Veja-se o esc. da prop. 57.

Capítulo 23. A vergonha também contribui para a concórdia, mas apenas naquelas coisas que não podem ser ocultadas. Além disso, como a vergonha é uma espécie de tristeza, não diz respeito ao uso da razão.

Capítulo 24. Os outros afetos de tristeza dirigidos aos homens opõem-se diretamente à justiça, à equidade, à lealdade, à piedade e à religiosidade; e, embora a indignação pareça uma espécie de equidade, ali, entretanto, onde é permitido a cada um julgar as ações dos outros e administrar o próprio direito ou o dos outros, vive-se sem nenhuma lei.

Capítulo 25. A modéstia, isto é, o desejo de agradar aos homens, quando é determinado pela razão, está referido à piedade (como dissemos no esc. 1 da prop. 37). Se provém, entretanto, de um afeto, trata-se de ambição, ou seja, de um desejo, pelo qual os homens, sob uma falsa aparência de piedade, incitam, na maioria das vezes, discórdias e sedições. Pois quem deseja ajudar os outros, por palavras ou por atos, para que, juntos, desfrutem do supremo bem, buscará, sobretudo, ganhar-lhes o amor, e não, em vez disso, provocar-lhes a admiração, a fim de que uma doutrina leve a marca do seu próprio nome, nem lhes dará, em geral, qualquer motivo de inveja. Além disso, evitará, nas conversas sociais, mencionar os vícios humanos e cuidará para não falar senão reservadamente sobre a impotência humana. Em troca, falará longamente sobre a virtude ou a potência humana e sobre o meio pelo qual ela pode ser aperfeiçoada, a fim de que os homens se esforcem, assim, o quanto puderem, por viver segundo os preceitos da razão, movidos não pelo medo ou pela aversão, mas apenas pelo afeto da alegria.

Capítulo 26. Além dos homens, não conhecemos, na natureza, nenhuma coisa singular cuja mente possa nos encher de gáudio e à qual possamos nos unir pela amizade ou por algum outro tipo de vínculo. Por isso, com respeito a tudo aquilo que existe na natureza das coisas, afora o homem, o princípio de atender à nossa utilidade não exige que nós o conservemos. Este princípio nos ensina, em vez disso, que, conforme as suas diferentes utilizações, nós conservemos, destruamos ou adaptemos as coisas, de qualquer maneira, às nossas conveniências.

Capítulo 27. A utilidade que extraímos das coisas que nos são exteriores, além da experiência e do conhecimento que adquirimos por observá-las, por mudá-las e por transformá-las, consiste, principalmente, na conservação do corpo. E, por essa razão, são úteis, particularmente, aquelas coisas que podem alimentar e nutrir o corpo de maneira tal que todas as suas partes possam fazer corretamente o seu trabalho. Pois quanto mais o corpo é capaz, de variadas maneiras, de ser afetado pelos corpos exteriores e de afetá-los, tanto mais a mente é capaz de pensar (vejam-se as prop. 38 e 39). Parece, entretanto, que há muito poucas coisas desse tipo na natureza. Por isso, para nutrir o corpo como se deve, é necessário utilizar muitos alimentos, de naturezas variadas. Pois o corpo humano é composto de muitas partes, de variadas naturezas, que precisam, continuamente, de uma alimentação variada, para que o corpo inteiro seja uniformemente capaz de fazer todas as coisas que podem se seguir de sua natureza e, como consequência, para que a mente também seja uniformemente capaz de conceber muitas coisas.

Capítulo 28. Entretanto, para obter essas coisas, dificilmente bastariam as forças de cada um, se os homens não prestassem serviços uns aos outros. O fato é que todas as coisas acabaram por se resumir ao dinheiro. Daí que sua imagem costuma ocupar inteiramente a mente do vulgo, pois dificilmente podem imaginar alguma outra espécie de alegria que não seja a que vem acompanhada da ideia de dinheiro como sua causa.

Capítulo 29. Esse vício, entretanto, só pode ser atribuído àqueles que buscam o dinheiro não porque este lhes falte ou para suprir as suas necessidades, mas porque aprenderam a arte do lucro, da qual muito se vangloriam. De resto, eles alimentam o corpo segundo o costume, mas com avareza, porque acreditam que seus bens se esvaem na mesma proporção do gasto feito na conservação de seu corpo. Em troca, aqueles que aprenderam a verdadeira utilidade do dinheiro e regulam a proporção de suas divisas exclusivamente por suas próprias necessidades vivem felizes com pouco.

Capítulo 30. Como são boas, portanto, as coisas que ajudam as partes do corpo a fazer o seu trabalho, e como a alegria consiste em que a potência do homem, enquanto ele é composto de mente e corpo, é estimulada ou aumentada, são boas, então, todas as coisas que trazem alegria. Entretanto, como, por outro lado, as coisas não agem com o fim de nos afetar de alegria, nem a sua potência de agir é regulada pela nossa utilidade e como, enfim, a alegria está relacionada, fundamentalmente, na maioria das vezes, a uma única parte do corpo, a consequência é que os afetos de alegria (a não ser que intervenham a razão e a vigilância) e também os desejos que eles produzem são, na maioria das vezes, excessivos. A isso se acrescenta que, por causa do afeto, consideramos como mais importante aquilo que é, no momento presente, agradável, e que não podemos julgar as coisas futuras com o mesmo afeto do ânimo. Vejam-se o esc. da prop. 44 e o esc. da prop. 60.

Capítulo 31. A superstição, pelo contrário, parece proclamar que é bom o que traz tristeza e mau o que traz alegria. Entretanto, como já dissemos (veja-se o esc. da prop. 45), ninguém, a não ser um invejoso, pode se deleitar com a minha impotência e a minha desgraça. Pois quanto maior é a alegria que nos afeta, tanto maior é a perfeição a que passamos e, consequentemente, tanto mais participamos da natureza divina. E jamais pode ser má a alegria que é regulada pelo verdadeiro princípio de atender à nossa utilidade. Em troca, aquele que se deixa levar pelo medo, e faz o bem para evitar o mal, não se conduz pela razão.

Capítulo 32. A potência humana é, entretanto, bastante limitada, sendo infinitamente superada pela potência das causas exteriores. Por isso, não temos o poder absoluto de adaptar as coisas exteriores ao nosso uso. Contudo, suportaremos com equanimidade os acontecimentos contrários ao que postula o princípio de atender à nossa utilidade, se tivermos consciência de que fizemos nosso trabalho; de que a nossa potência não foi suficiente para poder evitá-las; e de que somos uma parte da natureza inteira, cuja ordem seguimos. Se compreendemos isso clara e distintamente, aquela parte de nós mesmos que é definida pela inteligência, isto é, a nossa melhor parte, se satisfará plenamente com isso e se esforçará por perseverar nessa satisfação. Pois, à medida que compreendemos, não podemos desejar senão aquilo que é necessário, nem nos satisfazer, absolutamente, senão com o verdadeiro. Por isso, à medida que compreendemos isso corretamente, o esforço da melhor parte de nós mesmos está em acordo com a ordem da natureza inteira.

QUINTA PARTE

A potência do intelecto ou a liberdade humana

Prefácio

Passo, por fim, à outra parte da ética, que trata da maneira, ou seja, do caminho que conduz à liberdade. Nesta parte, tratarei, pois, da potência da razão, mostrando qual é o seu poder sobre os afetos e, depois, o que é a liberdade ou a beatitude da mente. Veremos, assim, o quanto o sábio é mais potente que o ignorante. De que maneira e por qual via, entretanto, deve-se aperfeiçoar o intelecto e por qual arte deve-se cuidar do corpo para que faça corretamente seu trabalho são assuntos que não cabem aqui. Pois o último diz respeito à medicina e o primeiro, à lógica. Aqui tratarei, portanto, como disse, apenas da potência da mente, ou da razão, e mostrarei, sobretudo, qual é o grau e a espécie de domínio que ela tem para refrear e regular os afetos. Que não temos, com efeito, um domínio absoluto sobre os afetos foi o que demonstramos anteriormente. Os estoicos, entretanto, acreditavam que os afetos dependem exclusivamente de nossa vontade e que podemos dominá-los inteiramente. Contudo, viram-se obrigados, na verdade, não por causa de seus princípios, mas diante das evidências da experiência, a admitir que não são pequenos o exercício e o esforço necessários para refrear e regular os afetos, conclusão que um deles tentou demonstrar (se bem me recordo), pelo exemplo de dois cães: um, doméstico; de caça, o outro. O resultado foi que, pelo exercício, ele acabou conseguindo que o cão doméstico se acostumasse a caçar e que o de caça, em troca, deixasse de perseguir as lebres. Não é pequena a predileção de Descartes por essa opinião. Com efeito, ele afirma que a alma, ou a mente, está unida, principalmente, a uma certa parte do cérebro, mais especificamente, à chamada glândula pineal, por meio da qual a mente sente todos os movimentos que se produzem no corpo, bem como os objetos exteriores. A mente, por sua vez, pode movê-la de várias maneiras, bastando querê-lo. Ele sustenta que essa glândula está suspensa no meio do cérebro, de tal maneira que pode ser movida pelo mínimo movimento dos espíritos animais. Afirma, ainda, que ela fica suspensa no meio do cérebro, de maneiras tão diferentes quanto são diferentes as maneiras pelas quais os espíritos animais se chocam contra ela. E que, além disso, nela se imprimem traços tão diferentes quanto são diferentes os objetos exteriores que impelem esses espíritos animais contra ela. Daí que, se, posteriormente, a glândula pineal que é movida, pela vontade da alma, de diferentes maneiras, fica suspensa de maneira idêntica àquela pela qual já foi, uma vez, suspensa pelo mesmo movimento dos espíritos, então a própria glândula impelirá e determinará os espíritos animais, da mesma maneira com que eles tinham sido, antes, impelidos por uma suspensão análoga da mesma. Sustenta, ainda, que cada vontade da mente está ligada, pela natureza, a um movimento preciso dessa glândula. Por exemplo, se alguém tem vontade de dirigir o olhar para um objeto distante, esta vontade fará com que a pupila se dilate; mas se pensa apenas na dilatação da pupila, essa vontade de nada lhe adiantará, porque a natureza não ligou o movimento da glândula – que serve para impelir os espíritos em direção ao nervo ótico, de maneira a dilatar ou contrair a pupila – à vontade de dilatá-la ou contraí-la, mas apenas à vontade de dirigir o olhar para os objetos distantes ou próximos. Ele afirma, finalmente, que, embora cada movimento dessa glândula pareça ter sido ligado, pela natureza, desde o começo de nossa vida, a cada um dos nossos pensamentos, eles podem, entretanto, unir-se, pelo hábito, a outros, afirmação que Descartes esforça-se por provar no art. 50 da P. 1 de *Paixões da alma*. Conclui, daí, que nenhuma alma é tão débil que não possa, se bem dirigida, adquirir um poder absoluto sobre as suas paixões. Com efeito, essas paixões, tal como ele as define, são *percepções, ou sentimentos, ou emoções da alma, que a ela se referem de uma maneira particular, e que, observe-se, são produzidas, conservadas e reforçadas por algum movimento dos espíritos* (veja-se art. 27 da P. 1 de *Paixões da alma*). Como, entretanto, a uma vontade qualquer podemos ligar um movimento qualquer da glândula e, consequentemente, dos espíritos, e como a determinação da vontade depende exclusivamente de nosso poder, então, se determinamos a nossa vontade por meio de juízos seguros e firmes, pelos quais queremos dirigir as ações de nossa vida, e se ligamos os movimentos das paixões que queremos ter a esses juízos, adquirimos um domínio absoluto sobre as nossas paixões. Essa é (tanto quanto posso deduzir de suas próprias palavras), a opinião desse ilustríssimo homem, opinião que, se não fosse tão forte, dificilmente eu acreditaria ter partido de homem tão ilustre. Tratando-se de um filósofo que havia firmemente se proposto nada deduzir que não fosse de princípios evidentes por si mesmos; e nada afirmar senão aquilo que percebesse clara e distintamente; e que tantas vezes censurara os escolásticos por terem querido explicar coisas obscuras por meio de qualidades ocultas; não posso, certamente, surpreender-me o bastante de que um tal filósofo admita uma hipótese mais oculta que todas as qualidades ocultas. Que compreende ele, afinal, por união da mente e do corpo? Que conceito claro e distinto, pergunto, tem ele de um pensamento estreitamente unido a uma certa partícula de quantidade? Gostaria muito que ele tivesse explicado essa união por sua causa próxima. Ele havia, entretanto, concebido a mente de maneira tão distinta do corpo que não pôde atribuir nenhuma causa singular nem a essa união, nem à própria mente, razão pela qual precisou recorrer à causa do universo inteiro, isto é, a Deus. Gostaria muito de saber, ainda, qual quantidade de movimento pode a mente transmitir a essa glândula pineal e com que força pode mantê-la suspensa? Pois não sei se essa glândula é revolvida mais lentamente ou mais rapidamente pela mente do que pelos espíritos animais, nem se os movimentos das paixões, que nós vinculamos estreitamente a juízos firmes, não podem voltar a se desvincular desses juízos por causas corpóreas. Disso se seguiria que, embora a mente tivesse firmemente decidido ir contra os perigos, e tivesse juntado a essa decisão um movimento de audácia, à vista do perigo, entretanto, a glândula estaria suspensa de maneira tal que a mente não poderia pensar senão na fuga. E como, certamente, não há qualquer relação entre a vontade e o movimento, tampouco existe qualquer comparação entre a potência ou a força da mente e a do corpo. E, consequentemente, as forças do corpo nunca podem ser determinadas pelas forças da mente. Acrescente-se a isso que essa glândula tampouco está situada no meio do cérebro, de maneira tal que possa ser revolvida tão facilmente, nem de tantas maneiras, e que nem todos os nervos se prolongam até a cavidade do cérebro. Por último, omito tudo o que Descartes afirma sobre a vontade e a sua liberdade, pois demonstrei sobejamente que isso é falso. Como, portanto, a potência da mente, tal como antes mostrei, é definida exclusivamente pela inteligência, nós determinaremos os remédios contra os afetos – que todos, com certeza, conhecem por experiência, mas que, creio, nem observam cuidadosamente, nem veem distintamente – pelo conhecimento exclusivo da mente, e desse conhecimento deduziremos tudo o que diz respeito à sua beatitude.

Axiomas

1. Se, em um mesmo sujeito, são suscitadas duas ações contrárias, deverá, necessariamente, dar-se uma mudança, em ambas, ou em apenas uma delas, até que deixem de ser contrárias.

2. A potência de um efeito é definida pela potência de sua causa, à medida que sua essência é explicada ou definida pela essência de sua causa. Este ax. é evidente pela prop. 7 da P. 3.

Proposições

Proposição 1. **É exatamente da mesma maneira que se ordenam e se concatenam os pensamentos e as ideias das coisas na mente que também se ordenam e se concatenam as afecções do corpo, ou seja, as imagens das coisas no corpo.**

Demonstração. A ordem e a conexão das ideias é o mesmo (pela prop. 7 da P. 2) que a ordem e a conexão das coisas e, inversamente, a ordem e a conexão das coisas é o mesmo (pelos corol. das prop. 6 e 7 da P. 2) que a ordem e a conexão das ideias. Por isso, tal como a ordem e a conexão das ideias se faz, na mente, segundo a ordem e a concatenação das afecções do corpo (pela prop. 18 da P. 2), assim, também, inversamente (pela prop. 2 da P. 3), a ordem e a conexão das afecções do corpo se faz da mesma maneira que se ordenam e se concatenam os pensamentos e as ideias das coisas na mente. C. Q. D.

Proposição 2. **Se separamos uma emoção do ânimo, ou seja, um afeto, do pensamento de uma causa exterior, e a ligamos a outros pensamentos, então o amor ou o ódio para com a causa exterior, bem como as flutuações de ânimo, que provêm desses afetos, serão destruídos.**

Demonstração. Com efeito, o que constitui a forma do amor ou do ódio é uma alegria ou uma tristeza, acompanhada da ideia de uma causa exterior (pelas def. 6 e 7 dos afetos). Suprimida, pois, esta última, suprime-se, ao mesmo tempo, a forma do amor ou do ódio. E, portanto, esses afetos e os que deles provêm são destruídos. C. Q. D.

Proposição 3. **Um afeto que é uma paixão deixa de ser uma paixão assim que formamos dele uma ideia clara e distinta.**

Demonstração. Um afeto que é uma paixão é uma ideia confusa (pela def. geral dos afetos). Se, pois, formamos uma ideia clara e distinta desse afeto, não haverá entre essa ideia e o próprio afeto, enquanto referido exclusivamente à mente, senão uma distinção de razão (pela prop. 21 da P. 2, juntamente com seu esc.). O afeto deixará, portanto (pela prop. 3 da P. 3), de ser uma paixão. C. Q. D.

Corolário. Portanto, um afeto está tanto mais sob nosso poder, e a mente padece tanto menos, por sua causa, quanto mais nós o conhecemos.

Proposição 4. Não há nenhuma afecção do corpo da qual não possamos formar algum conceito claro e distinto.

Demonstração. O que é comum a todas as coisas não pode ser concebido senão adequadamente (pela prop. 38 da P. 2). Por isso (pela prop. 12 e pelo lema 2, que se encontra após o esc. da prop. 13 da P. 2), não há nenhuma afecção do corpo da qual não possamos formar um conceito claro e distinto. C. Q. D.

Corolário. Disso se segue que não há nenhum afeto do qual não possamos formar um conceito claro e distinto. Com efeito, um afeto é a ideia de uma afecção do corpo (pela def. geral dos afetos), a qual, por isso (pela prop. prec.), deve envolver um conceito claro e distinto.

Escólio. Como não há nada de que não se siga algum efeito (pela prop. 36 da P. 1), e como compreendemos clara e distintamente (pela prop. 40 da P. 2) tudo o que se segue de uma ideia que é, em nós, adequada, segue-se que cada um tem o poder, se não absoluto, ao menos parcial, de compreender a si mesmo e de compreender os seus afetos, clara e distintamente e, consequentemente, de fazer com que padeça menos por sua causa. Devemos, pois, nos dedicar, sobretudo, à tarefa de conhecer, tanto quanto possível, clara e distintamente, cada afeto, para que a mente seja, assim, determinada, em virtude do afeto, a pensar aquelas coisas que percebe clara e distintamente e nas quais encontra a máxima satisfação. E para que, enfim, o próprio afeto se desvincule do pensamento da causa exterior e se vincule a pensamentos verdadeiros. Isso fará não apenas com que o amor, o ódio, etc., sejam destruídos (pela prop. 2), mas também com que os apetites ou os desejos que costumam provir desses afetos não possam ser excessivos (pela prop. 61 da P. 4). Pois deve-se observar, sobretudo, que é em função de um só e mesmo apetite que se diz que o homem age ou que ele padece. Por exemplo, demonstramos que a natureza humana está constituída de tal maneira que cada um deseja que os outros vivam segundo a inclinação que lhe é própria (veja-se o escol. da prop. 31 da P. 3). E que esse apetite, num homem que não se conduz pela razão, é uma paixão que se chama ambição, a qual não difere muito da soberba; e que, em troca, num homem que vive segundo o ditame da razão, é uma ação ou uma virtude que se chama piedade (vejam-se o esc. 1 da prop. 37 da P. 4 e a dem. 2 da mesma prop.). E, desta maneira, todos os apetites ou desejos são paixões apenas à medida que provêm de ideias inadequadas, enquanto os mesmos desejos são considerados virtudes quando são suscitados ou gerados por ideias adequadas. Com efeito, todos os desejos que nos determinam a fazer algo podem provir tanto de ideias adequadas quanto de ideias inadequadas (veja-se a prop. 59 da P. 4). E, por isso (voltando ao ponto em que estávamos antes dessa digressão), não se pode imaginar nenhum outro remédio que dependa de nosso poder que seja melhor para os afetos do que aquele que consiste no verdadeiro conhecimento deles, pois não existe nenhuma outra potência da mente que não seja a de pensar e de formar ideias adequadas, tal como, anteriormente (pela prop. 3 da P. 3), demonstramos.

Proposição 5. **O afeto para com uma coisa que imaginamos simplesmente, e não como necessária, possível ou contingente, é, em igualdade de circunstâncias, o maior de todos.**

Demonstração. O afeto para com uma coisa que nós imaginamos ser livre é maior que o afeto para com uma coisa que imaginamos como necessária (pela prop. 49 da P. 3) e, consequentemente, é ainda maior do que o afeto para com uma coisa que imaginamos como possível ou como contingente (pela prop. 11 da P. 4). Ora, imaginarmos uma coisa como livre não pode ser outra coisa do que imaginá-la simplesmente, enquanto ignoramos as causas pelas quais ela foi determinada a agir (pelo que demonstramos no esc. da prop. 35 da P. 2). Logo, o afeto para com uma coisa que imaginamos simplesmente é, em igualdade de circunstâncias, maior do que o afeto para com uma coisa necessária, possível ou contingente; e, consequentemente, é o afeto maior de todos. C. Q. D.

Proposição 6. **À medida que a mente compreende as coisas como necessárias, ela tem um maior poder sobre os seus afetos, ou seja, deles padece menos.**

Demonstração. A mente compreende que todas as coisas são necessárias (pela prop. 29 da P. 1), e que são determinadas a existir e a operar em virtude de uma concatenação infinita de causas (pela prop. 28 da P. 1). Portanto (pela prop. prec.), à medida que compreende isso, a mente padece menos dos afetos que provêm dessas coisas e (pela prop. 48 da P. 3) é menos afetada por elas. C. Q. D.

Escólio. Quanto mais esse conhecimento, quer dizer, de que as coisas são necessárias, diz respeito a coisas singulares que imaginamos mais distinta e vividamente, tanto maior é esse poder da mente sobre os afetos, como mostra, aliás, a própria experiência. Com efeito, vemos que a tristeza advinda da perda de um bem diminui assim que o homem que o perdeu dá-se conta de que não havia nenhum meio de poder conservá-lo. Vemos, igualmente, que ninguém sente pena de uma criança por ela não saber falar, andar, raciocinar e, por viver, enfim, tantos anos como que inconsciente de si mesma. Se, por outro lado, os homens, em sua maioria, nascessem já adultos e apenas alguns nascessem crianças, então todos sentiriam pena das crianças, pois, nesse caso, a infância seria considerada não como algo natural e necessário, mas como um defeito ou uma falta da natureza. Poderíamos, ainda, fazer muitas outras observações desse tipo.

Proposição 7. **Desde que se tome o tempo em consideração, os afetos que provêm da razão ou que ela suscita são mais potentes do que aqueles que estão referidos a coisas singulares que consideramos como ausentes.**

Demonstração. Não consideramos uma coisa como ausente em função do afeto pelo qual a imaginamos, mas porque o corpo é afetado de outro afeto que exclui a existência dessa coisa (pela prop. 17 da P. 2). Por isso, o afeto que está referido a uma coisa que consideramos como ausente não é de natureza tal que supere as outras ações do homem e a sua potência (veja-se, a esse respeito, a prop. 6 da P. 4), mas, pelo contrário, é de natureza tal que pode ser, de algum modo, refreado por aquelas afecções que excluem a existência de sua causa exterior (pela prop. 9 da P. 4). Em troca, o afeto que provém da razão está necessariamente referido às propriedades comuns das coisas (veja-se a definição de razão no esc. 2 da prop. 40 da P. 2), as quais consideramos sempre como presentes (pois nada pode haver que exclua sua existência presente), e que imaginamos sempre da mesma maneira (pela prop. 38 da P. 2). Por isso, esse afeto permanece sempre o mesmo e, consequentemente (pelo ax. 1), os afetos que lhe são contrários, e que não são reforçados por suas respectivas causas exteriores, deverão, cada vez mais, ajustar-se a ele, até que não lhe sejam mais contrários. Nessas circunstâncias, o afeto que provém da razão é mais potente. C. Q. D.

Proposição 8. **Quanto maior o número de causas que contribuem, simultaneamente, para suscitá-lo, tanto maior é o afeto.**

Demonstração. Muitas causas simultâneas podem mais do que um número menor delas (pela prop. 7 da P. 3). Por isso (pela prop. 5 da P. 4), quanto maior é o número de causas simultâneas a suscitá-lo, tanto mais forte é o afeto. C. Q. D.

Escólio. Esta proposição é evidente também pelo ax. 2.

Proposição 9. **Se um afeto está referido a muitas e diferentes causas, as quais a mente considera ao mesmo tempo que o próprio afeto, ele é menos nocivo, padecemos menos em virtude dele e somos menos afetados por cada uma de suas causas, comparativamente a um outro afeto, tão forte quanto o primeiro, mas que está referido a uma única causa ou a um número menor de causas.**

Demonstração. Um afeto é mau ou nocivo apenas à medida que impede a mente de poder pensar (pelas prop. 26 e 27 da P. 4). Por isso, o afeto que determina a mente a considerar muitos objetos ao mesmo tempo é menos nocivo do que outro afeto, tão forte quanto o primeiro, que ocupa a mente na contemplação de um só ou de poucos objetos, de tal maneira que ela não possa pensar em outros. Este era o primeiro ponto. Além disso, como a essência da mente, isto é (pela prop. 7 da P. 3), a sua potência, consiste exclusivamente no pensamento (pela prop. 11 da P. 2), a mente padece menos em virtude de um afeto que a determina a considerar muitas coisas ao mesmo tempo do que em virtude de um afeto, igualmente forte, mas que a mantém ocupada na consideração de um só ou de poucos objetos. Este era o segundo ponto. Por último, o afeto em questão (pela prop. 48 da P. 3), à medida que está referido a muitas causas exteriores, é igualmente menos forte relativamente a cada uma delas, separadamente. C. Q. D.

Proposição 10. **Durante o tempo em que não estamos tomados por afetos que são contrários à nossa natureza, nós temos o poder de ordenar e concatenar as afecções do corpo segundo a ordem própria do intelecto.**

Demonstração. Os afetos que são contrários à nossa natureza, isto é (pela prop. 30 da P. 4), que são maus, são maus à medida que impedem a mente de compreender (pela prop. 27 da P. 4). Portanto, durante o tempo em que não estamos tomados por afetos que são contrários à nossa natureza, a potência da mente, pela qual ela se esforça por compreender as coisas (pela prop. 26 da P. 4), não está impedida. E, por isso, durante esse tempo, ela tem o poder de formar ideias claras e distintas e de deduzir umas das outras (vejam-se o esc. 2 da prop. 40 e o esc. da prop. 47 da P. 2). Consequentemente (pela prop. 1), durante esse tempo, nós temos o poder de ordenar e de concatenar as afecções do corpo segundo a ordem própria do intelecto. C. Q. D.

Escólio. Por meio desse poder de ordenar e concatenar corretamente as afecções do corpo, podemos fazer com que não sejamos facilmente afetados por maus afetos. Com efeito (pela prop. 7), requer-se, para refrear os afetos ordenados e concatenados segundo a ordem própria do intelecto, uma força maior do que a requerida para refrear os afetos imprecisos e erráticos. Portanto, o melhor que podemos fazer, enquanto não temos um conhecimento perfeito de nossos afetos, é conceber um princípio correto de viver, ou seja, regras seguras de vida, confiá-las à memória, e aplicá-las continuamente aos casos particulares que, com frequência, se apresentam na vida, para que nossa imaginação seja, assim, profundamente afetada por elas, de maneira que estejam sempre à nossa disposição. Por exemplo, estabelecemos, entre as regras de vida (vejam-se a prop. 46 da P. 4, juntamente com seu esc.), que o ódio deve ser combatido com o amor ou com a generosidade, em vez de ser retribuído com um ódio recíproco. Entretanto, para que esse preceito da razão esteja sempre à nossa disposição quando dele precisarmos, deve-se pensar e refletir sobre as ofensas costumeiras dos homens, bem como sobre a maneira e a via pelas quais elas podem ser mais efetivamente rebatidas por meio da generosidade. Ligaremos, assim, a imagem da ofensa à imaginação dessa regra, e ela estará sempre à nossa disposição (pela prop. 18 da P. 2) quando nos infligirem uma tal ofensa. Pois, se também tivermos à disposição o princípio de nossa verdadeira utilidade, assim como a do bem que se segue da amizade mútua e da sociedade comum; e se considerarmos, além disso, que a suprema satisfação do ânimo provém do princípio correto de viver (pela prop. 52 da P. 4); e que os homens agem, como as outras coisas, em virtude da necessidade da natureza; então a ofensa – ou seja, o ódio que costuma dela provir – ocupará uma parte mínima da imaginação e será facilmente superada. Por outro lado, se a ira, que costuma provir das ofensas mais graves, não é, por esse motivo, facilmente superada, será, entretanto, também superada, embora não sem flutuações de ânimo, em um intervalo de tempo muito menor do que se não tivéssemos, previamente, assim refletido sobre essas coisas, como é evidente pelas prop. 6, 7 e 8. Do mesmo modo, para acabar com o medo é preciso pensar com firmeza, quer dizer, é preciso enumerar e imaginar, com frequência, os perigos da vida e a melhor maneira de evitá-los e superá-los por meio da coragem e da fortaleza. Deve-se observar, entretanto, que ao ordenar nossos pensamentos e imaginações, devemos levar sempre em consideração (pelo corol. da prop. 63 da P. 4 e pela prop. 59 da P. 3) aquilo que cada coisa tem de bom, para que sejamos, assim, sempre determinados a agir segundo o afeto da alegria. Por exemplo, se alguém percebe que busca excessivamente a glória, deve pensar na sua correta utilização, com que fim ela deve ser buscada e por quais meios pode ser adquirida; e não no seu mau uso, na sua vacuidade e na inconstância dos homens, ou em coisas desse tipo, nas quais ninguém pensa a não ser que tenha um ânimo doentio. Com efeito, esses pensamentos são os que mais afligem os mais ambiciosos, quando perdem a esperança de conseguir a honra que ambicionam. Esses, ao mesmo tempo que vomitam a sua ira, querem passar por sábios. Pois é certo que os que mais desejam a glória são os que mais bradam contra o seu mau uso e a vacuidade do mundo. E isso não é exclusividade dos ambiciosos, mas comum a todos aqueles para os quais a sorte é adversa e que têm o ânimo impotente. Com efeito, o pobre que, além disso, é também avaro, não para de falar do abuso do dinheiro e dos defeitos dos ricos, não conseguindo, com isso, senão afligir-se e mostrar aos outros que suporta sem equanimidade não apenas sua pobreza, mas também a riqueza alheia. Da mesma maneira, também os que foram mal acolhidos por sua amante não pensam senão na inconstância, na perfídia e nos outros proclamados defeitos das mulheres, todos os quais são imediatamente esquecidos tão logo são de novo acolhidos pela amante. Assim, quem tenta regular seus afetos e apetites exclusivamente por amor à liberdade, se esforçará, tanto quanto puder, por conhecer as virtudes e as suas causas, e por encher o ânimo do gáudio que nasce do verdadeiro conhecimento delas e não, absolutamente, por considerar os defeitos dos homens, nem por humilhá-los, nem por se alegrar com uma falsa aparência de liberdade. Quem observar com cuidado essas coisas (na verdade, elas não são difíceis) e praticá-las poderá, em pouco tempo, dirigir a maioria de suas ações sob o comando da razão.

Proposição 11. Quanto maior é o número de coisas a que uma imagem está referida, tanto mais ela é frequente, ou seja, tanto mais vezes ela torna-se vívida, e tanto mais ocupa a mente.

Demonstração. Com efeito, quanto maior é o número de coisas a que uma imagem ou um afeto está referido, tanto maior é o número de causas pelas quais ela pode ser estimulada e reforçada, causas que a mente (por hipótese) considera, todas, conjuntamente, em virtude do próprio afeto. Portanto, esse afeto é tanto mais frequente, ou seja, tanto mais vezes ele se torna vívido, e (pela prop. 8) tanto mais ocupa a mente. C. Q. D.

Proposição 12. As imagens das coisas vinculam-se mais facilmente àquelas imagens que estão referidas às coisas que compreendemos clara e distintamente do que a outras.

Demonstração. As coisas que compreendemos clara e distintamente são ou propriedades comuns das coisas ou propriedades que se deduzem das comuns (veja-se a def. de razão no esc. 2 da prop. 40 da P. 2) e, como consequência, elas são mais frequentemente (pela prop. prec.) suscitadas em nós. Por isso, pode mais facilmente ocorrer que consideremos diferentes coisas junto com essas do que junto com outras e, como consequência (pela prop. 18 da P. 2), as coisas vinculam-se mais facilmente àquelas que compreendemos clara e distintamente do que a outras. C. Q. D.

Proposição 13. Quanto maior é o número de outras imagens a que uma imagem está vinculada, tanto mais frequentemente ela se torna vívida.

Demonstração. Com efeito, quanto maior é o número de outras imagens a que uma imagem está vinculada, tanto maior (pela prop. 18 da P. 2) é o número de causas pelas quais ela pode ser suscitada. C. Q. D.

Proposição 14. A mente pode fazer com que todas as afecções do corpo, ou seja, as imagens das coisas, estejam referidas à ideia de Deus.

Demonstração. Não há nenhuma afecção do corpo da qual a mente não possa formar algum conceito claro e distinto (pela prop. 4). Por isso, a mente pode fazer (pela prop. 15 da P. 1) com que todas elas estejam referidas à ideia de Deus. C. Q. D.

Proposição 15. Quem compreende a si próprio e os seus afetos, clara e distintamente, ama a Deus; e tanto mais quanto mais compreende a si próprio e os seus afetos.

Demonstração. Quem compreende clara e distintamente a si próprio e os seus afetos, alegra-se (pela prop. 53 da P. 3), com uma alegria que vem acompanhada da ideia de Deus (pela prop. prec.). Portanto (pela def. 6 dos afetos), ama a Deus, e (pela mesma razão) tanto mais ama quanto mais compreende a si próprio e os seus afetos. C. Q. D.

Proposição 16. **Este amor para com Deus deve ocupar a mente ao máximo.**

Demonstração. Com efeito, esse amor está ligado a todas as afecções do corpo (pela prop. 14), e é por elas reforçado (pela prop. 15). Portanto (pela prop. 11), deve ocupar a mente ao máximo. C. Q. D.

Proposição 17. **Deus está livre de paixões e não é afetado de qualquer afeto de alegria ou de tristeza.**

Demonstração. Todas as ideias, enquanto estão referidas a Deus, são verdadeiras (pela prop. 32 da P. 2), isto é (pela def. 4 da P. 2), são adequadas. Portanto (pela def. geral dos afetos), Deus está isento de paixões. Além disso, Deus não pode passar a uma perfeição maior nem a uma perfeição menor (pelo corol. 2 da prop. 20 da P. 1). Logo (pelas def. 2 e 3 dos afetos), ele não é afetado de qualquer afeto de alegria ou de tristeza. C. Q. D.

Corolário. Deus, propriamente falando, não ama nem odeia ninguém. Com efeito, Deus (pela prop. prec.) não é afetado de qualquer afeto de alegria ou de tristeza e, consequentemente (pelas def. 6 e 7 dos afetos), também não ama nem odeia ninguém.

Proposição 18. **Ninguém pode odiar a Deus.**

Demonstração. A ideia de Deus que existe em nós é adequada e perfeita (pelas prop. 46 e 47 da P. 2). Por isso, à medida que consideramos Deus, nós agimos (pela prop. 3 da P. 3); e, consequentemente (pela prop. 59 da P. 3), não pode haver nenhuma tristeza que acompanhe a ideia de Deus, isto é (pela def. 7 dos afetos), ninguém pode odiar a Deus. C. Q. D.

Corolário. O amor para com Deus não pode transformar-se em ódio.

Escólio. Pode-se objetar, entretanto, que, por compreendermos Deus como causa de todas as coisas, nós o consideramos, justamente por isso, como causa de tristeza. A isso respondo, em troca, que à medida que (pela prop. 3) compreendemos as causas da tristeza, esta deixa de ser uma paixão, isto é (pela prop. 59 da P. 3), deixa de ser tristeza. Por isso, à medida que compreendemos Deus como causa da tristeza, nós nos alegramos.

Proposição 19. Quem ama a Deus não pode esforçar-se para que Deus, por sua vez, o ame.

Demonstração. Se o homem se esforçasse por isso, então desejaria (pelo corol. da prop. 17) que Deus, a quem ele ama, não fosse Deus e, consequentemente (pela prop. 19 da P. 3), desejaria entristecer-se, o que (pela prop. 28 da P. 3), é absurdo. Logo, quem ama a Deus, etc. C. Q. D.

Proposição 20. Esse amor para com Deus não pode ser maculado nem pelo afeto da inveja, nem pelo afeto do ciúme; em vez disso, é tanto mais reforçado quanto maior é o número de homens que imaginamos estar unidos a Deus pelo mesmo vínculo de amor.

Demonstração. Esse amor para com Deus é o supremo bem que, segundo o ditame da razão, podemos desejar (pela prop. 28 da P. 4); ele é comum a todos os homens (pela prop. 36 da P. 4); e desejamos que todos dele desfrutem (pela prop. 37 da P. 4). Portanto (pela def. 23 dos afetos), ele não pode ser maculado pelo afeto da inveja, nem tampouco (pela prop. 18, e pela def. de ciúme, que pode ser conferida no esc. da prop. 35 da P. 3) pelo afeto do ciúme. Pelo contrário (pela prop. 31 da P. 3), ele deve ser tanto mais reforçado quanto maior é o número de homens que nós imaginamos que dele desfrutam. C. Q. D.

Escólio. Podemos, da mesma maneira, demonstrar que não há qualquer afeto que seja diretamente contrário a esse amor, e pelo qual ele possa ser destruído. Podemos, portanto, concluir que o amor para com Deus é o mais constante de todos os afetos e que, enquanto está referido ao corpo, não pode ser destruído senão juntamente com o próprio corpo. Veremos, posteriormente, entretanto, qual é a sua natureza, enquanto refere-se exclusivamente à mente. Reuni, até aqui, todos os remédios para os afetos, ou seja, tudo aquilo que a mente, considerada em si só, pode contra os afetos; o que torna claro que o poder da mente sobre os afetos consiste: 1. No próprio conhecimento dos afetos (veja-se o esc. da prop. 4). 2. Em que a mente faz uma separação entre os afetos e o pensamento de uma causa exterior que nós imaginamos confusamente (vejam-se a prop. 2, juntamente com o mesmo esc. da prop. 4). 3. No tempo, graças ao qual as afecções que se referem às coisas que compreendemos superam aquelas que se referem às coisas que concebemos confusa ou mutiladamente (veja-se a prop. 7). 4. Na multiplicidade de causas que reforçam aqueles afetos que se referem às propriedades comuns das coisas ou a Deus (vejam-se as prop. 9 e 11). 5. Na ordem, enfim, com a qual a mente pode ordenar e concatenar os seus afetos entre si (vejam-se o esc. da prop. 10 e também as prop. 12, 13 e 14). Mas para que se compreenda melhor esse poder da mente sobre os afetos, convém, observar, sobretudo, que dizemos que os afetos são fortes quando comparamos o afeto de um homem com o afeto de outro e vemos que um é mais tomado do que o outro pelo mesmo afeto; ou quando comparamos entre si os afetos de um só e mesmo homem e verificamos que ele é mais afetado ou mais movido por um afeto do que por outro. Com efeito (pela prop. 5 da P. 4), a força de um afeto é definida pela potência, considerada em comparação com a nossa, da sua causa exterior. A potência da mente é definida, entretanto, exclusivamente pelo conhecimento, enquanto sua impotência ou paixão é medida exclusivamente pela privação de conhecimento, isto é, por aquilo em função do qual as ideias são ditas inadequadas. Segue-se disso que padece ao máximo aquela mente cuja maior parte está constituída por ideias inadequadas, de maneira tal que ela é reconhecida mais por padecer do que por agir. E, inversamente, age ao máximo aquela mente cuja maior parte está constituída por ideias adequadas, de tal maneira que, ainda que haja nesta tantas ideias inadequadas quanto naquela outra, ela é, entretanto, reconhecida mais por aquelas ideias que se atribuem à virtude humana do que por aquelas que revelam a impotência humana. Deve-se observar, ainda, que as enfermidades do ânimo e os infortúnios provêm, sobretudo, do amor excessivo por uma coisa que está sujeita a muitas variações e da qual nunca podemos dispor. Com efeito, ninguém está preocupado ou ansioso por alguma coisa que não ama; e as ofensas, as suspeitas, as inimizades, etc. não provêm senão do amor pelas coisas das quais ninguém pode realmente dispor. Concebemos, assim, facilmente, o que pode o conhecimento claro e distinto contra os afetos e, sobretudo, aquele terceiro gênero de conhecimento (veja-se, a respeito, o esc. da prop. 47 da P. 2), cujo fundamento é o próprio conhecimento de Deus; quer dizer, esse conhecimento, se não os suprime inteiramente, à medida que são paixões (vejam-se a prop. 3 e o esc. da prop. 4), faz, pelo menos, com que constituam a menor parte da mente (veja-se a prop. 14). Além disso, esse conhecimento gera um amor por uma coisa imutável e eterna (veja-se a prop. 15), e da qual podemos realmente dispor (veja-se a prop. 45 da P. 2), amor que, por isso, não pode ser maculado por nenhum dos defeitos que existem no amor comum e que, em vez disso, pode ser cada vez maior (pela prop. 15), ocupar a maior parte da mente (pela prop. 16) e afetá-la profundamente. Cheguei, assim, ao fim de tudo aquilo que se refe à vida presente. Com efeito, o que eu disse, no início deste escólio, isto é, que nessas breves proposições havia reunido todos os remédios para os afetos, é algo que pode ser verificado por qualquer um que preste atenção ao que aqui dissemos e também às definições da mente e de seus afetos e, por último, às prop. 1 e 3 da P. 3. É, pois, agora, o momento de passar àquilo que se refere à duração da mente, considerada sem relação com o corpo.

Proposição 21. **A mente não pode imaginar nada, nem se recordar das coisas passadas, senão enquanto dura o corpo.**

Demonstração. A mente não exprime a existência atual do seu corpo, nem tampouco concebe como atuais as afecções do corpo, senão enquanto dura o corpo (pelo corol. da prop. 8 da P. 2) e, consequentemente (pela prop. 26 da P. 2), não concebe nenhum corpo como existente em ato senão enquanto dura seu próprio corpo. Logo, não pode imaginar nada (veja-se a def. de imaginação no esc. da prop. 17 da P. 2), nem se recordar das coisas passadas, senão enquanto dura o corpo (veja-se a def. de memória no esc. da prop. 18 da P. 2). C. Q. D.

Proposição 22. **Em Deus, necessariamente existe, entretanto, uma ideia que exprime a essência deste ou daquele corpo humano sob a perspectiva da eternidade.**

Demonstração. Deus é causa não apenas da existência deste ou daquele corpo humano, mas também da sua essência (pela prop. 25 da P. 1), a qual deve, por isso, ser necessariamente concebida, em virtude de uma certa necessidade eterna (pela prop. 16 da P. 1), por meio da própria essência de Deus (pelo ax. 4 da P. 1). Este conceito [da essência deste ou daquele corpo humano] deve, portanto, necessariamente existir em Deus (pela prop. 3 da P. 2). C. Q. D.

Proposição 23. **A mente humana não pode ser inteiramente destruída juntamente com o corpo: dela permanece algo, que é eterno.**

Demonstração. Em Deus, existe necessariamente um conceito ou uma ideia que exprime a essência do corpo humano (pela prop. prec.), ideia que é, por isso, algo que pertence à essência da mente humana (pela prop. 13 da P. 2). Nós não atribuímos, porém, à mente humana nenhuma duração, a qual pode ser definida pelo tempo, senão enquanto ela exprime a existência atual do corpo, a qual é explicada pela duração e pode ser definida pelo tempo, isto é (pelo corol. da prop. 8 da P. 2), nós não atribuímos à mente nenhuma duração senão enquanto dura o corpo. Como, entretanto, aquilo que é concebido, por uma certa necessidade eterna, por meio da própria essência de Deus, é, não obstante, algo (pela prop. prec.), esse algo, que pertence à essência da mente, será necessariamente eterno. C. Q. D.

Escólio. Essa ideia que exprime a essência do corpo sob a perspectiva da eternidade é, como dissemos, um modo definido do pensar, que pertence à essência da mente e que é necessariamente eterno. Não é possível, entretanto, que nos recordemos de ter existido antes do corpo, uma vez que não pode haver, nele, nenhum vestígio dessa existência, e que a eternidade não pode ser definida pelo tempo, nem ter, com este, qualquer relação. Apesar disso, sentimos e experimentamos que somos eternos. Com efeito, a mente não sente menos aquelas coisas que ela concebe pela compreensão do que as que ela tem na memória. Pois, os olhos da mente, com os quais ela vê e observa as coisas, são as próprias demonstrações. Assim, embora não nos recordemos de ter existido antes do corpo, sentimos, entretanto, que a nossa mente, enquanto envolve a essência do corpo sob a perspectiva da eternidade, é eterna, e que esta existência da nossa mente não pode ser definida pelo tempo, ou seja, não pode ser explicada pela duração. Portanto, pode-se dizer que a nossa mente dura e que a sua existência pode ser definida por um tempo preciso apenas à medida que envolve a existência atual do corpo; e, apenas sob essa condição, ela tem o poder de determinar a existência das coisas pelo tempo e de concebê-las segundo a duração.

Proposição 24. **Quanto mais compreendemos as coisas singulares, tanto mais compreendemos a Deus.**

Demonstração. É evidente pelo corol. da prop. 25 da P. 1.

Proposição 25. **O esforço supremo da mente e sua virtude suprema consistem em compreender as coisas por meio do terceiro gênero de conhecimento.**

Demonstração. O terceiro gênero de conhecimento procede da ideia adequada de certos atributos de Deus para o conhecimento adequado da essência das coisas (veja-se sua def. no esc. 2 da prop. 40 da P. 2). E quanto mais compreendemos as coisas dessa maneira, tanto mais (pela prop. prec.) compreendemos a Deus. E, por isso (pela prop. 28 da P. 4), a virtude suprema da mente, isto é (pela def. 8 da P. 4), sua potência ou natureza, ou seja (pela prop. 7 da P. 3), seu esforço supremo consiste em compreender as coisas por meio do terceiro gênero de conhecimento. C. Q. D.

Proposição 26. **Quanto mais a mente é capaz de compreender as coisas por meio do terceiro gênero de conhecimento, tanto mais deseja compreendê-las por meio desse mesmo gênero.**

Demonstração. É evidente. Com efeito, à medida que concebemos que a mente é capaz de compreender as coisas por meio desse gênero de conhecimento, nós concebemos que ela é determinada a compreender as coisas por meio desse mesmo gênero e, consequentemente (pela def. 1 dos afetos), quanto mais a mente é capaz disso, tanto mais ela o deseja. C. Q. D.

Proposição 27. **Desse terceiro gênero de conhecimento provém a maior satisfação da mente que pode existir.**

Demonstração. A virtude suprema da mente consiste em conhecer a Deus (pela prop. 28 da P. 4), ou seja, em compreender as coisas por meio do terceiro gênero de conhecimento (pela prop. 25), virtude que é tanto maior quanto mais a mente conhece as coisas por meio desse mesmo gênero (pela prop. 24). Por isso, quem conhece as coisas por meio desse gênero de conhecimento passa à suprema perfeição humana e, consequentemente (pela def. 2 dos afetos), é afetado da suprema alegria, a qual (pela prop. 43 da P. 2) vem acompanhada da ideia de si mesmo e de sua própria virtude. Logo (pela def. 25 dos afetos), desse terceiro gênero de conhecimento provém a maior satisfação que pode existir. C. Q. D.

Proposição 28. **O esforço ou o desejo por conhecer as coisas por meio deste terceiro gênero de conhecimento não pode provir do primeiro, mas, sim, do segundo gênero de conhecimento.**

Demonstração. Esta proposição é evidente por si mesma. Pois tudo o que compreendemos clara e distintamente, nós compreendemos ou por si mesmo ou por meio de outra coisa que é concebida por si mesma. Isto é, ideias que são, em nós, claras e distintas, ou seja, que estão referidas ao terceiro gênero de conhecimento (veja-se o esc. 2 da prop. 40 da P. 2), não podem se seguir de ideias mutiladas e confusas, as quais (pelo mesmo esc.) estão referidas ao primeiro gênero de conhecimento, mas de ideias adequadas, ou seja (pelo mesmo esc.), do segundo e do terceiro gêneros de conhecimento. Portanto (pela def. 1 dos afetos), o desejo de conhecer as coisas por meio do terceiro gênero de conhecimento não pode provir do primeiro, mas, sim, do segundo gênero de conhecimento. C. Q. D.

Proposição 29. **Tudo o que a mente compreende sob a perspectiva da eternidade não o compreende por conceber a existência atual e presente do corpo, mas por conceber a essência do corpo sob a perspectiva da eternidade.**

Demonstração. À medida que a mente concebe a existência presente do seu corpo, ela concebe a duração, que pode ser determinada pelo tempo, e apenas sob essa condição tem o poder de conceber as coisas em relação com o tempo (pela prop. 21 desta Parte e pela prop. 26 da P. 2). A eternidade não pode, entretanto, ser explicada pela duração (pela def. 8 da P. 1 e sua explicação). Logo, a mente, sob aquela condição, não tem o poder de conceber as coisas sob a perspectiva da eternidade; mas, como é da natureza da razão conceber as coisas sob a perspectiva da eternidade (pelo corol. 2 da prop. 44 da P. 2); como, igualmente, pertence à natureza da mente conceber a essência do corpo sob a perspectiva da eternidade (pela prop. 23); e como, além dessas duas coisas, nada mais pertence à essência da mente (pela prop. 13 da P. 2); então, esse poder de conceber as coisas sob a perspectiva da eternidade não pertence à mente senão à medida que ela concebe a essência do corpo sob a perspectiva da eternidade. C. Q. D.

Escólio. Concebemos as coisas como atuais de duas maneiras: ou enquanto existem em relação com um tempo e um local determinados, ou enquanto estão contidas em Deus e se seguem da necessidade da natureza divina. Ora, as que são concebidas como verdadeiras ou reais dessa segunda maneira nós as concebemos sob a perspectiva da eternidade, e as suas ideias envolvem a essência eterna e infinita de Deus, como demonstramos na prop. 45 da P. 2, e cujo esc. deve-se, igualmente, conferir.

Proposição 30. **A nossa mente, à medida que concebe a si mesma e o seu corpo sob a perspectiva da eternidade, tem, necessariamente, o conhecimento de Deus, e sabe que existe em Deus e que é concebida por Deus.**

Demonstração. A eternidade é a própria essência de Deus, enquanto esta envolve a existência necessária (pela def. 8 da P. 1). Conceber, portanto, as coisas sob a perspectiva da eternidade é concebê-las à medida que são concebidas, por meio da essência de Deus, como entes reais, ou seja, à medida que, por meio da essência de Deus, envolvem a existência. Por isso, a nossa mente, à medida que concebe a si mesma e o seu corpo sob a perspectiva da eternidade, tem, necessariamente, o conhecimento de Deus, e sabe, etc. C. Q. D.

Proposição 31. **O terceiro gênero de conhecimento tem a mente, à medida que a própria mente é eterna, como sua causa formal.**

Demonstração. A mente não concebe nada sob a perspectiva da eternidade senão à medida que concebe a essência de seu corpo sob a perspectiva da eternidade (pela prop. 29), isto é (pelas prop. 21 e 23), senão à medida que é eterna. Por isso (pela prop. prec.), à medida que é eterna, a mente tem o conhecimento de Deus, o qual é, com certeza, necessariamente adequado (pela prop. 46 da P. 2). E, portanto, à medida que é eterna, a mente é capaz de conhecer tudo aquilo que pode se seguir desse dado conhecimento de Deus (pela prop. 40 da P. 2), ou seja, é capaz de conhecer as coisas por meio do terceiro gênero de conhecimento (veja-se a sua def. no esc. 2 da prop. 40 da P. 2), do qual a mente, à medida que é eterna, é, portanto (pela def. 1 da P. 3), a causa adequada ou formal. C. Q. D.

Escólio. Portanto, quanto mais cada um se torna forte nesse gênero de conhecimento, tanto mais está consciente de si próprio e de Deus, isto é, tanto mais é perfeito e feliz; o que se verá ainda mais claramente nas proposições seguintes. Deve-se, entretanto, observar, aqui, que embora estejamos seguros de que a mente é eterna, enquanto ela concebe as coisas sob a perspectiva da eternidade, nós, contudo, a fim de explicar mais facilmente e de melhor fazer compreender o que queremos demonstrar, vamos considerá-la, como fizemos até aqui, como se ela tivesse começado agora a existir e a compreender as coisas sob a perspectiva da eternidade; o que nos é permitido fazer, sem qualquer risco de erro, desde que tenhamos a cautela de nada concluir que não seja de premissas muito claras.

Proposição 32. **Nós nos deleitamos com tudo que compreendemos por meio do terceiro gênero de conhecimento, com uma alegria que vem, certamente, acompanhada da ideia de Deus como sua causa.**

Demonstração. Desse gênero de conhecimento nasce a maior satisfação da mente que pode existir (pela prop. 27), isto é (pela def. 25 dos afetos), a maior alegria possível, a qual vem acompanhada da ideia de si mesmo e, consequentemente (pela prop. 30), também da ideia de Deus como sua causa. C. Q. D.

Corolário. Do terceiro gênero de conhecimento nasce, necessariamente, o amor intelectual de Deus. Pois desse gênero de conhecimento nasce (pela prop. prec.) uma alegria que vem acompanhada da ideia de Deus como sua causa, isto é (pela def. 6 dos afetos), o amor de Deus, não enquanto o imaginamos como presente (pela prop. 29), mas enquanto compreendemos que Deus é eterno. É isso que chamo de amor intelectual de Deus.

Proposição 33. O amor intelectual de Deus, que nasce do terceiro gênero de conhecimento, é eterno.

Demonstração. Com efeito, o terceiro gênero de conhecimento (pela prop. 31 desta Parte e pelo ax. 3 da P. 1) é eterno. Por isso (pelo mesmo ax. da P. 1), o amor que nasce desse gênero de conhecimento também é, necessariamente, eterno. C. Q. D.

Escólio. Embora esse amor para com Deus não tenha tido um princípio (pela presente prop.), tem, entretanto, todas as perfeições do amor, como se ele tivesse tido um nascimento, tal como simulamos no corol. da prop. precedente. E não há, aqui, nenhuma diferença, a não ser a de que a mente teve, desde toda a eternidade, essas mesmas perfeições que simulamos lhe terem sobrevindo agora, e as teve acompanhadas da ideia de Deus como causa eterna. E se a alegria consiste na passagem para uma perfeição maior, a beatitude deve, certamente, consistir, então, em que a mente está dotada da própria perfeição.

Proposição 34. A mente não está submetida aos afetos que estão referidos às paixões senão enquanto dura o corpo.

Demonstração. Uma imaginação é uma ideia por meio da qual a mente considera uma coisa como presente (veja-se a sua def. no esc. da prop. 17 da P.2); ideia que, entretanto, indica mais o estado presente do corpo humano do que a natureza da coisa exterior (pelo corol. da prop. 16 da P. 2). Um afeto é, portanto (pela def. geral dos afetos), à medida que indica o estado presente do corpo, uma imaginação. Por isso (pela prop. 21), a mente não está submetida aos afetos que estão referidos às paixões senão enquanto dura o corpo. C. Q. D.

Corolário. Disso se segue que nenhum amor, além do amor intelectual, é eterno.

Escólio. Se prestamos atenção à opinião comum dos homens, veremos que estão, na realidade, conscientes da eternidade de sua mente, mas que eles a confundem com a duração e a imputam à imaginação ou à memória, as quais eles acreditam que subsistem após a morte.

Proposição 35. **Deus ama a si mesmo com um amor intelectual infinito.**

Demonstração. Deus é absolutamente infinito (pela def. 6 da P. 1), isto é (pela def. 6 da P. 2), a natureza de Deus goza de uma perfeição infinita, e isso (pela prop. 3 da P. 2) vem acompanhado da ideia de si mesmo, isto é (pela prop. 11 e pela def. 1 da P. 1), da ideia de sua causa. E foi isso que, no corol. da prop. 32, dissemos ser o amor intelectual de Deus.

Proposição 36. **O amor intelectual da mente para com Deus é o próprio amor de Deus, com o qual ele ama a si mesmo, não enquanto é infinito, mas enquanto pode ser explicado por meio da essência da mente humana, considerada sob a perspectiva da eternidade; isto é, o amor intelectual da mente para com Deus é uma parte do amor infinito com que Deus ama a si mesmo.**

Demonstração. Esse amor da mente deve estar referido às ações da mente (pelo corol. da prop. 32 desta Parte e pela prop. 3 da P. 3). É, portanto, uma ação por meio da qual a mente considera a si própria e que vem acompanhada da ideia de Deus como causa (pela prop. 32 e seu corol.), isto é (pelo corol. da prop. 25 da P. 1 e pelo corol. da prop. 11 da P. 2), é uma ação por meio da qual Deus, enquanto pode ser explicado pela mente humana, considera a si próprio e que vem acompanhada da ideia de si. Logo (pela prop. prec.), esse amor da mente é uma parte do amor infinito com que Deus ama a si mesmo. C. Q. D.

Corolário. Disso se segue que Deus, à medida que ama a si mesmo, ama os homens e, consequentemente, que o amor de Deus para com os homens e o amor intelectual da mente para com Deus são uma só e mesma coisa.

Escólio. Por tudo isso, compreendemos claramente em que consiste nossa salvação, beatitude ou liberdade: no amor constante e eterno para com Deus, ou seja, no amor de Deus para com os homens. Não sem razão, esse amor – ou essa beatitude – é chamado, nos livros sagrados, de glória. Pois, quer esteja referido a Deus, quer esteja referido à mente, esse amor pode ser corretamente chamado de satisfação do ânimo, a qual não se distingue, na realidade, da glória (pelas def. 25 e 30 dos afetos). Com efeito, enquanto está referido a Deus, trata-se (pela prop. 35) de uma alegria (que nos seja ainda permitido utilizar esta palavra), a qual vem acompanhada da ideia de si mesmo, tal como ocorre enquanto está referido à mente (pela prop. 27). Além disso, como a essência de nossa mente consiste exclusivamente naquele conhecimento cujo princípio e fundamento é Deus (pela prop. 15 da P. 1 e pelo esc. da prop. 47 da P. 2), torna-se claro para nós de que maneira e sob qual condição a nossa mente se segue, tanto no que toca à essência quanto no que toca à existência, da natureza divina, e depende continuamente de Deus. Pensei que valia pena fazer, aqui, essa observação, para mostrar, com esse exemplo, o quão forte é o conhecimento das coisas singulares que chamei de intuitivo ou de terceiro gênero (veja-se o esc. 2 da prop. 40 da P. 2), e o quanto ele é superior ao conhecimento universal, que eu disse ser do segundo gênero. Pois, embora, na primeira parte, tivesse demonstrado, de uma maneira geral, que tudo (e, consequentemente, também a mente humana) depende de Deus, tanto no que toca à essência, quanto no que toca à existência, aquela demonstração, ainda que legítima e sem risco de dúvida, não afeta, entretanto, a nossa mente da mesma maneira que a demonstração que deduz exatamente o mesmo da própria essência de uma coisa singular que dizemos depender de Deus.

Proposição 37. **Nada existe na natureza que seja contrário a este amor intelectual, ou seja, que possa suprimi-lo.**

Demonstração. Este amor intelectual segue-se, necessariamente, da natureza da mente, enquanto, por meio da natureza de Deus, ela própria é considerada como uma verdade eterna (pelas prop. 33 e 29). Se existisse, pois, algo que fosse contrário a este amor, seria algo contrário ao verdadeiro; e, consequentemente, esse algo que seria capaz de suprimir este amor faria com que o que é verdadeiro fosse falso, o que (como é, por si mesmo, sabido) é absurdo. Logo, nada existe na natureza, etc. C. Q. D.

Escólio. O ax. da P. 4 diz respeito às coisas singulares, enquanto consideradas em relação a um tempo e a um local determinados. Acredito que ninguém duvide disso.

Proposição 38. **Quanto mais coisas a mente compreende por meio do segundo e do terceiro gêneros de conhecimento, tanto menos ela padece dos afetos que são maus, e tanto menos teme a morte.**

Demonstração. A essência da mente consiste no conhecimento (pela prop. 11 da P. 2). Portanto, quanto mais coisas a mente conhece por meio do segundo e do terceiro gêneros de conhecimento, tanto maior é a parte dela que permanece (pelas prop. 23 e 29) e, como consequência (pela prop. prec.), tanto maior é a parte dela que não é atingida pelos afetos que são contrários à nossa natureza, isto é (pela prop. 30 da P. 4), pelos afetos que são maus. Assim, quanto mais coisas a mente compreende por meio do segundo e do terceiro gêneros de conhecimento, tanto maior é a parte dela que permanece ilesa e, consequentemente, tanto menos ela padece dos afetos, etc. C. Q. D.

Escólio. Compreendemos, assim, o que mencionei de passagem no esc. da prop. 39 da P. 4, e que prometi explicar nesta parte. Mais especificamente: que a morte é tanto menos nociva quanto maior é o conhecimento claro e distinto que a mente possui e, consequentemente, quanto mais a mente ama a Deus. Por outro lado, como (pela prop. 27), do terceiro gênero de conhecimento provém a maior satisfação que pode existir, segue-se que a mente humana pode ser de uma natureza tal que a sua parte que perece juntamente com o corpo, conforme indicamos (veja-se a prop. 21), não tenha nenhuma importância, em comparação com a parte que permanece. Sobre isso, entretanto, logo daremos mais detalhes.

Proposição 39. **Quem tem um corpo capaz de muitas coisas tem uma mente cuja maior parte é eterna.**

Demonstração. Quem tem um corpo capaz de fazer muitas coisas é menos tomado pelos afetos que são maus (pela prop. 38 da P. 4), isto é (pela prop. 30 da P. 4), pelos afetos que são contrários à nossa natureza. Por isso (pela prop. 10), ele tem o poder de ordenar e concatenar as afecções do corpo segundo a ordem própria do intelecto e, consequentemente, de fazer com que (pela prop. 14) todas as afecções do corpo refiram-se à ideia de Deus; o que fará com que (pela prop. 15) ele seja afetado de um amor para com Deus que (pela prop. 16) deve ocupar, ou seja, constituir, a maior parte da mente. E tem, portanto (pela prop. 33), uma mente cuja maior parte é eterna. C. Q. D.

Escólio. Como os corpos humanos são capazes de muitas coisas, não há dúvida de que podem ser de uma natureza tal que estejam referidos a mentes que tenham um grande conhecimento de si mesmas e de Deus, e cuja maior parte, ou seja, cuja parte principal, é eterna, e que, por isso, dificilmente temem a morte. Entretanto, para que se compreenda isso mais claramente, deve-se, aqui, observar que nós vivemos numa variação contínua e que, conforme mudamos para melhor ou para pior, dizemos que somos, respectivamente, felizes ou infelizes. Assim, diz-se que é infeliz quem morre quando ainda é bebê ou criança. Contrariamente, considera-se uma felicidade p\odermos percorrer, com uma mente sã num corpo são, toda a trajetória da vida. E, de fato, aquele que, tal como um bebê ou uma criança, tem um corpo capaz de pouquíssimas coisas e é extremamente dependente das causas exteriores, tem uma mente que, considerada em si mesma, quase não possui consciência de si, nem de Deus, nem das coisas. Em troca, aquele que tem um corpo capaz de muitas coisas, tem uma mente que, considerada em si mesma, possui uma grande consciência de si, de Deus e das coisas. Assim, esforçamo--nos, nesta vida, sobretudo, para que o corpo de nossa infância se transforme, tanto quanto o permite a sua natureza e tanto quanto lhe seja conveniente, em um outro corpo, que seja capaz de muitas coisas e que esteja referido a uma mente que tenha extrema consciência de si mesma, de Deus e das coisas; de tal maneira que tudo aquilo que esteja referido à sua memória ou à sua imaginação não tenha, em comparação com o seu intelecto, quase nenhuma importância, como já disse no esc. da prop. precedente.

Proposição 40. **Quanto mais uma coisa tem perfeição, tanto mais age e tanto menos padece e, inversamente, quanto mais age, tanto mais ela é perfeita.**

Demonstração. Quanto mais uma coisa é perfeita, tanto mais realidade ela tem (pela def. 6 da P. 2) e, consequentemente (pela prop. 3 da P. 3, juntamente com seu esc.), tanto mais age e menos padece. Na ordem inversa, a demonstração se faz da mesma maneira, do que se segue que uma coisa é tanto mais perfeita quanto mais ela age. C. Q. D.

Corolário. Disso se segue que a parte da mente que permanece, qualquer que seja sua magnitude, é mais perfeita que a outra. Com efeito, a parte eterna da mente (pelas prop. 23 e 29) é o intelecto, por meio do qual, exclusivamente, dizemos que agimos (pela prop. 3 da P. 3). Em troca, aquela parte que demonstramos perecer é a própria imaginação (pela prop. 21), por meio da qual, exclusivamente, dizemos que padecemos (pela prop. 3 da P. 3 e pela def. geral dos afetos). Por isso (pela prop. prec.), a primeira, qualquer que seja sua magnitude, é mais perfeita que a segunda. C. Q. D.

Escólio. Foi isso que me propus demonstrar sobre a mente, enquanto considerada sem relação com a existência do corpo. Por essas demonstrações, e também pela prop. 21 da P. 1, bem como por outras proposições, fica evidente que a nossa mente, à medida que compreende, é um modo eterno do pensar, que é determinado por um outro modo do pensar, e este ainda por um outro e, assim, até o infinito, de maneira que todos eles, juntos, constituem o intelecto eterno e infinito de Deus.

Proposição 41. **Ainda que ignorássemos que a nossa mente é eterna, consideraríamos, entretanto, como primordiais a piedade, a religiosidade e, em geral, tudo o que está referido à firmeza e à generosidade, tal como demonstramos na Parte 4.**

Demonstração. O primeiro e único fundamento da virtude ou do princípio correto de viver (pelo corol. da prop. 22 e pela prop. 24 da P. 4) consiste em buscar aquilo que é útil para si. Para determinar, entretanto, o que a razão ensina ser útil não levamos em conta a eternidade da mente, a qual ficamos conhecendo apenas nesta P. 5. Embora ignorássemos, naquele momento, que a mente é eterna, consideramos, entretanto, como primordial aquilo que está referido à firmeza e à generosidade. Por isso, mesmo que também agora ignorássemos isso, consideraríamos, entretanto, como primordiais aqueles mesmos preceitos da razão. C. Q. D.

Escólio. Parece ser outra a convicção comum do vulgo. Com efeito, são muitos os homens que parecem acreditar que são livres apenas à medida que lhes é permitido entregarem-se à licenciosidade e que renunciam a seus direitos se são obrigados a viver conforme os preceitos da lei divina. Acreditam, assim, que a piedade e a religiosidade e, em geral, tudo que está referido à firmeza do ânimo, são fardos de que eles esperam livrar-se depois da morte, para, então, receber o preço da sua servidão, ou seja, da piedade e da religiosidade. E não é apenas por essa esperança, mas também, e sobretudo, pelo medo de serem punidos, depois da morte, por cruéis suplícios, que eles são levados a viver, tanto quanto o permitem sua fraqueza e seu ânimo impotente, conforme os preceitos da lei divina. Se os homens não tivessem essa esperança e esse medo, e acreditassem, em vez disso, que as mentes morrem juntamente com o corpo, e que não está destinada, aos infelizes esgotados pelo fardo da piedade, uma outra vida, além desta, eles voltariam à sua maneira de viver, preferindo entregar-se à licenciosidade e obedecer ao acaso e não a si mesmos. Isso não me parece menos absurdo do que, se alguém, por não acreditar que possa nutrir, sempre, o seu corpo com bons alimentos, preferisse saciar-se de venenos e substâncias letais; ou se, por ver que a mente não é eterna ou imortal, preferisse, por isso, ser demente e viver sem razão, coisas que, de tão absurdas, quase não merecem ser mencionadas.

Proposição 42. A beatitude não é o prêmio da virtude, mas a própria virtude; e não a desfrutamos porque refreamos os apetites lúbricos, mas, em vez disso, podemos refrear os apetites lúbricos porque a desfrutamos.

Demonstração. A beatitude consiste no amor para com Deus (pela prop. 36, juntamente com seu esc.), o qual provém, certamente, do terceiro gênero de conhecimento (pelo corol. da prop. 32). Por isso, esse amor (pelas prop. 59 e 3 da P. 3) deve estar referido à mente, à medida que esta age, e, portanto (pela def. 8 da P. 4), ele é a própria virtude. Este era o primeiro ponto. Por outro lado, quanto mais a mente desfruta desse amor divino ou dessa beatitude, tanto mais ela compreende (pela prop. 32), isto é (pelo corol. da prop. 3), tanto maior é o seu poder sobre os afetos e (pela prop. 38) tanto menos ela padece dos afetos que são maus. Assim, porque a mente desfruta desse amor divino ou dessa beatitude, ela tem o poder de refrear os apetites lúbricos. E como a potência humana para refrear os afetos consiste exclusivamente no intelecto, ninguém desfruta, pois, dessa beatitude porque refreou os seus afetos, mas, em vez disso, o poder de refrear os apetites lúbricos é que provém da própria beatitude. C. Q. D.

Escólio. Dou por concluído, com isso, tudo o que eu queria demonstrar a respeito do poder da mente sobre os afetos e sobre a liberdade da mente. Torna-se, com isso, evidente o quanto vale o sábio e o quanto ele é superior ao ignorante, que se deixa levar apenas pelo apetite lúbrico. Pois o ignorante, além de ser agitado, de muitas maneiras, pelas causas exteriores, e de nunca gozar da verdadeira satisfação do ânimo, vive, ainda, quase inconsciente de si mesmo, de Deus e das coisas, e tão logo deixa de padecer, deixa também de ser. Por outro lado, o sábio, enquanto considerado como tal, dificilmente tem o ânimo perturbado. Em vez disso, consciente de si mesmo, de Deus e das coisas, em virtude de uma certa necessidade eterna, nunca deixa de ser, mas desfruta, sempre, da verdadeira satisfação do ânimo. Se o caminho, conforme já demonstrei, que conduz a isso parece muito árduo, ele pode, entretanto, ser encontrado. E deve ser certamente árduo aquilo que tão raramente se encontra. Pois se a salvação estivesse à disposição e pudesse ser encontrada sem maior esforço, como explicar que ela seja negligenciada por quase todos? Mas tudo o que é precioso é tão difícil como raro.

Este livro foi composto com tipografia Bembo e impresso em papel Off-White 70 g/m² na Formato Artes Gráficas.